Wanderspaß mit Kindern

Bayerischer Wald

Herwig Slezak

BRUCKMANN

Inhalt

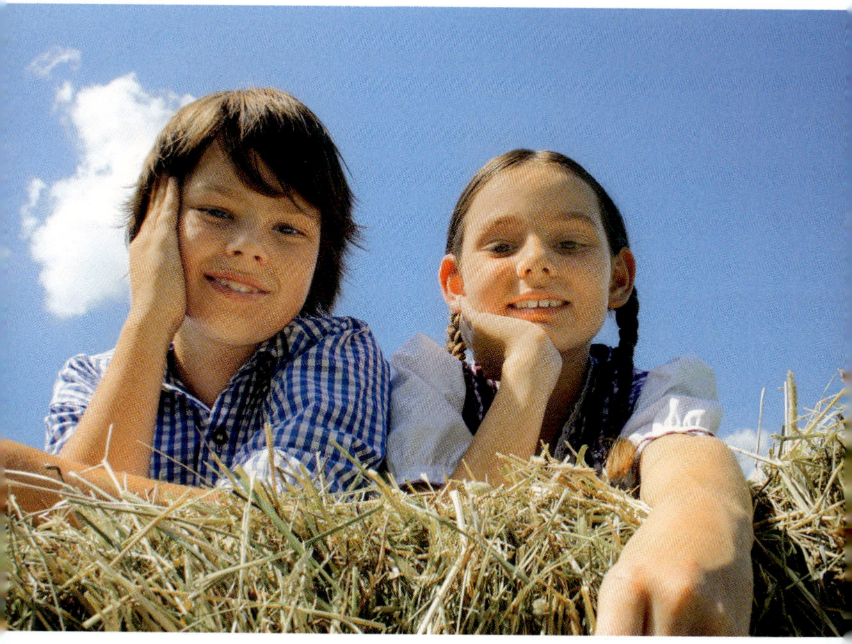

Unterm weiß-blauen »Woid«-Himmel erleben Kinder viele naturnahe Abenteuer.

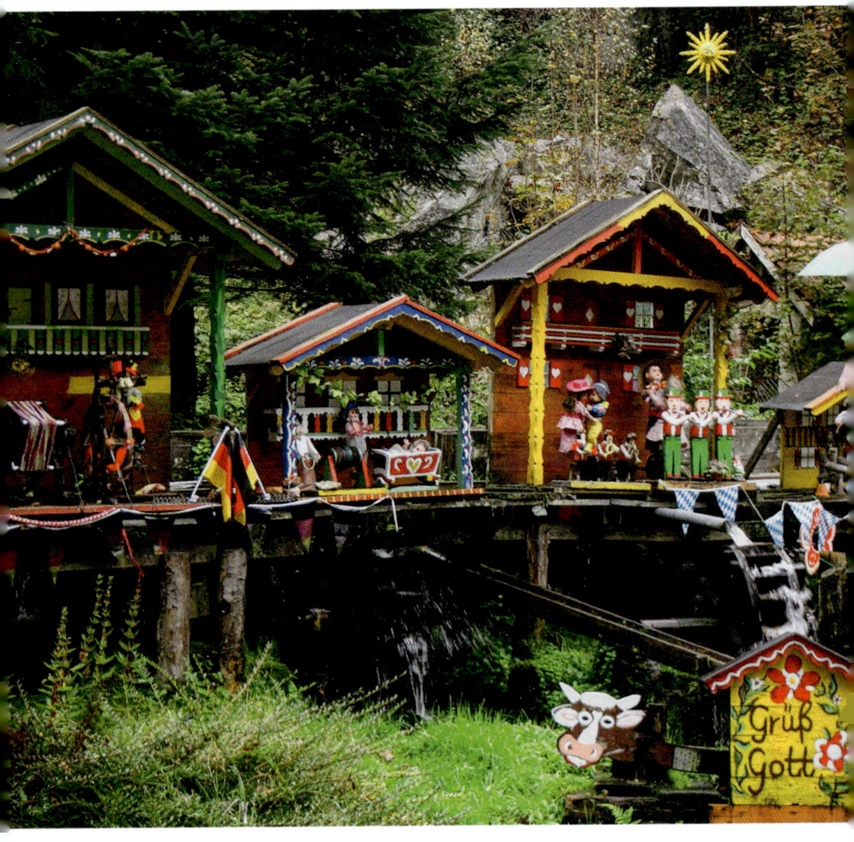

Verstecktes Kleinod am Bogenbach zwischen St. Englmar und Schwarzach

NATIONALPARK BAYERISCHER WALD

DREILÄNDERECK UND PASSAUER LAND

VORDERER BAYERISCHER WALD

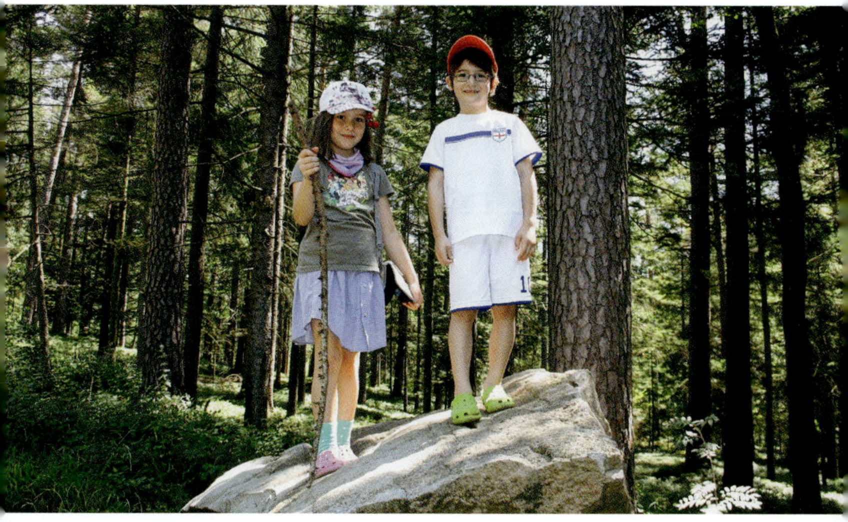

Typisch Bayerwald: Wird es sehr heiß, meistern Familien einfach eine schattige Tour.

Wandern mit Kindern im Bayerischen Wald

Rauschende Wildwasser, zauberhafte Märchenwälder, grenzenlose Aussichten: Im Bayerischen Wald finden Groß und Klein zwischen verborgenen Schätzen, putzigen wie wilden Tieren und geheimnisvollen Drachenkämmen stets die passende Tour, je nach Wunsch barrierearm, gemütlich oder sportlich. Wenn dann zwischen Räuberhöhlen und Urwaldriesen die Kinderherzen höherschlagen, schnaufen Mama und Papa in Ruhe durch.

Weitere Pluspunkte: Im Bayerwald kommt es im Vergleich zu anderen Wandergebieten kaum zu Massenaufläufen. Notfalls können wir »Hotspots« leicht umgehen. Des Weiteren gestalten sich die Preise moderat. Kurz und gut: Im südöstlichen Zipfel Bayerns wie Deutschlands erwartet Mädchen und Buben, Teenager, Mamas, Papas, Omas und Opas ein naturnahes und buntes Märchenland, das grenzenlosen Wanderspaß garantiert.

Unterwegs mit Bus und Bahn

Am bequemsten erreichen wir alle Ziele mit dem Auto. Bei den einzelnen Touren sind die An-/Abfahrten mit Bus oder Zug zusätzlich vermerkt, wenn halbwegs vernünftige Verbindungen bestehen.

Wer bereits bei der Anreise auf die Bahn setzt: In den Bayerwald gelangen ÖPNV-Fans am besten über die ICE-Haltestellen Plattling (mit Anschluss zur Waldbahn in Richtung Zwiesel, Bodenmais und zum Nationalpark) oder Passau (Anschluss Schnellbus 100 in den Unteren Bayerwald). Nach Furth und in den Lamer Winkel im Oberen Bayerwald verkehren die Züge hingegen via Schwandorf und Cham.

Vor Ort empfiehlt sich im Hinteren Bayerwald für Vielfahrer das Bayerwald-Ticket. Es verbindet das regionale DB- und RBO-Busangebot inklusive Waldbahn und Nationalpark-/Igelbussen für einen Tag (Mo–Fr ab 8 Uhr) zum Festpreis (bei Druck dieses Buchs 9 €/Tag inkl. Kinder/Enkel bis 15 Jahre und Hund; www.bayerwald-ticket.com).

Die gute Nachricht für alle, die vor Ort übernachten: Gästekarten mit GUTi-Logo gelten in rund 30 Gemeinden als kostenfreies Bayerwald-Ticket! Tagesgäste, die wiederum mit dem Bayern-Ticket anreisen, decken damit auch die Fahrt mit den Igelbussen ab.

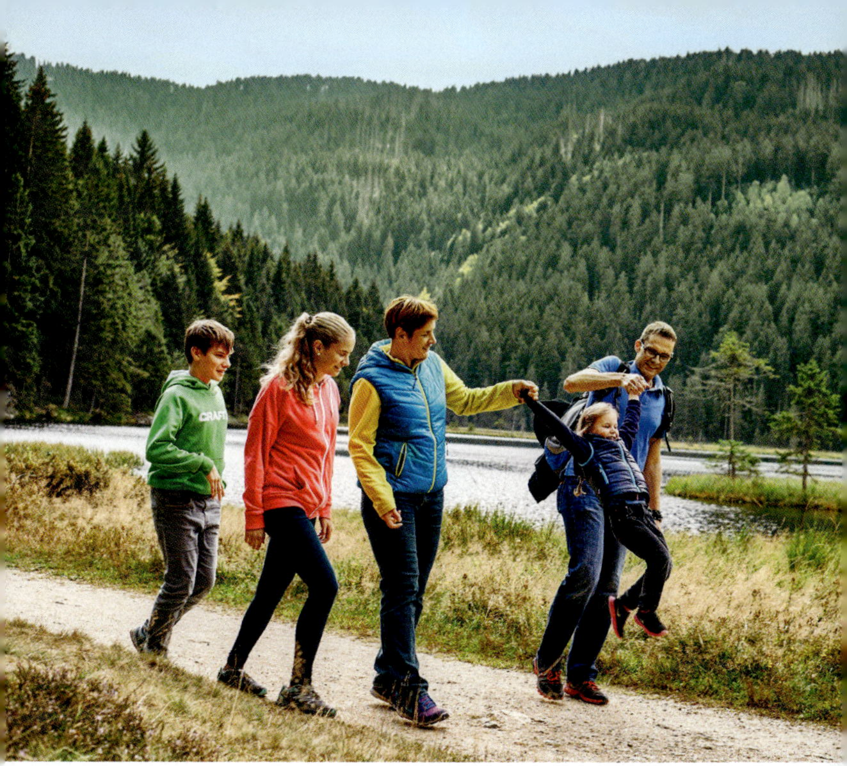

Auf gemeinsamen Touren wie hier am Kleinen Arbersee wachsen Familien zusammen.

Übrigens: Die sogenannten Igelbusse verkehren im und um den Nationalpark. Seit dem Betreiberwechsel 2020 erkennen wir diese an der neuen, hellgrünen Farbe. Die zu diesem Zeitpunkt geänderten Abfahrtszeiten werden in den dazugehörigen Kapiteln berücksichtigt. Natürlich kann es zu kleinen Änderungen kommen. Grundsätzlich zeigen sich die Verantwortlichen bestrebt, die Fahrpläne zu verdichten, was Wanderern ohne Auto zugutekommt.

Der Nationalpark

In ganz Deutschland genießen große und kleine Naturfans 16 Nationalparks. Der älteste ist der Nationalpark Bayerischer Wald. Er umfasst gut 24 000 Hektar, was einer Fläche von rund 35 000 Fußballplätzen entspricht. Auf rund drei Vierteln dieser Fläche wird auf Eingriffe von Menschenhand bewusst verzichtet. »Natur Natur sein lassen« – darauf zielt der Nationalpark Bayerischer Wald ab.

Im Jahr 2020 feierte das Schutzgebiet seinen 50. Geburtstag. Zusammen mit dem jüngeren, benachbarten Nationalpark Böhmerwald (Šumava) auf tschechischer Seite breitet sich das größte nutzungsfreie Waldgebiet in Mitteleuropa vor uns aus. Darin darf sich die Natur nach ihren ureigenen Gesetzen entfalten. Tiere, Pflanzen und Pilze finden optimale Lebensräume vor.

Was die Fauna betrifft, leben hier Wolf, Luchs, Auerhuhn, Fischotter oder Habichtskauz, die anderswo schon lange von der freien Wildbahn verschwanden. Alles in allem tummeln sich zwischen den Gipfelkreuzen von Falkenstein, Rachel und Lusen über 10 000 Arten, also rund jede siebte, die wir in Deutschland kennen. Spannende Einblicke in dieses Naturparadies erleben große und kleine Entdecker speziell auf den Touren 16–22, wobei wir das geltende Wegegebot bewusst einhalten.

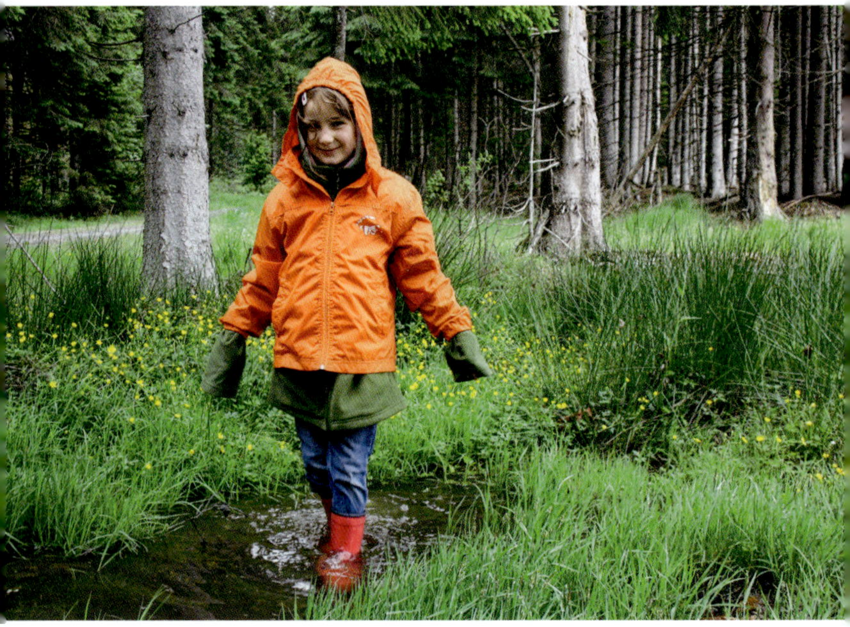

Eine alte Weisheit: Wasser zieht Kinder magisch an.

Übrigens: Nicht zu verwechseln ist der Nationalpark Bayerischer Wald mit dem Naturpark Bayerischer Wald. Dieses großräumige Areal für Erholungssuchende umfasst nahezu das ganze restliche Mittelgebirge und darf land- wie forstwirtschaftlich genutzt werden.

Wo es uns gefällt

Der gesamte Bayerische Wald erstreckt sich im Südosten bis zur österreichischen Grenze sowie von Südwesten nach Nordosten von der braunblauen Donau bis zur tschechischen Grenze. Im Nordwesten bildet die Niederung zwischen den Städten Cham und Furth den Übergang vom Bayerischen zum Oberpfälzer Wald. Früher markierte diese Senke auch die Grenze zwischen Niederbayern und der Oberpfalz. Seit der Gebietsreform vor rund 50 Jahren gehören der Lamer Winkel und die Gegend um Bad Kötzting jedoch zur Oberpfalz. Den kleinen, damals niederbayerischen Landkreis Kötzting schlug man nämlich dem oberpfälzischen Landkreis Cham zu.
Außer ins Herz des Nationalparks führen unsere Touren in vier weitere Gebiete: in den Naturpark Oberer Bayerischer Wald, also den Landkreis Cham; ins Arberland, also den Großteil des Landkreises Regen; ins Dreiländereck samt Passauer Land mit jeweils einem Teil der Landkreise Freyung-Grafenau und Passau. Die Touren im Vorderen Bayerischen Wald umfassen weitere Teile der Landkreise Freyung-Grafenau und Regen, zudem die Landkreise Degendorf und Straubing jeweils nördlich der Donau.

Gut gerüstet

Was die passende Wanderkleidung betrifft, empfiehlt sich das »Zwiebelprinzip« – d. h., wir planen mehrere Schichten übereinander ein, etwa T-Shirt, Fleece-Pulli und Jacke, um uns bei Bedarf entweder Luft zu verschaffen oder zu wärmen.
Während auf einfachen Touren bequeme Freizeitschuhe ausreichen, bewahren uns in steinigem oder verwurzeltem Gelände richtige Wanderschuhe davor, uns die Knöchel zu verstauchen. Mein Tipp: Die Wanderschuhe sollten ein bis zwei Nummern größer sein als die eigenen Turnschuhe. Grund: Zusammen mit dicken Wandersocken stoßen die Zehen dann beim Absteigen vorne nicht unangenehm an. Je nach Wetter gehören entweder Sonnencreme oder Regenschutz zur Ausrüstung. Für die Eltern empfiehlt sich zudem ein aufgeladenes Handy.

Bei den Touren wurde vermerkt, ob sich Wege auch mit Kinderwagen eignen. Bitte bedenken: Zwar taugen zusammenlegbare Buggys gut für den Transport, aber die kleinen Räder fahren sich vergleichsweise schnell fest. Wer gern sportliche Touren mit den Kleinsten absolviert, kann sich alternativ eine Kraxe (Rückentrage) anschaffen.
Soweit auf den Runden präsent, werden passende Einkehrstationen vermerkt, alternativ nächstgelegene Gasthäuser. Aber auch wer bewirtschaftete Hütten anstrebt, sollte reichlich Getränke sowie etwas für den kleinen Hunger einpacken. Denn wer sich bewegt, braucht viel Flüssigkeit, und die frische Luft und das Marschieren machen gehörig Appetit. Wie sehr sich wiederum durstige und hungrige Kinder von satten unterscheiden, braucht man Eltern nicht zu erklären. Wer ohnehin lieber ein Picknick einplant, findet auf jeder Tour passende Plätze in freier Natur. Ein »Sackerl« für Abfälle mitzubringen, sorgt selbstverständlich für eine saubere Umwelt.

Wie es uns gefällt

Die bei allen Strecken angegebenen Altersempfehlungen dienen zum Orientieren, ebenso die angegebenen Schwierigkeitsgrade, welche die Touren

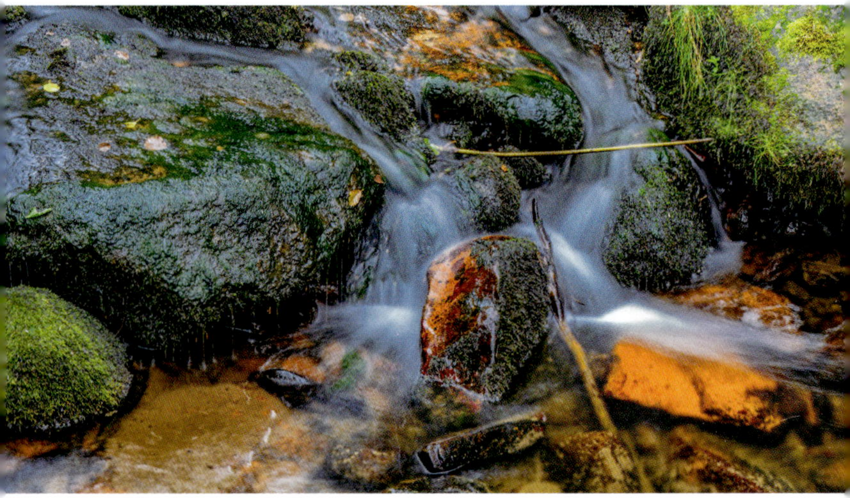

Wer wachen Auges durch die Natur schreitet, entdeckt stets etwas Schönes.

in Relation zueinander setzen. Fitte Kids meistern selbst die als schwierig eingestuften Passagen ohne große Mühe. Die veranschlagten Gehzeiten sind großzügig bemessen, allerdings kommen die nötigen Pausen noch obendrauf.

Klar ist, dass Kinder wie Erwachsene unterschiedlich gut marschieren. Während manche Kids munter pfeifend wie Hasen durch die Landschaft sausen, beginnen anderen an manchen Tagen nach nur wenigen Metern die Füße wehzutun. In diesem Fall spornt an und wirkt Wunder, falls möglich die beste Freundin oder den besten Freund mitzunehmen. Bei alledem: Eltern kennen ihren Nachwuchs am besten und ordnen Ausdauer und Können vernünftig ein. Darüber hinaus zeigen sich die Wanderungen so konzipiert, dass Jung und Alt bequem zum Ausgangspunkt zurückkehren.

Ratgeber vor Ort

Offizielle Infos liefert der Tourismusverband Ostbayern unter Tel. 0941/58 53 90 bzw. im Internet unter www.ostbayern-tourismus.de. Den Kontakt zu den lokalen Infostellen verraten die Service-Kästen bei den jeweiligen Touren.

Auf die Plätze, fertig, los!

Warum in die Ferne schweifen, wenn das Gute liegt so nah – der Bayerische Wald heißt Groß und Klein jederzeit willkommen. Wie sehr Urlaub in dieser Region im Trend liegt, bewies im Sommer 2020 der amtierende Ministerpräsident von Baden-Württemberg, Winfried Kretschmann. Im Privatauto chauffierte er nach Bad Kötzting, um im Bayerischen Wald einmal richtig durchzuatmen. Und was für einen Länderchef erste Wahl ist, sollte auch für Familien gut sein. Schließlich schrieb der Dichter Adalbert Stifter ganz bewusst: »Sag niemals, dass etwas schön ist, wenn du nicht den Bayerischen Wald gesehen hast.«

Zu guter Letzt: Gehen Sie im »Woid«, wie Einheimische sagen, Ihr eigenes Tempo. Picken Sie sich aus Ihrem Wanderspaß-Buch die Tipps raus, die Ihnen zusagen. Und genießen Sie mit Ihren Lieben die Welt, wie es Ihnen gefällt. Vielleicht treffen wir uns ja unterwegs …

Ihr Herwig Slezak

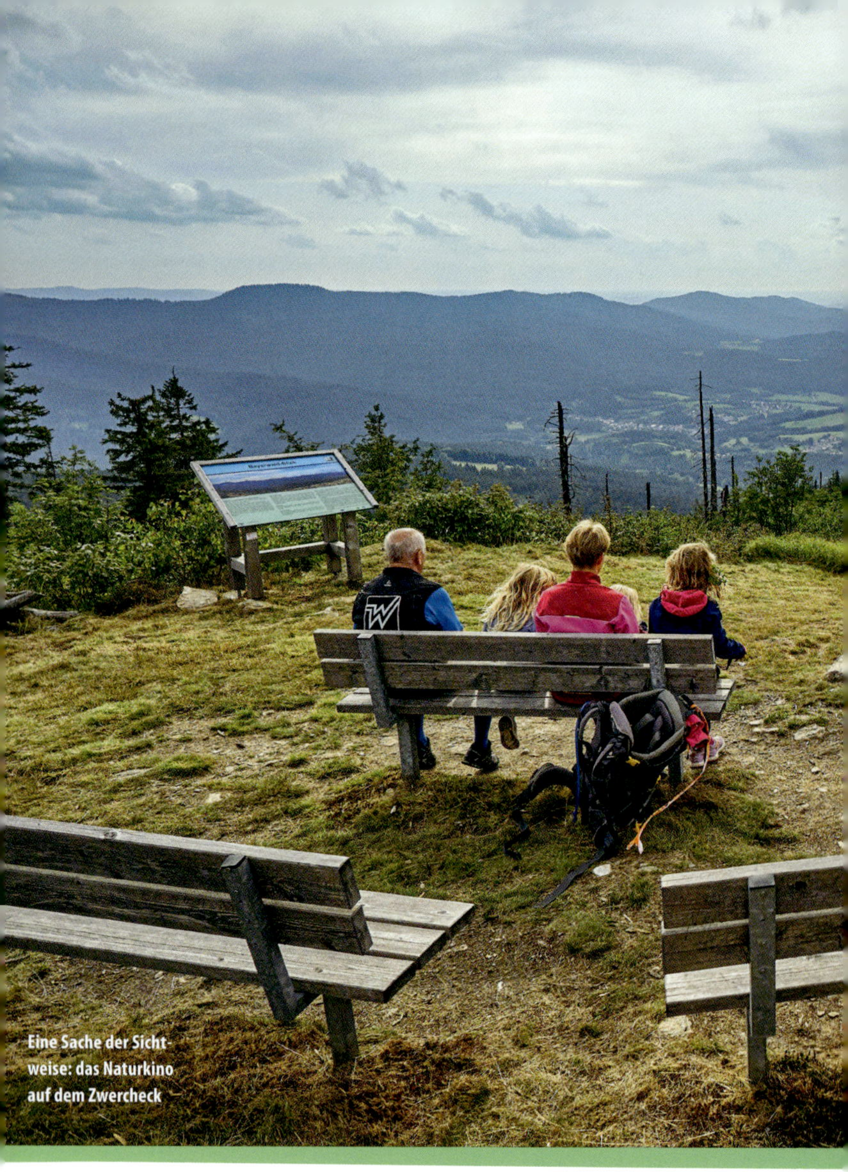

Eine Sache der Sichtweise: das Naturkino auf dem Zwercheck

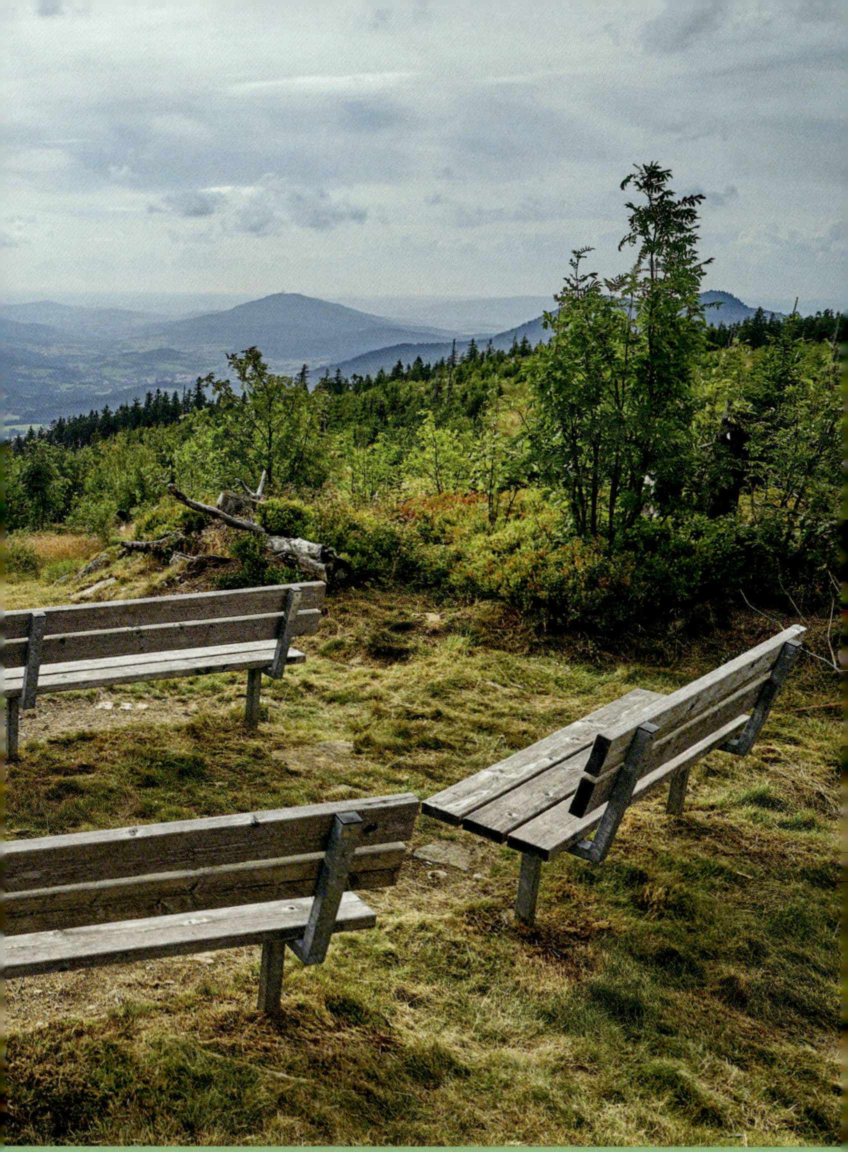

Naturpark Oberer Bayerischer Wald

1 Grenzenlose Aussichten

WO VIER MARKANTE FELSEN IN ALLE HIMMELSRICHTUNGEN BLICKEN LASSEN

Jenseits der Cham-Further Senke führt der »Rundwanderweg Gibacht« vom gleichnamigen Berghaus über den Pfennigfelsen zur deutsch-tschechischen Grenze. Kreuzfelsen, Glaskreuz und Leuchtturm der Menschlichkeit säumen den weiteren Weg, wobei sich Blicke in alle Himmelsrichtungen eröffnen.

Wer von Furth nach Norden steuert, landet im Oberpfälzer Wald, auch wenn findige Werbeleute von »Bayerischer Wald – ganz oben« sprechen. Wir werden sehen: Ein Abstecher hierher lohnt sich allemal.

Vom Parkplatz folgen wir im Uhrzeigersinn dem »Rundwanderweg Gibacht«. Zusammen mit dem Goldsteig halten wir uns bei der ersten Gabelung halb rechts und beim folgenden Loipen-Häuschen halb links. Unmerklich bergwärts lassen wir den Rastpavillon sowie den Felsen mit den zwei angebrachten Wappen rechts liegen. Sodann erreichen wir auf nun schmalem Pfad den durch ein Holzschild ausgewiesenen Pfennigfelsen. Wer mit Bedacht hochsteigt, erhascht einen Blick nach Nordwesten ins Waldmünchner Land.

Auf einem alten Schmugglersteig schleichen wir rasch zur Landesgrenze und einen Steinwurf nach rechts zum dortigen Unterstand. Gegenüber unter dem Metallkreuz

Mittel	5,25 km	2.30 Std.	150 Hm

Tourencharakter Vielseitige Runde durch meist schattigen Bergwald mit sich ergänzenden Aussichtspunkten **Altersempfehlung** Ab 7 Jahren **Ausgangs-/Endpunkt** Berghof Gibacht (845 m) **GPS-Koordinaten** 49.333447, 12.774014 **Anfahrt** Auto: Von der B 20/Furth im Wald-Nord in Richtung Waldmünchen über den Dachsriegel hinweg bis Althütte, dort gemäß Pfeil rechts **Einkehr** Berghof Gibacht **Karte** Kompass 1:50 000, Nr. 186 Oberpfälzer Wald **Information** Tourist-Info, Schloßplatz 1, 93437 Furth im Wald, Tel. 09973/509 80, www.furth.de

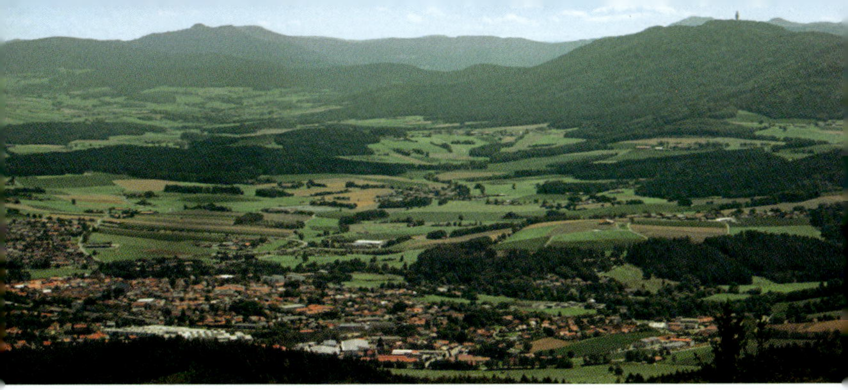

Vom Glaskreuz am Reiseck blickt man tief in den Bayerwald hinein.

erinnert der Drei-Wappen-Felsen an die hier angrenzenden Länder aus dem 18. Jahrhundert, also Bayern, Böhmen und die (Ober-)Pfalz. Links neben dem Felsen entlang geht es auf der Steintreppe himmelwärts. Weitgehend geradlinig sowie kurzzeitig zusammen mit der Loipentrasse erreichen wir den markanten, jedoch teils eingewachsenen Kreuzfelsen, mit 938 Metern der höchste Punkt der Tour. Ein Handlauf entschärft die fordernden Meter zum Kruzifix. Von oben schweift der Blick in Richtung Nordosten hinein ins tschechische Hinterland.

Ein Stück weiter knickt unser »Rundwanderweg Gibacht« zusammen mit dem roten Schneeschuh-Schild nach links, wobei wir uns vom Goldsteig verabschieden. Sodann kreuzen wir die Loipentrasse. Ein kleines Stück sanft hinab folgt alsbald eine scharfe Rechtskurve. Danach queren Wanderer erneut eine Loipentrasse und marschieren geradeaus weiter. Nicht Fichten, sondern Laubbäume dominieren auch hier den Wald, allen voran Buchen.

Erst wo es deutlich hinaufgeht, weist ein Wegweiser nach links zum Pfad aufs Reiseck. Den südlichen Ausläufer im Gibacht-Massiv ziert ein Glaskreuz. Dessen Material erinnert an die lange Tradition diesseits und jenseits der Grenze, Glas aller Art herzustellen. Es rentiert sich, die letzten Meter zum Kruzifix hochzusteigen, bei guter Sicht liegt uns nämlich der halbe Bayerwald zu Füßen. So sehen wir in Richtung

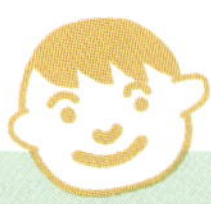

Wenn ihr eine weniger lange Runde bevorzugt, lotst eure Eltern zum Walderlebnispfad Voithenberg (2,5 km, 100 Hm, 1.15 Std.; Parkplatz hinterm Further Ortsausgang in Richtung Waldmünchen links).

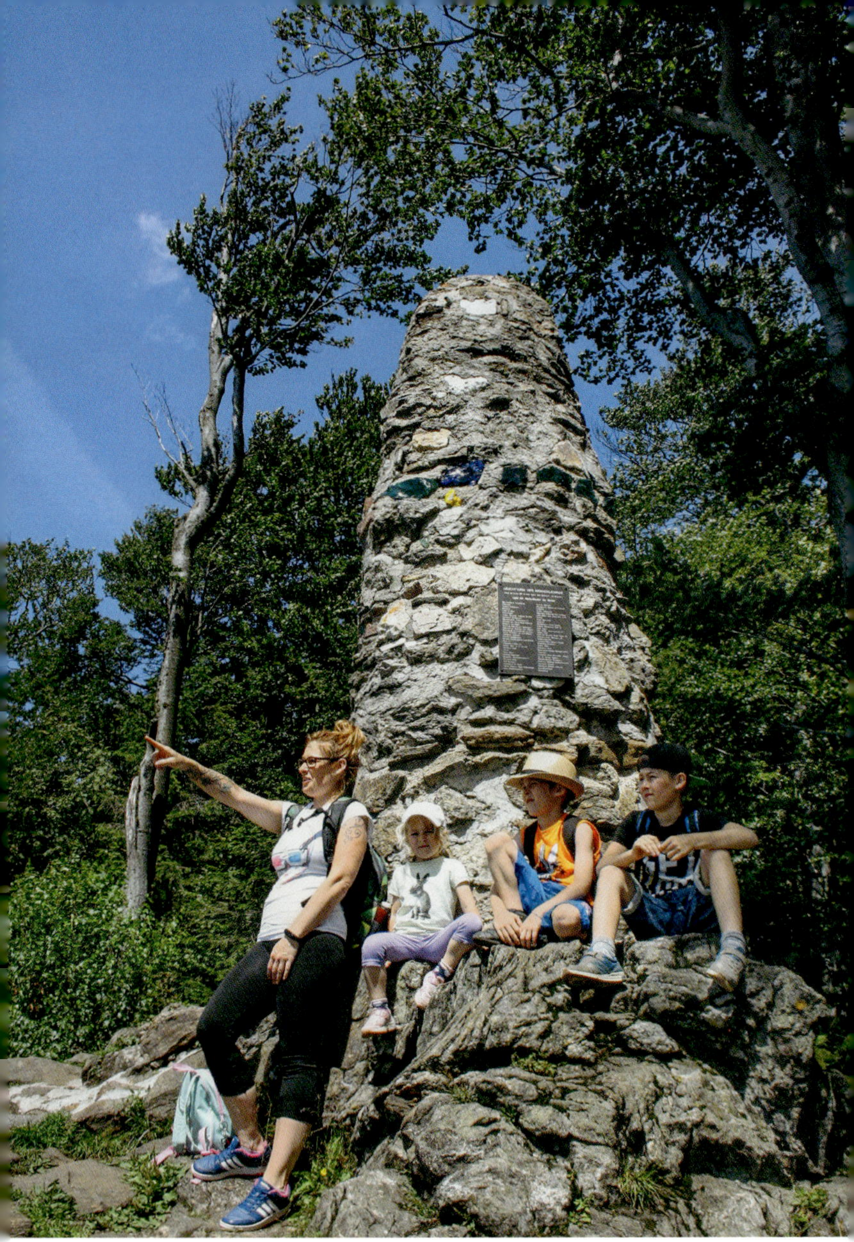

Lädt zu einer besinnlichen Pause ein: der Leuchtturm der Menschlichkeit

Südosten bis zum Osser im Künischen Gebirge. Hinter dem massiveren der beiden Türme auf dem Hohen Bogen spitzen der 1456 Meter hohe Große und der Kleine Arber hervor. Gefällt euch die Aussicht?
Zurück auf dem »Rundwanderweg Gibacht« marschieren wir neben dem Unterstand halb links weiter. Zunächst gehen wir ein Stück am Kamm entlang, ehe wir halb rechts abtauchen. In der Senke queren wir erneut die Loipentrasse und folgen dem Waldweg so lange, bis der Pfeil halb rechts zum Mini-Gipfelsturm auf den Tannenriegel weist. Oben angekommen, erwarten uns der Leuchtturm der Menschlichkeit sowie eine herrliche Aussicht in südwestliche Richtung. In das Kunstwerk eingebaut entdecken wir Steine aus aller Welt. Die eingesetzten Glaselemente erhellen die Nacht in der Hoffnung auf Frieden auf Erden.
Vom Felsrücken ebenerdig nach hinten weg begeben wir uns auf dem schmalen Pfad Schritt für Schritt talwärts. Ein letztes Mal kreuzen wir die Loipentrasse, ehe wir die Forststraße erreichen und nach rechts zum bereits sichtbaren Berghaus Gibacht zurückkehren. Wirt Ralph Wenzel serviert übrigens nicht nur bayerisch-böhmische Spezialitäten, sondern versteht auch etwas von Glas: Sowohl der Leuchtturm der Menschlichkeit als auch das Reiseck-Kreuz gehen auf ihn zurück.

Wo der Drache erwacht

In Furth im Wald steigt in der ersten Augusthälfte das älteste Volksschauspiel in Deutschland: der Drachenstich. Darüber hinaus können Familien das alte und das neue Ungeheuer in der »Drachenhöhle« besuchen, einer Halle im Südosten der Stadt in der Eschlkamer Straße (Familien 17 € bzw. »Bewegter Drache« 45 €; Zufahrt ab Gibacht durch die Stadtmitte oder via B 20/Furth im Wald-Ost Richtung Zentrum). Wem die Sache zu heiß ist, der kühlt sich gratis im Drachensee ab, dessen Freizeitufer nur 2 km entfernt in Richtung Nordosten liegt.

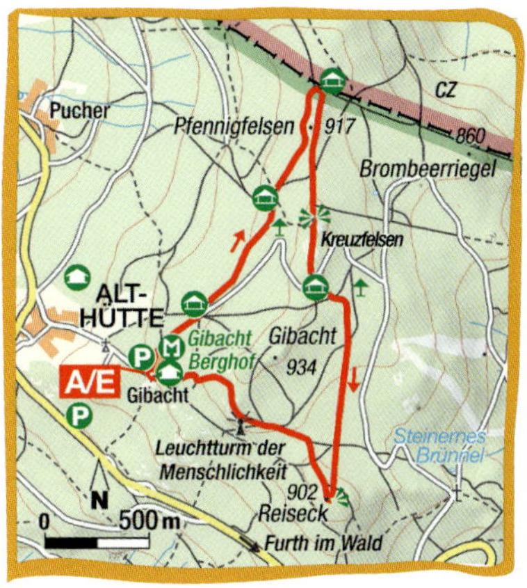

2 Der Schatz vom Burgstall

AUF DEN HOHEN BOGEN ZUM SENDEMAST

Auf dem Hohen Bogen tut sich von der Forstdiensthütte in Richtung Südosten ein großräumiges Wanderrevier auf. Wir meistern in entgegengesetzter Richtung eine kleine, weitgehend schattige Runde zum aussichtsreichen Burgstall, dem Westgipfel am bezaubernden Bergrücken.

Vom Wanderparkplatz gehen Familien 200 Meter mit Bedacht auf Asphalt hinauf zur alten Schutzhütte sowie zur bewirtschafteten Forstdiensthütte. Halb rechts neben der halb offenen Kapelle laufen wir mit der Goldsteig-Markierung auf dem Forstweg in Pfeilrichtung Furth, wobei wir ein paar Höhenmeter abgeben. Nach gut einer halben Stunde geht es links in Pfeilrichtung Burgstall deutlich empor. Nach dem kurzen, fordernden Anstieg erreichen wir die asphaltierte Zufahrt zum Sendemast des Bayerischen Rundfunks mit seiner rot-weißen Spitze. Nach rechts legen wir die letzten Meter dorthin zurück.

Der Name Burgstall erinnert an das mittelalterliche Vorhaben der Grafen von Bogen, hier eine Festung zu errichten. Es blieb beim Plan. Bis heute hält sich die Legende, dass an diesem Ort in einem Kupferkessel funkelnde Goldmünzen verborgen liegen. Es heißt, alle 100 Jahre

Leicht	4 km	1.45 Std.	100 Hm

Tourencharakter Hinzu Forstweg und sportlicher Pfad, zurück schmale Forststraße, rund die Hälfte Asphalt (Kinderwagen-Variante) **Altersempfehlung** Ab 5 Jahren **Ausgangs-/Endpunkt** Wanderparkplatz unterhalb der Forstdiensthütte Hoher Bogen (900 m) oder Gästeparkplatz **GPS-Koordinaten** 49.240636, 12.908166 **Anfahrt** Auto: Im Dreieck zwischen Rimbach, Furth im Wald und Eschlkam in Madersdorf dem Pfeil zur Forstdiensthütte 3 km bergauf folgen **Einkehr** Forstdiensthütte **Karte** Kompass 1:50 000, Nr. 195 Nördlicher Bayerischer Wald **Information** Tourist-Information, Hohenbogenstr. 10, 93485 Rimbach, Tel. 09941/94 00 16, www.gemeinde-rimbach.de

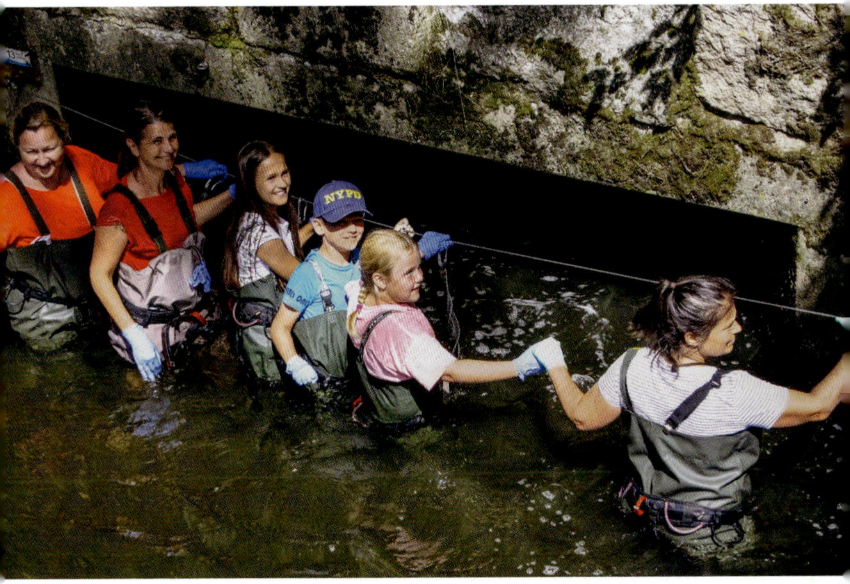

Ein äußerst naturnahes Erlebnis bietet der Eisvogelsteig (s. Kasten S. 22).

solle jemand die Chance erhalten, den Schatz zu bergen und eine verwunschene Frau zu erlösen. Kinder, könnt ihr das glauben?

Auf alle Fälle empfängt uns an besagter Stelle derzeit der Sendemast samt Dienstgebäude. Im Unterschied zu den ehemaligen, ebenso weithin sichtbaren NATO-Horchposten auf dem Hohen Bogen ist diese Anlage noch aktiv. Vom Steintisch davor lässt sich der benachbarte Kaitersberg gut ausmachen. Damit das Gipfelkreuz nicht völlig im Schatten des Stahlbetons steht, platzierte es die Bergwacht am Nordrand

Verratet doch euren Eltern: Wer den Berg hinab 750 m vor der Tal-Kreuzung in Madersdorf hinter dem Anwesen halb links abzweigt und sich am Waldrand eine Parknische sucht, kann vom dortigen Feldweg dem weißen Pfeil in den Blätterwald hinein sanft bergan folgen. Rasch taucht die versteckt gelegene Ruine Lichtenegg samt begehbarem schummrigem Rundturm auf (hin und zurück 1 km, 50 Hm, 30 Min.).

Abenteuer im Fluss

Mit Hosen wie Fischer gekleidet und gesichert wie Bergsteiger hangeln sich Kinder ab 5 Jahren samt ihren Familien durch den Eisvogelsteig in Nößwartling mitten durch den Fluss Chamb (liegt zwischen Cham und Furth südlich von Arnschwang). Die dafür nötige Ausrüstung erhalten Abenteurer für 6 € pro Nase im angeschlossenen LBV-Zentrum Mensch und Natur, also bei den Vogelschützern. Zeiten: April–Sep. Mo–Fr 12–16 Uhr, während der bayerischen Schulferien ab 9 Uhr, ab Mai zusätzlich So 14–16.30 Uhr; Infos Tel. 09977/82 27, Anmeldung vorteilhaft. Zufahrt: am Fuß des Hohen Bogen in Madersdorf schräg rechts weiter, von Süden u. a. via Bad Kötzting.

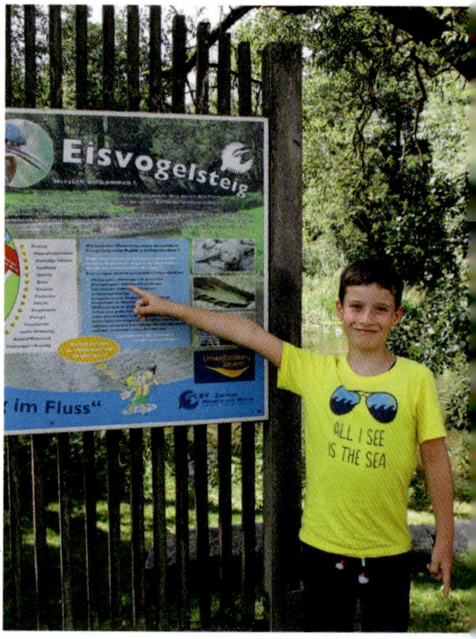

Hier geht es lang: Einstieg zur wasserreichen Zugabe im Chambtal.

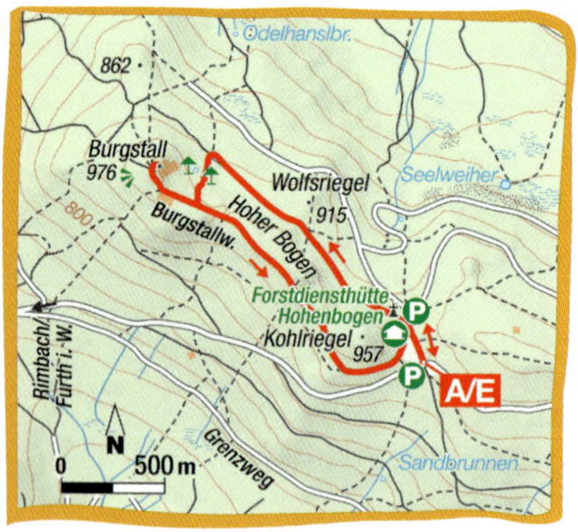

des Plateaus. Von dort fällt der Blick hinab zum Drachensee bei Furth im Wald sowie ins tschechische Hinterland hinein.

Auf der schmalen Zufahrt geht es zurück zur Forstdiensthütte. Die für Privat-Kfz gesperrte Forststraße erinnert an eine sanfte Berg- und Talbahn. Wer mit Kinderwagen unterwegs ist, wählt hin und zurück diese fürs »Wagerln« bestens geeignete Strecke. Immer wieder stehen Weidenröschen am Wegrand. Zu guter Letzt betreten Hungrige und Durstige die schlichte Gaststube der Forstdiensthütte. Bei passendem Wetter gruppieren sich Wanderer draußen an den Tischen rund um die urige Schutzhütte von 1846. Zum Abschluss geht es auf bekannter Strecke zurück zum Wanderparkplatz.

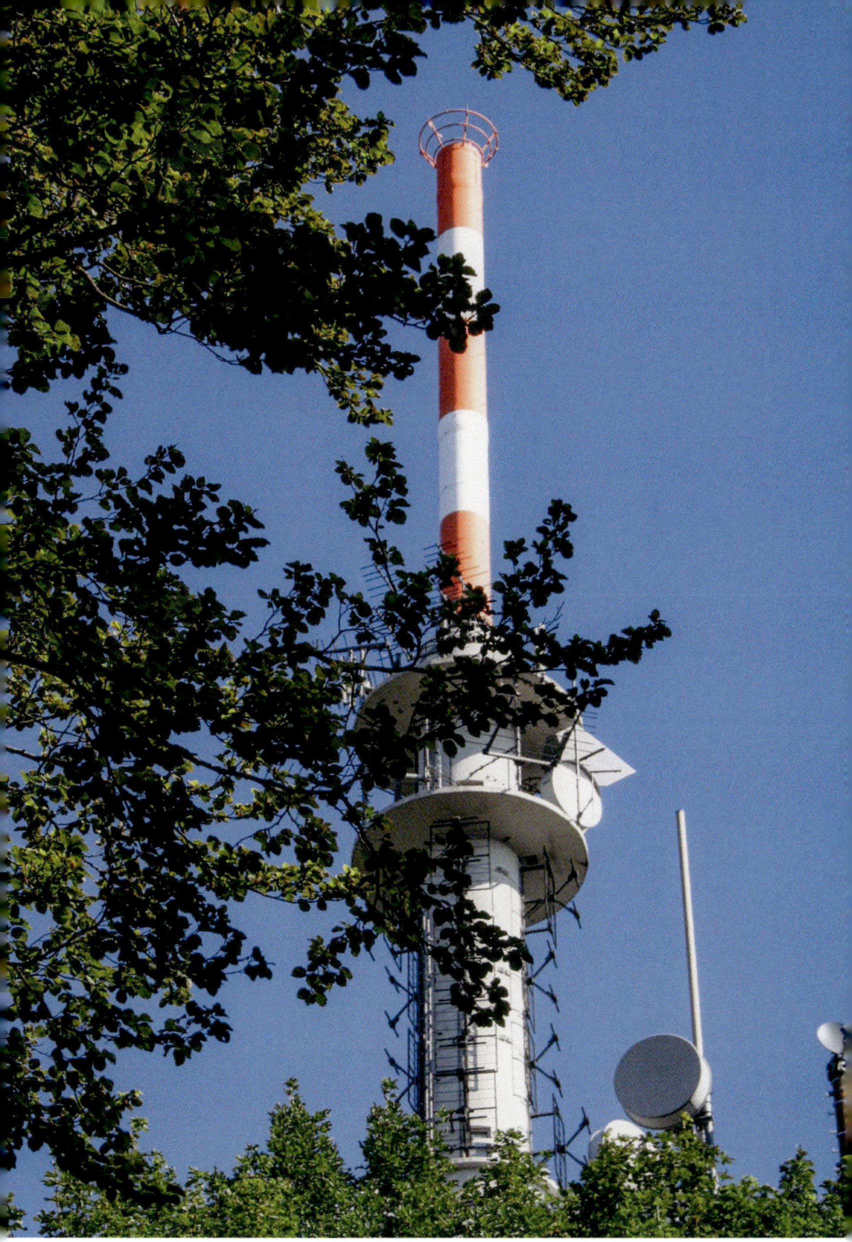

Wendepunkt unserer Wanderung auf dem Hohen Bogen: der Sendemast am Burgstall

3 Räuber Heigl auf der Spur

VON REITENBERG ZUR KÖTZTINGER HÜTTE

Über Stock und Stein steigen fitte Familien auf den aussichtsreichen Kaitersberg zur Kötztinger Hütte. Darüber hinaus entdecken Spürnasen himmelwärts unter dem Kreuzfelsen die Höhle, in der sich einst Räuber Heigl versteckte.

Vom ausgeschilderten Parkplatz laufen wir auf Asphalt zum ehemaligen Wirtshaus hoch (linker Hand weitere Parkplätze) und biegen an der Wanderkreuzung nach rechts ab. Rasch geht unser Räuber-Heigl-Wanderweg (auch »BK3«, Goldsteig, grünes Dreieck = Fernwanderweg) in einen Wanderpfad über. Die Nadeln unzähliger Fichtenbäume spenden Schatten. Hinter einer Senke wird unser Weg breiter und macht 200 Meter vor der kleinen Aussicht am Plattenstein (Abstecher möglich) einen Linksknick. Der folgende Wanderpfad führt neben mächtigen Gneisblöcken deutlich bergwärts. Taucht die zweite Felswand auf, verrät ein hoch am Baumstamm angebrachtes Schild, wo sich ein legendäres Versteck verbirgt: die Höhle

Schwer	6,75 km	3.45 Std.	325 Hm

Tourencharakter Aufstieg/Kammlage steinig und verwurzelt, talwärts Schotterpfade und Waldwege, recht schattig **Altersempfehlung** Ab 8 Jahren **Ausgangs-/Endpunkt** Wanderparkplatz Reitenberg (750 m) **GPS-Koordinaten** 49.183399, 12.910275 **Anfahrt** Auto: Von Norden, Westen und Süden via B 85 nach Bad Kötzting, im Osten des Kurorts in/aus Fahrtrichtung Lam bei der Ampel nach Reitenstein/ Reitenberg abbiegen, dann 5 km bergauf **Einkehr** Kötztinger Hütte, Lindner-Bräu in Bad Kötzting (So Ruhetag) **Karte** Kompass 1:50 000, Nr. 195 Nördlicher Bayerischer Wald **Information** Kur- und Gästeservice, Bahnhofstr. 15, 93444 Bad Kötzting, Tel. 09941/40 03 21 50, www.bad-koetzting.de

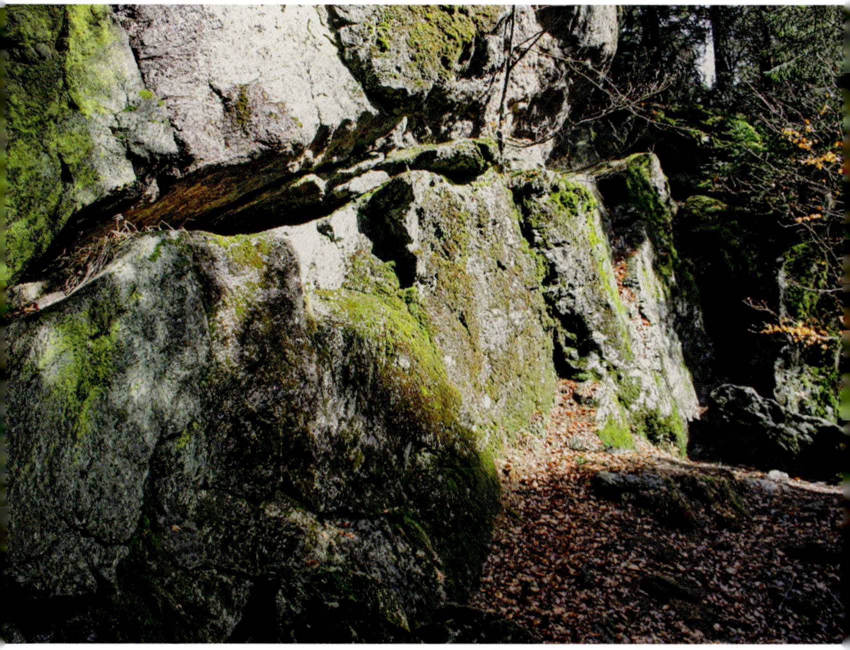

Aufmerksame entdecken an der Felswand den Eingang zur Räuberhöhle.

Gab es den Räuber wirklich?

Es war einmal die arme Familie Heigl, in der vor über 200 Jahren ein Bub namens Michael das Licht der Welt erblickte. Früh geriet er mit der Obrigkeit in Konflikt und landete in Straubing vor Gericht. Dort gelang es ihm, zu türmen und sich in der Höhle auf dem Kaitersberg zu verschanzen. Da er auf seinen Beutezügen gezielt die Reichen ins Visier genommen haben soll, betrachtete ihn die arme Landbevölkerung als eine Art Robin Hood. Zehn Jahre benötigten die Gendarmen, um den Räuber Heigl zu fassen. Das traurige Ende der wahren Geschichte: Statt unterm strahlenden Sternendach verbrachte der unerschrockene »Waidler« seine letzten Lebensjahre in einem dunklen Kerker in München.

des Räubers Heigl. Leicht erhöht befindet sich ein schmaler Einlass. Ins Innere hinein kommen kleine Entdecker besser von der Seite direkt an der schroffen Wand an den grüngelben Schwefelflechten entlang – ein guter Unterschlupf, oder?

Von der Höhle führt unser Pfad weiter bergan. Nach einem Linksknick erreichen wir den Wanderknoten auf der Kammlage. Dort lassen wir den Kreuzfelsen erst einmal links liegen und folgen u. a. »BK3« nach rechts. Über Stock und Stein geht es in weniger als einer Stunde kurz hinter der Gedenkstätte am aussichtsreichen Mittagstein vorbei zur beliebten Kötztinger Hütte. Durstige und Hungrige finden draußen wie drinnen Platz und werden bedient.

Nach unserer hochverdienten Stärkung geht es auf demselben Pfad zurück, dann beim bekannten Wanderknoten geradeaus weiter zum nahen Kreuzfelsen. Zuletzt verrät ein weißer Schriftzug auf einem Felsen den Durchschlupf »zum Kreuz« auf 999 Metern Höhe. Zwei Drahtseile dienen zum Festhalten. Aufgepasst: In südliche Richtung fällt der Gneiskopf geradlinig ab und ist nicht gesichert!

Einen Steinwurf vom Kreuzfelsen entfernt in Richtung Norden befindet sich ein Rastplatz. Dieser ist einfach zu erreichen, denn zum Kamm hin fällt das Gestein vergleichsweise sanft ab. Direkt an Bank und Tisch vorbei folgen wir »BK3« bergab. Sogleich landen wir bei einem Felsen mit Schwefelflechten, den wir gemäß Markierung linksseitig umrunden. Ein Stück weiter empfängt Wanderer ein zweites Kreuz. Es markiert den Punkt, an den Fuhrleute mit

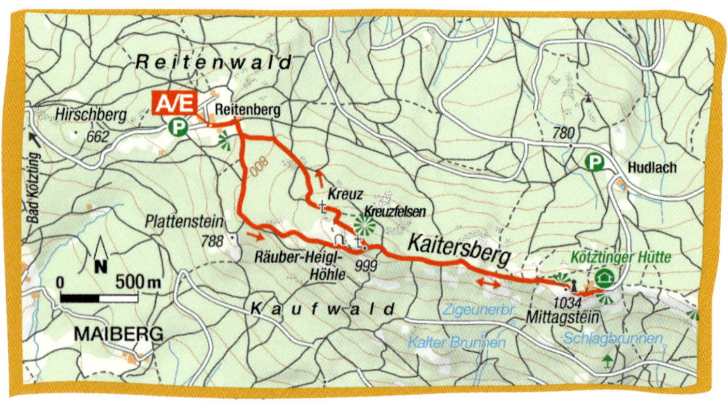

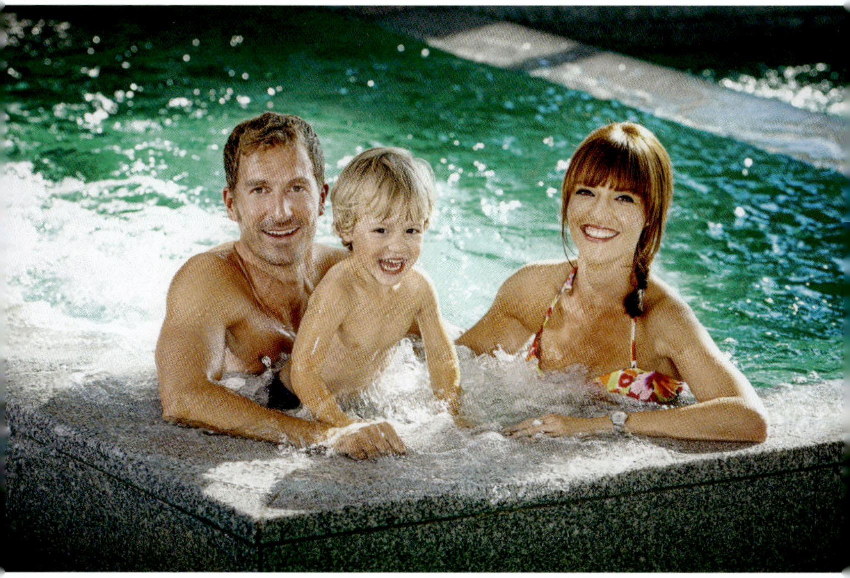

In der AQACUR-Badewelt in Bad Kötzting fühlen sich Groß und Klein pudelwohl (s. Kasten unten).

Pferden das Gipfelkreuz brachten, ehe es allein von Menschenhand auf den Gneiskopf gehievt wurde. Talwärts steigen wir weiter auf dem teils ausgewaschenen, schotterigen, später noch grobsteinigeren Weg. Bei den zahlreichen Gabelungen vertrauen wir den weiß-roten Markierungen. Schließlich kommen Jung und Alt neben dem ehemaligen Wirtshaus der Familie Köppl zu dem uns bekannten Asphaltweg und erreichen wieder den Parkplatz.

Übrigens: Wem die gesamte Tour zu lange dauert, der kann den Abstecher am Kamm zur Kötztinger Hütte auslassen (kleine Runde dann 3,75 km, 250 Hm, 2.15 Std.).

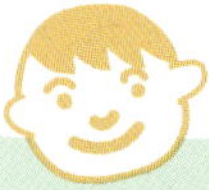

Nach dem Wandern zurück in Bad Kötzting bietet die AQACUR-Badewelt ein erfrischendes Vergnügen. Während wir mit Papa auf der 100-m-Rutsche hinabsausen oder im Wellenfreibad kraulen, entspannt Mama womöglich im Thermarium oder in der Saunawelt (www.aqacur.de).

4 Der schönste Osserblick

HOCH ÜBER LAM ZU DREI BERGBAUERNHÖFEN

Vom Luftkurort Lam auf halber Strecke zum südlichen Kamm liegen malerische Einödhöfe auf almartigen Lichtungen, umgeben von dichtem Bergwald. Unsere kleine Runde verbindet die drei Höfe miteinander, in denen große und kleine Wanderer gern einkehren und hausgemachte Schmankerl genießen.

Zur Anfahrt: Bergwärts orientieren wir uns an den kleinen Schildern zu den drei Einkehr-Höfen; die Abzweigung zum Ödbauern etwa am höchsten Punkt der Straße ist die dritte links. Dort angekommen und die Wanderschuhe geschnürt, folgen wir »La6« in Richtung Koppenhof/Lam an der Kapelle vorbei. Kinder, habt ihr vor dem kleinen Gotteshaus den Seilzug für die Glocke entdeckt?

Frohgestimmt schreiten wir geradlinig durch eine wilde Allee. Nach dem Linksbogen kommen wir zur Kreuzung vor Hinteröd. Weiter in Richtung

Mittel | 3,5 km | 1.45 Std. | 150 Hm

Tourencharakter Äußerst unterschiedliche Passagen zwischen Almwiesen und Wäldern, vom schmalen Pfad über einen Waldweg bis zu etwas Asphalt **Altersempfehlung** Ab 5 Jahren **Ausgangs-/Endpunkt** Ödbauernhof Vorderöd (785 m) **GPS-Koordinaten** 49.172682, 13.034078 **Anfahrt** Auto: Von Osten via Arber/Brennes, von Westen/Süden via Arrach; in Lam an der Ampel in Richtung Bahnhof/Lissen abbiegen, dann zweimal links in die Schwarzeckstraße und 3,75 km bergauf **Einkehr** Zum Ödbauern (Mi–So), Einödhof Waldeck (Fr/Sa/So), Zum Veitbauernhof/Wia z'Haus (voraussichtlich Di/Do/Sa/So) **Karte** Kompass 1:50 000, Nr. 195 Nördlicher Bayerischer Wald **Information** Tourist-Info, Marktplatz 1, 93462 Lam, Tel. 09943/777, www.lamer-winkel.bayern

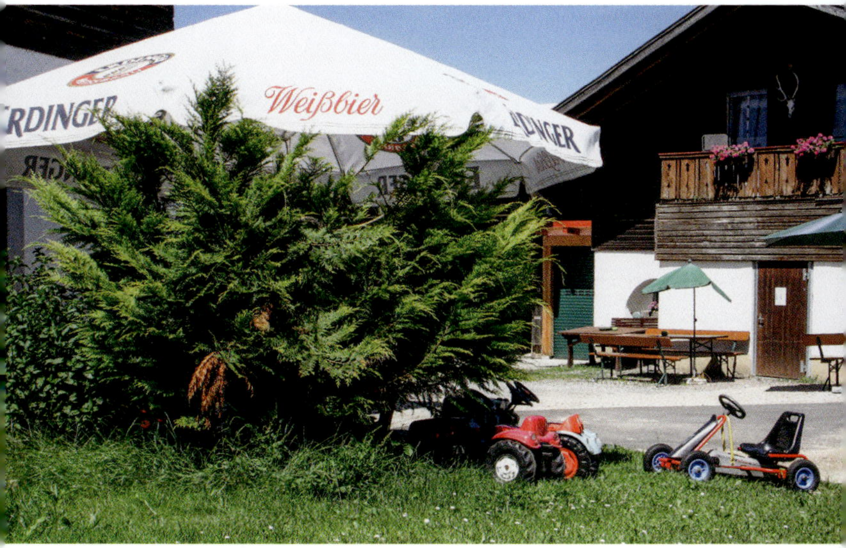

Beim Ödbauern startet und endet unsere Wanderrunde.

Koppenhof/Lam fädeln wir halb links in die Birkenallee ein (marschieren also nicht in Richtung Hinteröd/Waldeck). Auf der folgenden neuen Hofzufahrt beachten wir bei der Rastbank am Wald das Schild nach rechts hinab. Auf dem folgenden Trampelpfad bleiben wir stets am Rand des Forsts und erreichen nach dem Häkchen einen von Birken gesäumten Weg. Weiter talwärts landen wir unter Bäumen auf der Zufahrt nach Waldeck. Dort verlassen wir »La6« und wenden uns nach rechts. Aufgepasst: Dem Asphalt bleiben wir nur 20 Meter treu, biegen dann gleich links in den unmarkierten Forstweg ein und queren den Koppenbach.

Ein Stück weiter folgt Fließgewässer Nummer zwei. Achtung: An der folgenden Gabelung halten wir uns halb rechts (gehen also nicht hinunter zu dem Häuschen) und marschieren auf dem verwachsenen Forstweg deutlich bergauf. Bei den folgenden drei Gabelungen halten wir uns jeweils halb links. Schließlich erreichen wir die breite Zufahrt nach Vorderwaldeck, auf der wir nach rechts in Richtung Waldeck laufen und nötigenfalls den Verkehr beachten.

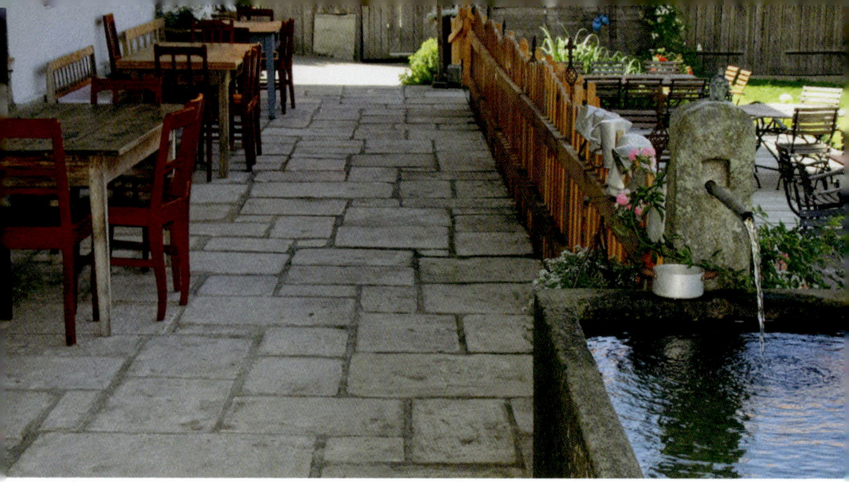

Einer der drei Anlaufpunkte unserer Tour: der Einödhof Waldeck

Am nahen Waldrand angekommen, lässt sich der Hof mit der ersten der drei Einkehrstationen gut ausmachen. Auf der behaglichen Terrasse wie in der Gaststube des hübschen, geschmackvoll hergerichteten Anwesens sitzen die Gäste gleichermaßen schön. Wenn nicht gerade eine geschlossene Gesellschaft das ganze Wirtshaus in Beschlag nimmt, wird gern Selbstgebackenes serviert.

Um die Runde zu vollenden, geht es ein Stück auf der Zufahrt in Richtung Hinteröd/Vorderöd. Nach 400 Metern knickt die Straße nach rechts. Einen Steinwurf weiter verabschiedet sich »La7« vom Asphalt. Halb links mündet der folgende Waldweg in einen teils steinigen Pfad und führt erneut zum Koppenbach. Auch das dortige Häuschen sorgt für grünen Strom.

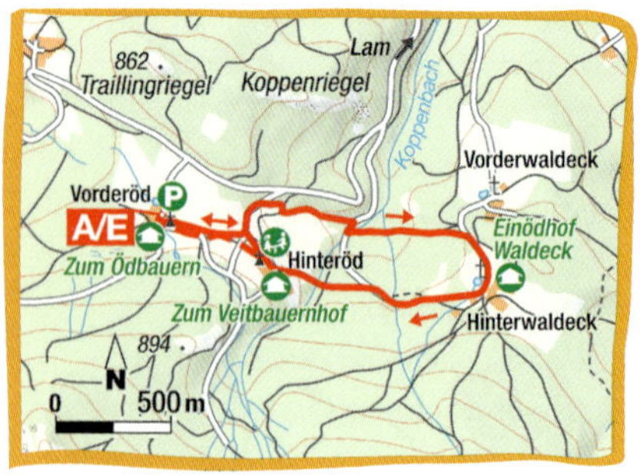

Hinter dem Holzsteg steigen wir halb links 100 Meter auf steiler Strecke himmelwärts. Aufgepasst: Bereits 20 Meter weiter wechseln wir halb rechts auf den schmalen Pfad, an dessen oberen Ende sich die Metalltür zur Weide befindet. Diese öffnen und schließen wir mit Bedacht. Ein weiterer Durchlass führt zum Veitbauernhof. Von der Terrasse dieser Einkehrstation

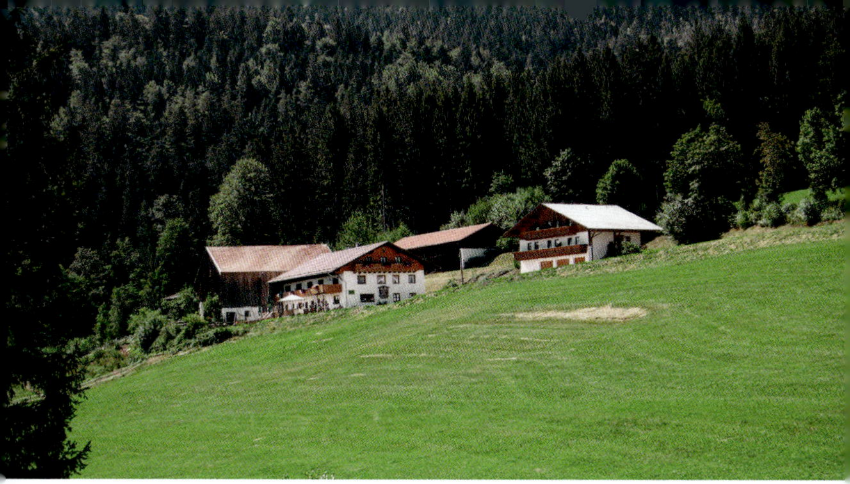

Erst sehen wir den Veitbauernhof aus der Ferne, später kommen wir direkt daran vorbei.

überwältigt der Blick hinüber zum Osser-Doppelgipfel. Dem Naturschauspiel zugewandt, können Kinder nach Lust und Laune schaukeln.
Zurück nach Vorderöd gibt es zwei Möglichkeiten: Entweder wir nutzen bei der Gabelung unterhalb der Veitbauern-Kapelle den ausgeschilderten mittleren Weg – in diesem Fall fädeln wir am hinteren Ende des landwirtschaftlichen Gebäudes halb links bergan in die vom Hinweg bekannte wilde Allee ein. Oder wir laufen ab der Kapelle halb links auf der Schotterstraße hoch. In der folgenden Linkskurve marschieren wir geradeaus weiter über die Wiese und kommen auf einen Weg, der parallel zur wilden Allee zurückführt und sich dabei der Sonne stärker zuwendet (s. gestrichelte Linie auf der Karte).
So oder so erreichen wir das urige Ensemble in Vorderöd mit der gemütlichen Terrasse und Stube beim Ödbauern. Auch hier wird hausgemachtes Schwarzgeräuchertes serviert, etwa reichlich garniert als Strammer Max. Wie bei den beiden anderen Höfen erfreuen sich unsere Mädchen und Buben an einer Reihe interessanter Spielgeräte.

Erfrischendes für jeden Geschmack

Zurück im Tal entscheiden sich Wasserratten und Badenixen zwischen dem großflächigen wie kostenfreien Seepark Arrach (3 km) oder dem bunten Osserbad direkt in Lam (Maxi-Familienkarte 18,50 €; www.osserbad.de).

5 Wo der Osserriese haust

AUF DEN DOPPELGIPFEL IM LAMER WINKEL

Wer in Lam bergwärts blickt, entdeckt das markante Horn des Kleinen Ossers. Einheimische sprechen sogar vom »Matterhorn des Bayerwalds«. Rund um die sportlichen Gipfelpassagen soll der Osserriese sein Unwesen treiben.

Am Ossersattel beginnt der geschotterte Weg »La1« am Teufelsritt vorbei bergwärts. Nach rund einer Stunde erreichen wir eine Kreuzung und wechseln nach rechts auf »La3«. Kurz hinter dem oberen Ende der großflächigen Osserwiese peilen wir entweder den Kleinen Osser (1266 m) oder geradewegs den Großen Osser (1293 m) an. Wer sich für die weiß-rote Markierung nach rechts entscheidet, sollte zuletzt trittsicher sein. Vor der Künischen Kapelle laufen beide Varianten wieder zusammen. Bei der folgenden Kreuzung geht es nach rechts. Hinter der unbewirtschafteten Bergwachthütte steigen wir in rauem Glimmerschiffer knapp 50 Höhenmeter hinauf. Zuletzt

Schwer | 6 km | 3.45 Std. | 410 Hm

Tourencharakter Breiter Wanderweg aus dichtem Wald in baumfreie Höhen; fordernde Gipfelpassagen **Altersempfehlung** Ab 8 Jahren **Ausgangs-/Endpunkt** Ossersattel (933 m), 6 km nordöstlich von Lam **GPS-Koordinaten** 49.208148, 13.087813 **Anfahrt** Auto: Nach Lam via Eschlkam oder Hohenwarth oder Brennes/Lohberg; bei der Tourist-Info nahe der Ortsmitte zum Wanderparkplatz abbiegen und nach 3 km rechts in die Forststraße **Einkehr** Osserschutzhaus, Café zum Sahneberg (vor Regenbrücke nach Thürnstein, dort links 1 km hoch bis Berghäusl 1; Di Ruhetag) **Karte** Kompass 1:50 000, Nr. 195 Nördlicher Bayerischer Wald **Information** Tourist-Info, Marktplatz 1, 93462 Lam, Tel. 09943/777, www.lamer-winkel.bayern

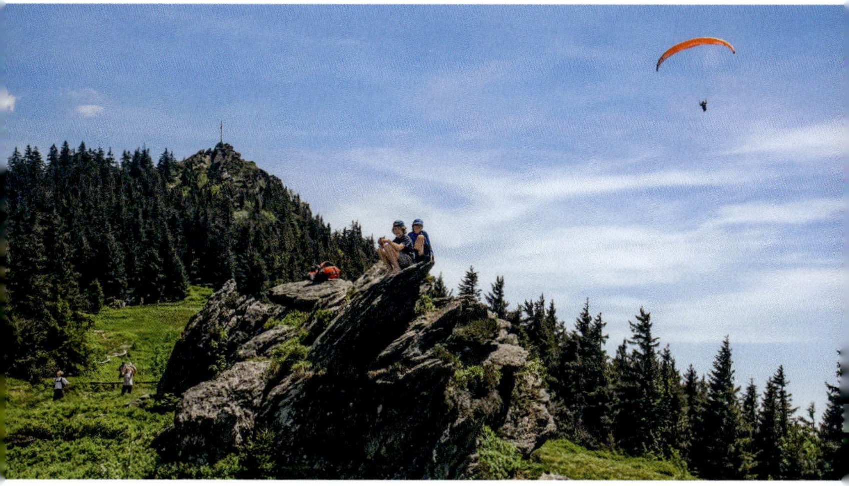

Beim Aufstieg passieren wir eine ehemalige Alm, die heutige Osserwiese.

führt unser Gipfelsturm direkt an der Grenze entlang. Vom mächtigen Kreuz liegt das urige Schutzhaus nur einen Steinwurf entfernt. Einkehrwillige holen sich an der ersten Theke Getränke und an der zweiten Theke einfache Speisen. Kinder, wer sieht auf der Sonnenterrasse den geschnitzten Osserriesen? Eigentlich sieht er ganz freundlich aus.

Talwärts wandernd beachten wir den Einstieg zu »La1« und steigen zur Bergwachthütte zurück. An der Kreuzung darunter halten wir uns erneut rechts. Der breite Weg führt fast schnurstracks sowie ab dem unteren Knotenpunkt auf bekannter Strecke talwärts. Im Schatten der Fichten beenden wir schließlich unsere Pirsch durchs Revier des Osserriesens (zur Sage s. »Grenzenloses Kinderwissen«, S. 39) am Parkplatz.

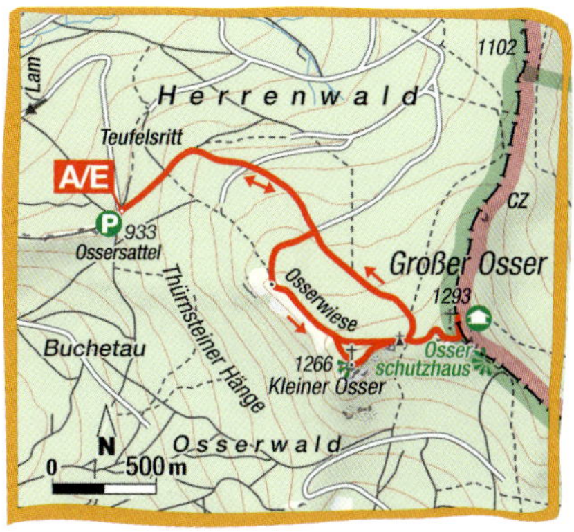

6 Grenzgänger im Naturkino

IM KÜNISCHEN GEBIRGE ZUM ZWERCHECK

Angenehm ruhig geht es auf dem Zwercheck zu. Wer den aussichtsreichen Grenzkamm zur tschechischen Republik erklimmt, entdeckt Spuren der Vergangenheit und genießt unter dem kleinen Gipfelkreuz ein einzigartiges Naturkino gratis.

Am nicht asphaltierten hinteren Teil beim Wanderparkplatz Scheiben spüren wir den Holzpfeil auf, der zur Forststraße in Richtung Zwercheck weist. Nach knapp 500 Metern Wegstrecke halten wir uns bei der Gabelung halb rechts. Gut noch einmal so weit entfernt zeigt »LO5« von der Forststraße linker Hand den Einstieg in den sportlichen Waldpfad. Bergwärts orientieren sich Groß und Klein an den weiß-roten Markierungen an den Baumstämmen. Der anfangs vorwiegend verwurzelte Pfad führt weitgehend geradlinig bergan. Schritt für Schritt wird das Terrain steiler und steiniger.

Am Kamm angekommen, markiert ein Schild die deutsch-tschechische Grenze. Auf dem dahinter aufragenden Gneisblock steht zudem der Grenz-

Schwer | 5,5 km | 3.15 Std. | 300 Hm

Tourencharakter Fordernder Aufstieg, schöner Kammpfad, bergab breiter Weg, Start und Abschluss auf einer Forststraße **Altersempfehlung** Ab 7 Jahren **Ausgangs-/Endpunkt** Wanderparkplatz Scheiben (1050 m) **GPS-Koordinaten** 49.159544, 13.159548 **Anfahrt** Auto: Von Norden via Lam, sonst via Brennes zum Scheibensattel (Vorlauf Bodenmais oder B 11). Bus & Bahn: Bus 590/6080 **Einkehr** Unterwegs keine; Kapitän Goltz Altlohberghütte (4 km Richtung Lam), Berggasthof Mooshütte (kurz vor Brennes rechts; 5,5 km), Arber-Alm Brennes (4 km) **Karte** Kompass 1:50 000, Nr. 195 Nördlicher Bayerischer Wald **Information** Tourist-Info, Rathausweg 1a, 93470 Lohberg, Tel. 09943/94 13 13, www.gemeinde-lohberg.de

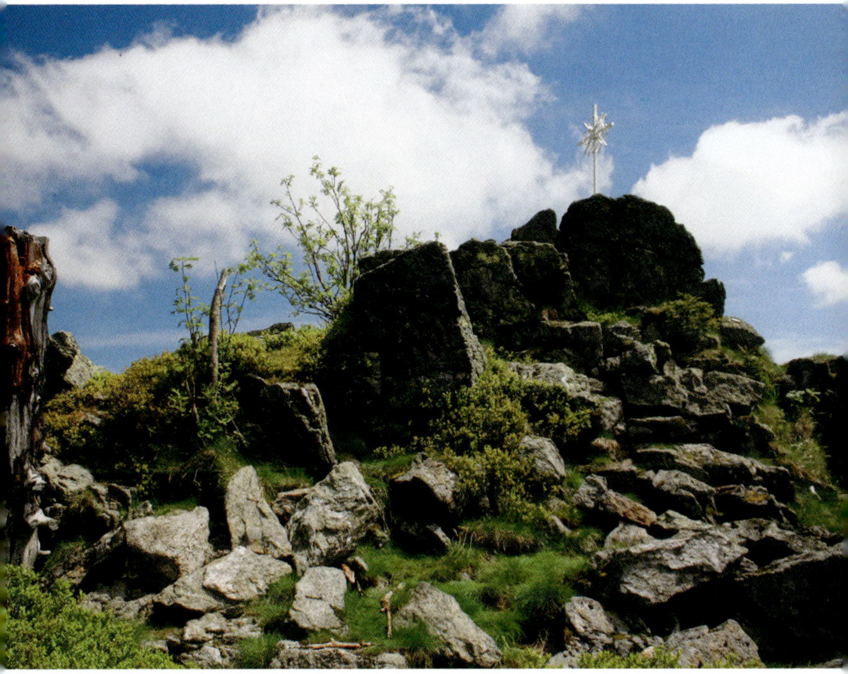

Ziel unseres Gipfelsturms: das kleine Metallkreuz auf dem Zwercheck

stein Nummer 30. Wir wenden uns vom Aufstieg aus gesehen nach links und marschieren über Stock und Stein direkt an der Grenze entlang. Weißblaue Pfähle verraten das Ende des jeweiligen Staatsgebiets. Wer zu Zeiten des Kalten Kriegs irrtümlich die Grenze überschritt, konnte von den damaligen tschechoslowakischen Grenzpatrouillen festgesetzt werden. Im heutigen Europa versteht der tschechische Naturschutz abseits ausgewiesener

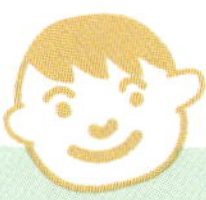

Wenn ihr beim Marsch am Grenzkamm entlang gut aufpasst, erspäht ihr rechter Hand zurückversetzt eine Infotafel zur ehemaligen Pilsener Skihütte. Aufmerksame Kinder machen auf tschechischem Territorium auch noch die kümmerlichen Überreste des einstigen Refugiums aus. Könnt ihr den Trümmerhaufen aufspüren?

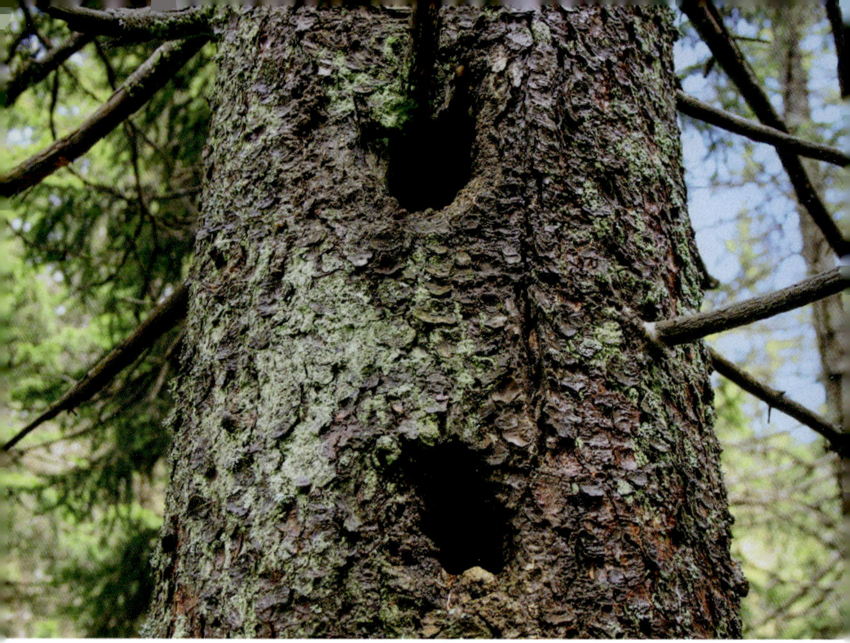

In den tieferen Gefilden »trommelt« sich der Specht passende Höhlen.

Wege auch keinen Spaß. Marschieren wir weiter am Kamm entlang, weist das an einem zurückversetzten Baumstumpf angebrachte Schild »LO5« vom Grenzpfad nach links zum überschaubaren Gipfelkopf auf 1333 Metern Höhe. Ein kleines Metallkreuz krönt den 150 Meter von der Grenze entfernten Gneisblock. Einen Steinwurf entfernt befindet sich das sogenannte »Naturkino« mit fünf hölzernen Sitzbänken. Wenn man so will, bildet die Landschaft eine Leinwand im Maßstab 1:1. Die jeweiligen Sichtverhältnisse legen fest, was beim »Bayerwald-Blick« gezeigt wird: Der König des Mittelgebirges, der 1456 Meter hohe Große

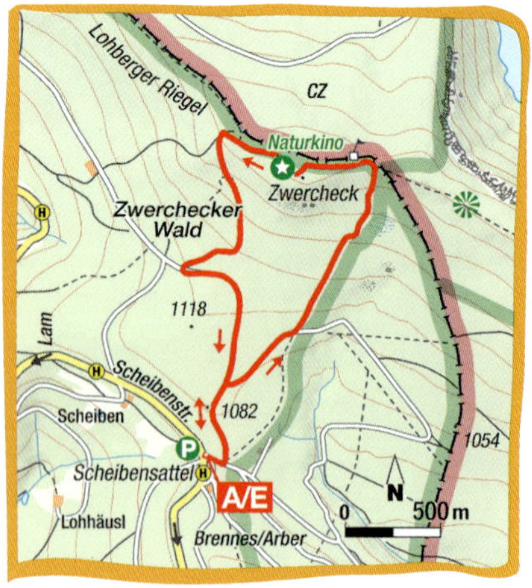

Arber mit seinen Radaranlagen im Süden oder der Osser-Doppelgipfel im Nordwesten stehen fast immer auf dem Programm.
In Blickrichtung Osser markieren rot-weiße Farben zwischen den Heidelbeersträuchern den Einstieg zum Abstieg. Rasch wird der anfangs schmale Pfad breiter. Auf steinigem Weg durchqueren wir das im Jahr 2007 von Orkan Kyrill sowie zusätzlich vom Borkenkäfer gelichtete Gelände, in dem die grüne Natur Schritt für Schritt Raum zurückgewinnt. Rund 500 Meter wandern wir in etwa der Höhenlinie entlang, dann folgt eine Spitzkehre. Dahinter wendet sich unser Blick erneut dem Großen Arber zu, und wir halten uns talwärts.
Auf dem breiten Weg lassen wir die Abzweigung von »LO5« rechts liegen und marschieren weitgehend geradlinig weiter, bis wir abschließend nach einem weiten Rechtsbogen zu einer T-Kreuzung kommen. Dort biegen wir nach links ab und laufen die Forststraße kurz bergauf. Erneut in einem weiten Bogen streben wir an der bekannten Gabelung vorbei unserem Ausgangspunkt entgegen und vollenden die Runde. Wer wachen Auges zurückblickt, erkennt unterhalb des Gipfels einen eiszeitlichen Blockstrom – auf unserer Runde blieb uns dieses mit Moosen und Flechten bewachsene mächtige Geröllfeld weitgehend verborgen.

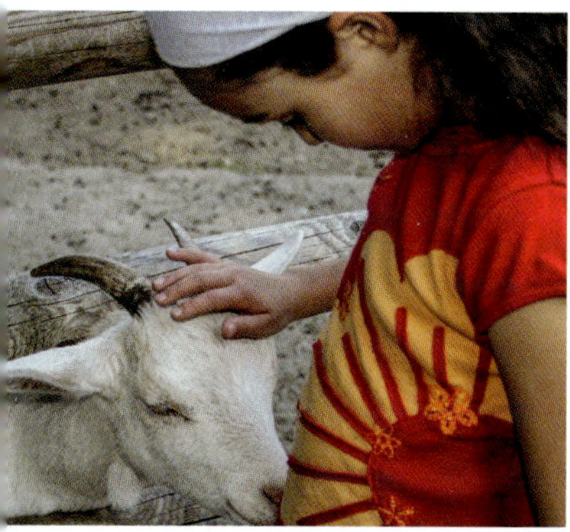

Hinterm Eingang empfängt im Bayerwald-Tierpark Lohberg ein Streichelgehege.

Wölfe und Geißlein

Wer nach Lohberghütte kommt, kann im Bayerwald-Tierpark über 100 Tierarten, die im Waldgebirge heimisch sind oder es einmal waren, erleben. Der Rundweg führt vom Streichelgehege mit Ziegen und Eseln über den Elchsee bis zum Wolfsgehege (2020 brachte Wölfin Osira hier fünf Welpen zur Welt). Überall lautet das Motto: »Schau mir in die Augen« (geöffnet tgl. ab 9 Uhr, Familien 15 €; www.bayerwald-tierpark.de).

WISSEN

Grenzenloses Kinderwissen

Die bayerische Raute

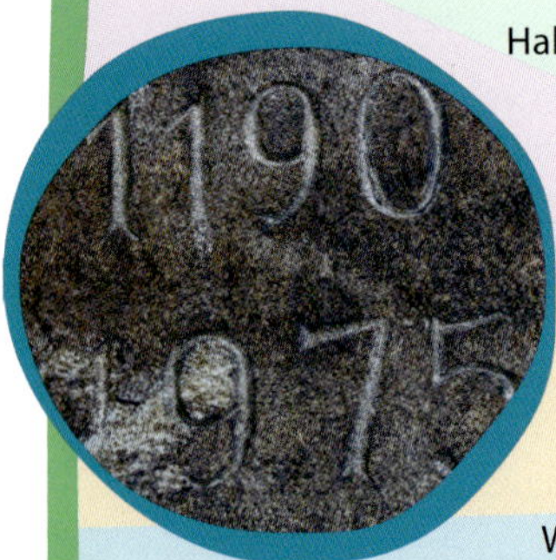

Habt ihr die Tour zum Burgstall auf dem Hohen Bogen gemacht? Dann solltet ihr wissen: Dieser Berg heißt nicht Hoher Bogen, weil er der Gestalt nach so aussieht, sondern wegen der Grafen von Bogen. Dieses Adelsgeschlecht wollte nämlich vor über 800 Jahren, also im Mittelalter, auf dem Berg eine Festung errichten. Das klappte nicht. Kurze Zeit später starb sogar die ganze Herrscherlinie aus. Das Haus Wittelsbach, das später die bayerischen Könige stellte, trat ihr Erbe an. Dabei übernahmen die Wittelsbacher die weiß-blauen Rauten aus dem Wappen der Grafen von Bogen. Heute stehen diese Rauten für den Freistaat Bayern. Der geplante Ort für die Festung heißt immer noch Burgstall.

Ein echter Ritter

Burgen und Ruinen zeugen im Bayerwald vom Leben der »alten Rittersleut'«. Ritter zu sein, musste man einst richtig lernen. Als Kind wurde einem beigebracht, sich vornehm zu benehmen. Jugendliche kamen dann bei einem Ritter in die Ausbildung, und im Alter von 21 Jahren wurde der Knappe zum Ritter geschlagen. Er bekam ein Schwert und eine Rüstung und sollte fortan den Schwachen helfen. Eine schöne Idee, doch leider hielten

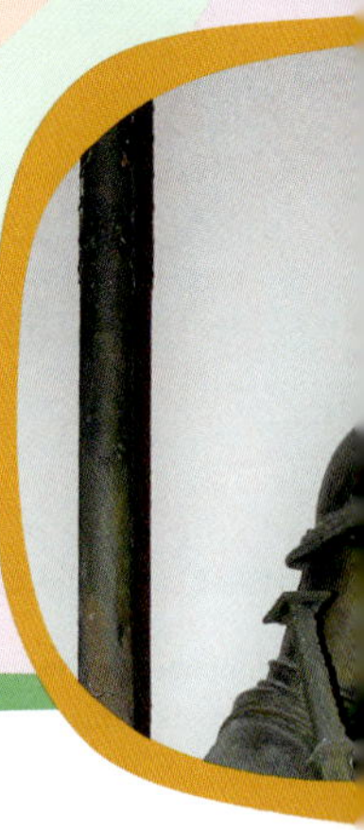

sich viele nicht an die ritterlichen Tugenden. Wie schade!

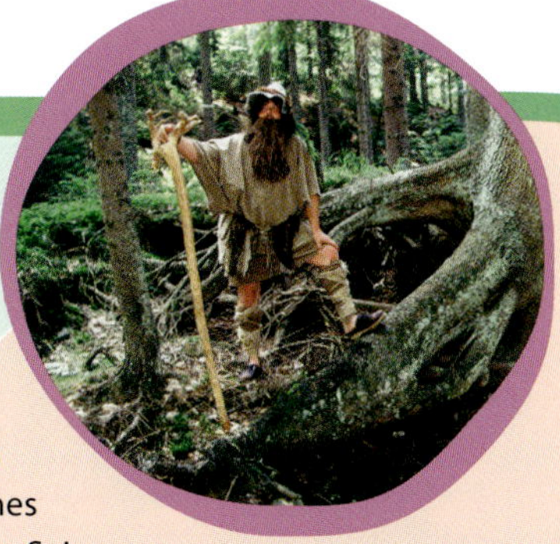

Der Osserriese

Es war einmal ein Riese, der so groß war, dass er einen ganzen Apfelbaum in das Knopfloch seines Hochzeitsanzugs stecken konnte. Sein Sohn setzte sich wie ein Reiter auf den Spitzberg und planschte mit je einem Fuß im Schwarzen See und im Teufelssee, die auf der anderen Seite der deutsch-tschechischen Grenze im Künischen Gebirge liegen. Was mit dem Riesen geschah, darum ranken sich verschiedene Geschichten. Einer zufolge roch er einmal an der Springwurz. Das kitzelte ihn dermaßen in der Nase, dass es ihn beim Niesen einfach zerriss. Könnt ihr das glauben, Kinder?

Schwarzes Meer, freie Bauern

Eine alte Regel lautet: »Die Grenze sei allerorten, wie Kugel walzt und Wasser rinnt.« Dieser Gesetzmäßigkeit folgten die Menschen oft, um auf den Bergkämmen die Grenzen ihrer Länder zu ziehen. Zwischen Bayern und Böhmen trifft das auf das Künische Gebirge zu – auf dem Kamm zwischen Osser und Zwercheck verläuft nämlich die europäische Hauptwasserscheide. Das bedeutet: Während auf deutscher Seite der Weiße Regen zum Regen, dann zur Donau und zum Schwarzen Meer hin fließt, entwässert jenseits der Grenze die Angel (tschechisch: Úhlava) über Radbusa (Radbuza), Beraun (Berounka) und Moldau (Vltava) zur Elbe (Labe) sowie in die Nordsee.

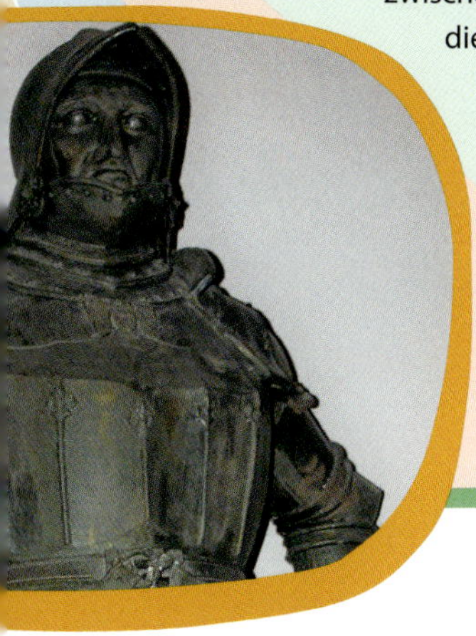

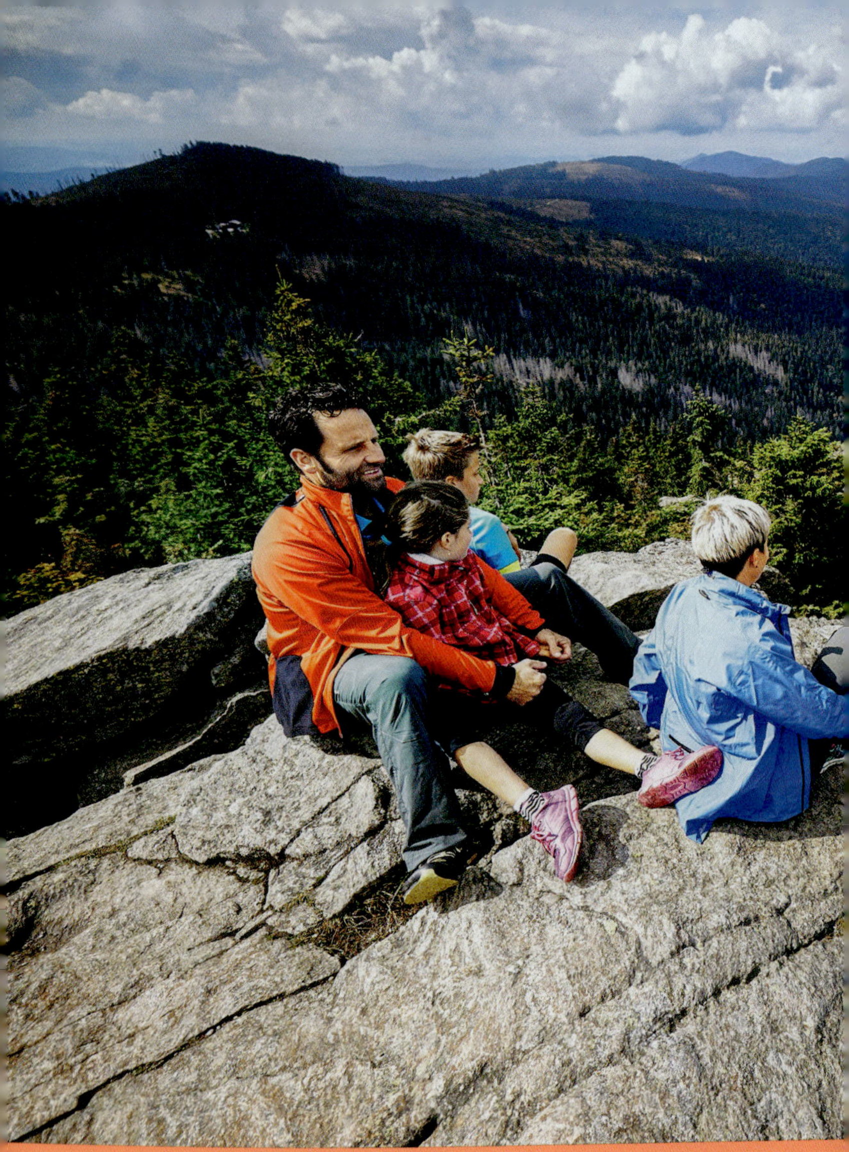

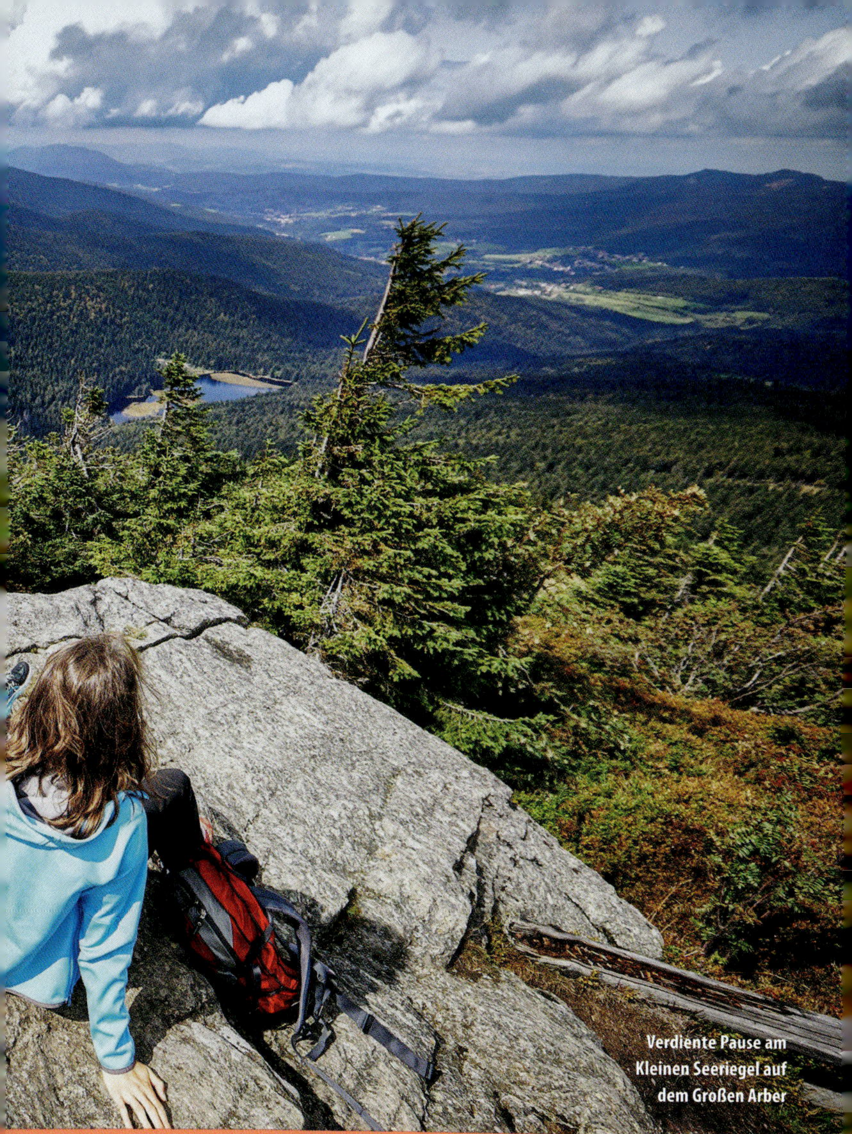

Verdiente Pause am Kleinen Seeriegel auf dem Großen Arber

Arberland

7 Ums eiszeitliche Nass

VON MOOSHÜTTE ZUM KLEINEN ARBERSEE

Versteckt unter der Nordwestwand des »Königs« im Bayerwald liegt der Kleine Arbersee. Flott gelangen Wandersleut' vom Berghotel Mooshütte zum eiszeitlichen Juwel. Alternativ lassen sich Gemütliche von der Kleinen Arberseebahn in das Naturschutzgebiet kutschieren.

Vom separaten Wanderparkplatz 100 Meter hinter der Mooshütte laufen wir zunächst auf der Forststraße weiter. Es geht sanft bergab, wobei wir den Kleinen Arber ins Visier nehmen. Bevor wir halb links auf den breiten Weg in den Forst hinein wechseln, blicken wir zurück ins Künische Gebirge zum Grenzkamm mit dem nahen Zwercheck und dem Osser-Doppelgipfel sowie weit hinauf zum Hohen Bogen mit seiner zum Aussichtsturm umfunktionierten Radaranlage.

Im Hochwald führt uns der mit einem stilisierten Glasbläser markierte Weg sanft bergan. Die breitere Forststraße wird gekreuzt. Am Ende des Hinwegs taucht einen Katzensprung entfernt rechts der Kleine Arbersee auf. An dessen Ufer empfangen uns zwei Infotafeln. Es bietet sich an, das märchenhaft gelegene Gewässer im Uhrzeigersinn zu umrunden. Zunächst führt

Leicht	4 km	1.45 Std.	60 Hm

Tourencharakter Schattiger Spaziergang mit lichten Augenblicken **Altersempfehlung** Ab 4 Jahren **Ausgangs-/Endpunkt** Wanderparkplatz Kleiner Arbersee hinter Mooshütte (950 m; 3 €/Tag) **GPS-Koordinaten** 49.137405, 13.129574 **Anfahrt** Auto: Von Norden via Lam, sonst via Bodenmais oder B 11 (Zwiesel oder Bayerisch Eisenstein), von Brennes-Kreuzung 150 m in Richtung Lam, dann dem Pfeil zur Mooshütte folgen. Bus & Bahn: Bus 590/6080 bis Brennes (via Gläserner Steig insg. 2,5 km mehr) **Einkehr** Seehäusl, Mooshütte **Karte** Kompass 1:50 000, Nr. 195 Nördlicher Bayerischer Wald **Information** Tourist-Info, Rathausweg 1a, 93470 Lohberg, Tel. 09943/94 13 13, www.gemeinde-lohberg.de

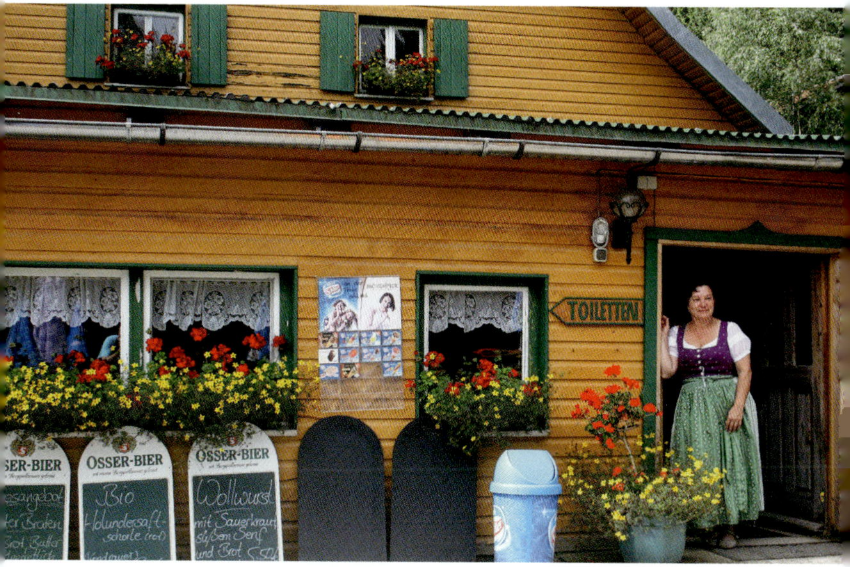

In Ufernähe lädt das beliebte Seehäusl zur Rast ein.

der Seerundweg direkt am dunklen Nass in urwüchsiger Wildnis entlang, dann in Richtung Zulauf, dem Seebach, leicht erhöht. Am Südufer des Karsees erspähen kleine Entdecker muntere Kaskaden, die das bis zu zwölf Meter tiefe eiszeitliche Gewässer speisen. Nicht

Schwimmende Inseln

Liebe Eltern, macht eure Kleinen doch auf die grasgrünen Inseln auf dem Kleinen Arbersee aufmerksam. Sie stammen aus der Zeit, als Bergbauern das Nass aufstauten, um mit natürlicher Wasserkraft die Baumstämme zu transportieren. Fachleute sprechen von Holztrift. Dabei lösten sich torfhaltige Ränder und blieben bis heute als schwimmende Inseln erhalten, welche nicht mit dem Untergrund verbunden sind. Lange Zeit veränderten sie ihre Lage wie Fähnchen im Wind. Mittlerweile ruhen die schwimmenden Inseln recht stabil im dunklen Nass.

nur den Rand der Quellmoore charakterisieren farn-, moos- und flechtenreiche Fichtenwälder – immerhin gilt Lohberg als waldreichste Gemeinde in ganz Deutschland.

Übrigens: Streng genommen gehört der Kleine Arbersee gar nicht zum Arberland, wie heimische Touristik-Experten den niederbayerischen Landkreis Regen nennen, sondern bildet den südöstlichen Zipfel des Landkreises Cham und der Oberpfalz.

Am Westufer streben wir teils auf Bohlen dem beliebten Seehäusl entgegen. Die zünftige Einkehrstation mit ihrer großflächigen Sonnenterrasse liegt auf einer Lichtung und eignet sich dank ihrer bunten Speisekarte prima für eine Rast.

Den Rückmarsch treten Groß und Klein über den Auslauf an der Wehr-

Hier folgt ein Tipp für Kids, denen die Füße schnell wehtun: Gut 20 Min. lang klettert die Kleine Arberseebahn bei geeignetem Wetter ab Lohberghütte zwischen Brennes und Lam hinauf zum Seehäusl (Abfahrt bei Druck des Buchs 9.30/10.30/11.45/13/14.15/15.30/16.30 Uhr, Rückfahrten jeweils ca. 30 Min. später; Erwachsene 7,50 €, Kinder 4–13 Jahre/Kinderwagen/Buggy 4,50 €; www.kleine-arberseebahn.de).

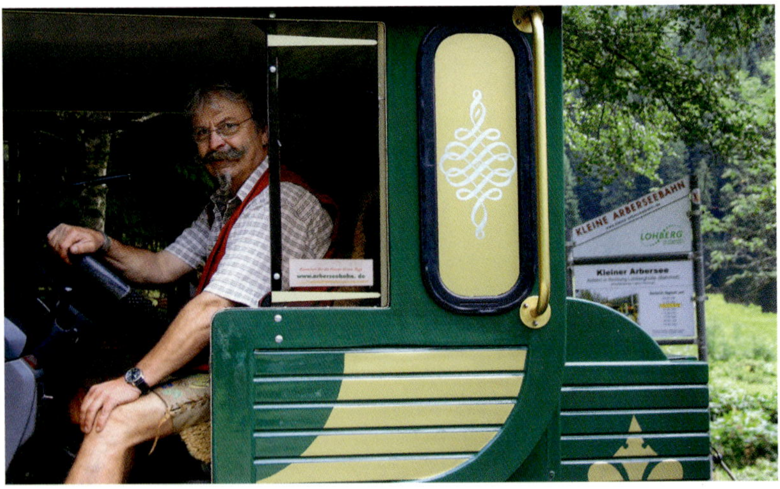

Stolzer »Lokomotivführer« der Kleinen Arberseebahn (s. Kasten oben)

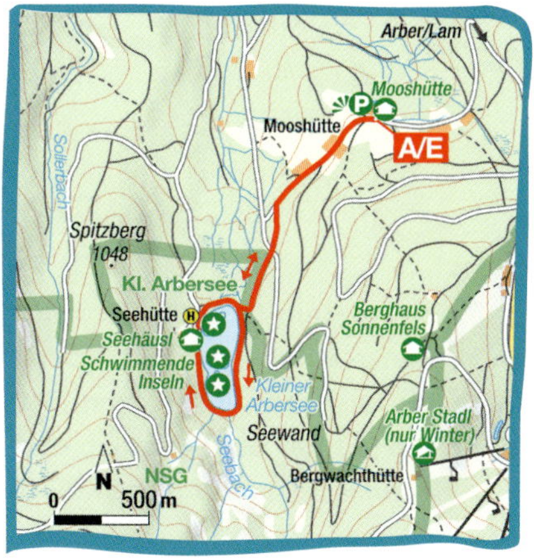

brücke hinweg an. Während sich der Seebach stromabwärts mit dem Ebenbach zum Weißen Regen vereint, marschieren wir zurück zu den Infotafeln am Nordostufer. Von dort aus geht es auf dem uns bereits bekannten »Gläsernen Steig« zurück zum Wanderparkplatz. Dahinter heißt auch die Mooshütte Wanderer willkommen.

Übrigens: Auch wenn der Kleine Arbersee ein begehrtes Ziel ist, so herrscht an seinem Ufer stets weniger Trubel als am Großen Arbersee unter der Südostwand auf der anderen Seite des Gipfels. Das dortige Arberseehaus liegt im Unterschied zum Seehäusl nämlich direkt an der Zufahrtsstraße zum Großen Arber (Seeumrundung zu Fuß barrierearme 1,75 km, 25 Hm, 45 Min.).

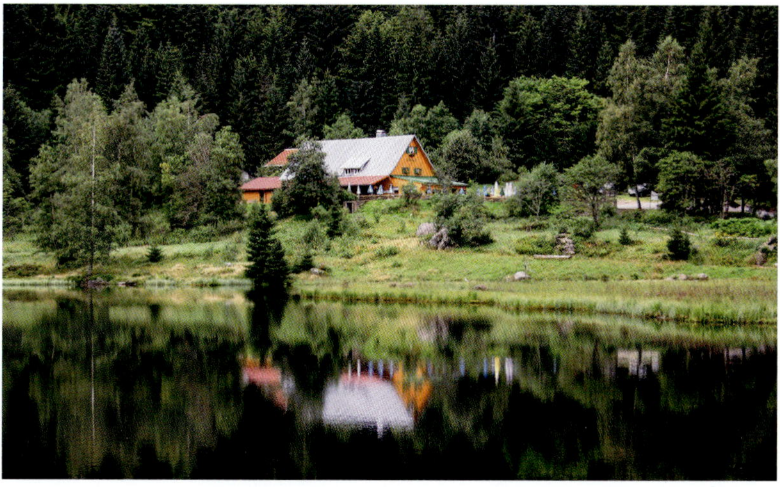

Servus, Grüß Gott und auf Wiedersehen am Kleinen Arbersee

8 König im Bayerwald

VON BODENMAIS AUF DEN GROSSEN ARBER

Bei diesem Gipfelsturm vom Talort Bodenmais durch die Südflanke auf den Großen Arber brauchen wir ordentlich Puste. Wer die anspruchsvollen rund 800 Höhenmeter schafft, fährt am besten mit der Gondel hinab und mit dem Bus um den Berg herum zurück. So dauert diese Königstour den lieben langen Tag.

Eines vorab: Da uns zuletzt der Bus zurück zum Bahnhof nach Bodenmais bringt, macht es Sinn, dort auch loszulegen. Alternativ starten Familien mit Auto am Ende des befahrenen Rißlochwegs am Wanderparkplatz Rißloch. In diesem Fall muss zumindest der Fahrer am Ende wieder dorthin. Falls dann alle schon geschafft sind, erledigt das womöglich der Papa, während der Rest der Familie im Ort wartet … Starten wir im Ort, gehen wir von der Tiefgarage aus ein paar Meter die Gleise entlang in Richtung Osten. Alternativ

Schwer | 8,5 km | 4.30 Std. (Aufstieg) | 800 Hm

Tourencharakter Äußerst sportlicher, steiniger Aufstieg zum beliebten Gipfel, Einstieg bzw. Ende auf Asphalt; zurück kostenpflichtig mit Gondel und Bus **Altersempfehlung** Ab 10 Jahren **Ausgangs-/Endpunkt** Bahnhofstraße (690 m) in Bodenmais (Tiefgarage 2,30 € Tageskurbeitrag oder gratis Ecke Finkenweg bzw. Wanderparkplatz Rißloch, 755 m) **GPS-Koordinaten** 49.069838, 13.095977 (Finkenweg), 49.070071, 13.102865 (Tiefgarage), 49.080238, 13.110251 (Wanderparkplatz Rißloch) **Anfahrt** Auto: Von Norden via Brennes oder Drachelsried, sonst via Teisnach oder Regen oder Zwiesel. Bus & Bahn: Waldbahn; Bus: u. a. 6198 **Einkehr** Arberschutzhaus, Eisensteiner Hütt'n **Karte** Kompass 1:50 000, Nr. 195 Nördlicher Bayerischer Wald **Information** Tourismus & Marketing, Bahnhofstr. 56, 94249 Bodenmais, Tel. 09924/77 81 35, www.bodenmais.de

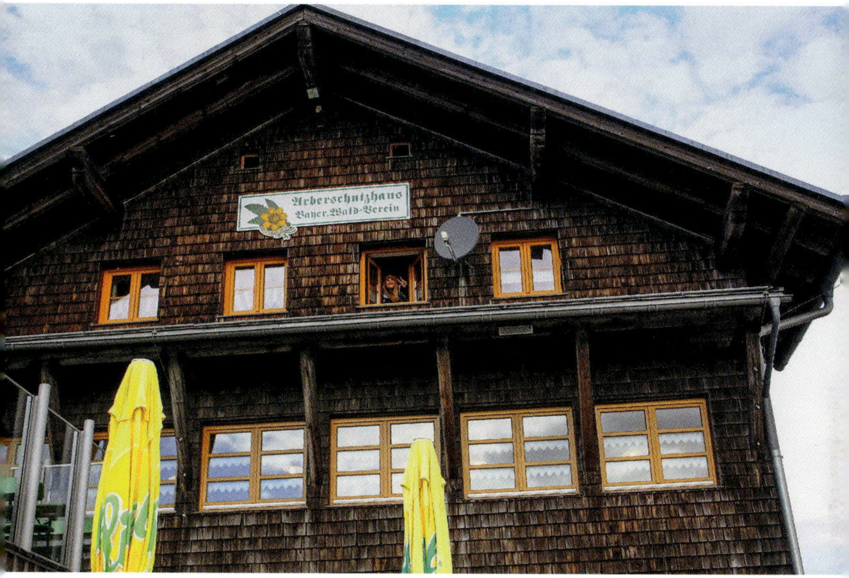

Nahe der Bergstation der Gondel empfängt auch das Arberschutzhaus.

parken wir beim örtlichen Joska und laufen schräg nach links über den Finkenweg am bemalten Trafo-Häuschen vorbei und dann die Gleise entlang (+500 m, s. gestrichelte Linie auf Karte). So oder so passieren wir am Bahnübergang Rißlochweg die Gleise und folgen am Bodenmaiser Hof vorbei u. a. Markierung Nr. 2 bergan. Rund 1,5 Kilometer arbeiten wir uns auf dem asphaltierten Rißlochweg aus dem Ort hinaus und behalten dabei den Verkehr gut im Auge. Schließlich erreichen wir hinter dem Hotel Waldhaus den Wanderparkplatz Rißloch (alternativer Einstieg).

Hier oben stehen wir auf dem höchsten Berg im Bayerwald – genau 1456 m misst der Große Arber. Wer umherblickt, sieht auf dem Plateau nicht nur Bergfichten wachsen, sondern auch buschartige Latschen. Das bedeutet, der Gipfel befindet sich nahe der Baumgrenze. Vielleicht hat jemand von euch die krummwüchsigen Pflanzen schon einmal in den Alpen gesehen?

Von dort folgen wir Markierung Nr. 2 auf der Forststraße, bis wir noch vor den Rißlochfällen eine von zwei Varianten nutzen: den vergleichsweise bequemen Weg halb rechts oder den steinigen halb links, wobei nur Letzterer direkt an den Hauptfall heranführt, bei dem die Gischt 15 Meter talwärts stürzt. Nirgendwo im Bayerwald erleben wir mächtigere Wasserspiele! Unmittelbar vor dem Wasserfall wird der Rißbach gequert.
Hinweis: Wer sich auf die Rißlochfälle beschränken will, absolviert Tour 9.

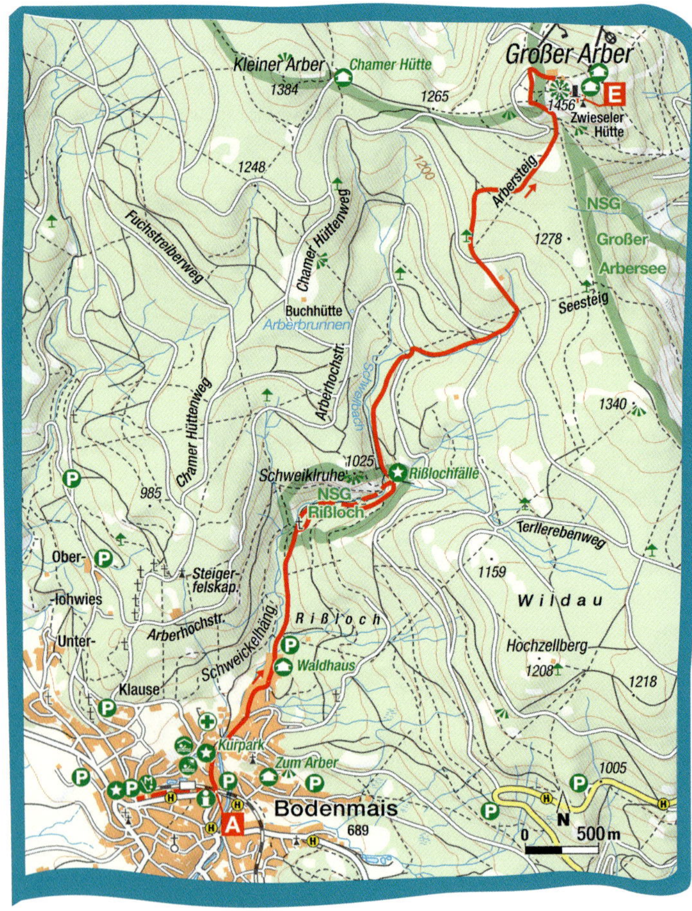

Oberhalb der Rißlochfälle vereinen sich die beiden Wegvarianten. Sogleich visieren wir auf Weg Nr. 2 den Arber an. Große und kleine Wanderer sehen zunächst links den Schwellbach, dann rechts den Arberbach fließen und queren drei Forststraßen. Schließlich führt der Arbersteig um ein Moor herum zur Bodenmaiser Mulde. Zum gleichnamigen Riegel auf dem Plateau steigen wir auf fordernden Steintreppen empor, die einer Himmelsleiter gleichen.

Um zum Gipfelkreuz zu gelangen, laufen wir auf dem Plateau vom Bodenmaiser Riegel zunächst in Richtung Kleiner Seeriegel und biegen erst dann nach rechts ab. Vom Fuß des Gipfelriegels marschieren wir weiter zur Bergstation der Gondel oder zunächst zu den beiden Einkehrstationen, die wenige Meter davon entfernt liegen. Da wir heute wirklich viel leisten, geht es gut und gern mit der Gondel talwärts (Erwachsene 10 €, Kinder 6–16 Jahre 8 €, Familien ermäßigt; Karten am ausgewiesenen Kassenfenster).

Von der Tal-Haltestelle fährt uns der RBO-Bus 6198 via Großer Arbersee in 25 Minuten nach Bodenmais (Mitte Mai–Okt. 13.36/15.36/16.36/17.36 Uhr; Erwachsene 3,90 €, Kinder 2 €; www.bayerwald-ticket.com).

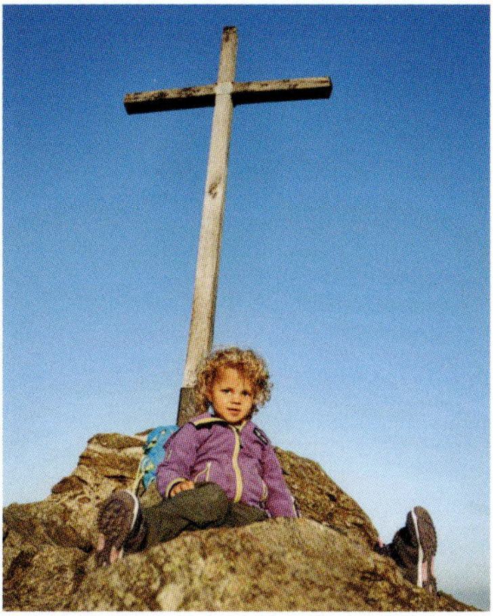

Geschafft: kleine Gipfelstürmerin unterm Kreuz am Großen Arber

Einfach großartig

Wer den Großen Arber ohne Strapazen meistern will, fährt bis zur Talstation der Bergbahn unter der Nordflanke und vertraut sich beim An- und Abstieg ganz der Gondel an (Erwachsene 13 €, Kinder 6–16 Jahre 9,50 €, Familien ermäßigt; Parken 3 € mit passenden Münzen; www.arber.de). Von der Bergstation führt unser Weg über zwei Serpentinen kurz sportlich empor, ebenso die Abstecher zu den vier Riegeln. Übers Plateau selbst verläuft der ausgeschilderte Gipfel-Rundwanderweg weitgehend eben auf Split (2 km, 100 Hm, 1.15 Std.).

9 Der Fall der Fälle

INS RAUSCHENDE RISSLOCH BEI BODENMAIS

Die Rißlochfälle bilden eine muntere Reihe von Kaskaden. Beim Hauptfall stürzt das Nass 15 Meter talwärts. Eltern, die ihren Kindern dieses Schauspiel zeigen, behaupten mit Fug und Recht, dass es im ganzen Bayerwald keine großartigeren Wasserspiele zu bestaunen gibt.

Ein Stück hinter dem Hotel Waldhaus erreichen Autofahrer den Wanderparkplatz. Von dort geht es auf der Forststraße gemäß Markierung Nr. 2 zu Fuß weiter, ehe zwei Varianten zu den Rißlochfällen führen. Wir wählen den »steinigen Weg« halb links. Schritt für Schritt kommt das Tosen des Rißbachs im urwaldartigen Blätterwald näher. Zu guter Letzt sehen wir die weiße Gischt über mehrere Kaskaden aus einer Gesamthöhe von 55 Metern auf den harten Gneis stürzen. Den Hauptfall erreichen wir zuerst.

Schwer | 3,5 km | 2 Std. | 220 Hm

Tourencharakter Erst Forststraße, dann Pfad, der nach oben hin fordert; zurück einfacher, aber nicht einfach **Altersempfehlung** Ab 8 Jahren **Ausgangs-/Endpunkt** Wanderparkplatz Rißloch (755 m) **GPS-Koordinaten** 49.080238, 13.110251 **Anfahrt** Auto: Von Norden via Brennes oder Drachelsried, sonst via Teisnach oder Regen oder Zwiesel; am Rißlochweg Gleise queren zum ausgeschilderten Parkplatz am Ortsende. Bus & Bahn: Waldbahn, dann 2 km Anmarsch am Rißlochweg; Bus: mehrere Linien **Einkehr** Unterwegs keine; in Bodenmais u. a. Adam-Bräu gegenüber Bahnhof **Karte** Kompass 1:50 000, Nr. 195 Nördlicher Bayerischer Wald **Information** Tourismus & Marketing, Bahnhofstr. 56, 94249 Bodenmais, Tel. 09924/77 81 35, www.bodenmais.de

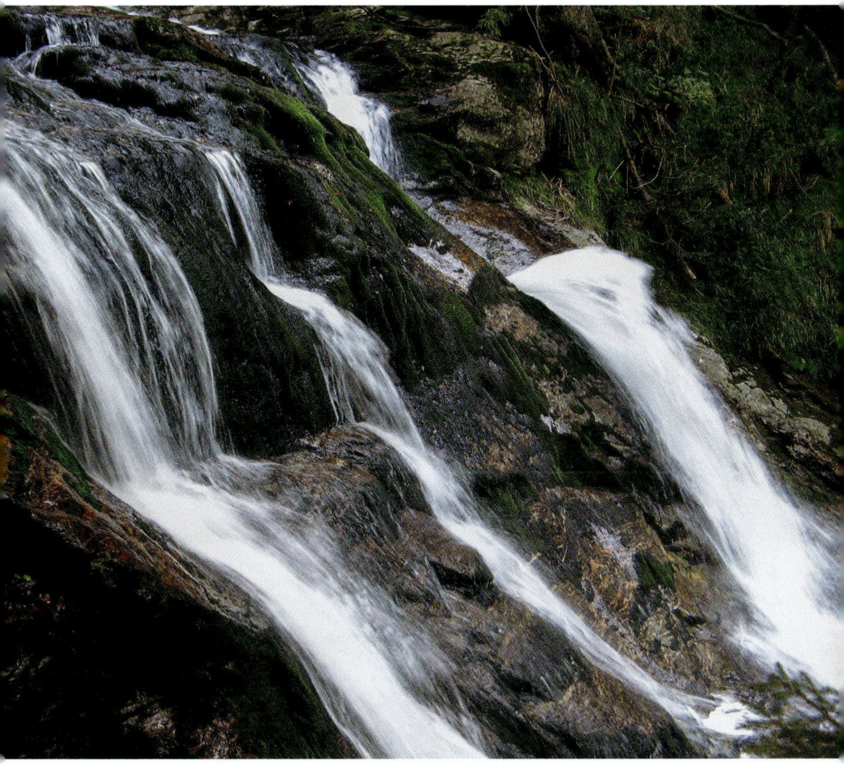

Beim fordernden Aufstieg kommen wir dem Wildwasser ganz nahe.

Am Fuß des imponierenden Wasserspiels angekommen, wechseln wir das Ufer, um auf der in Gehrichtung linken Seite sportlich emporzusteigen. Im oberen Teil des Naturschutzgebiets nordöstlich von Bodenmais treffen wir am anderen Ufer auf den vergleichsweise »bequemen Weg«. Dort verabschieden wir uns von denjenigen, die

Gischt heißt das weißliche Gemisch aus Wasser und Luft. Es entsteht, wenn das Nass aufgewühlt wird. Die Gischt tritt als feiner Sprühnebel auf bis hin zum Schaum.

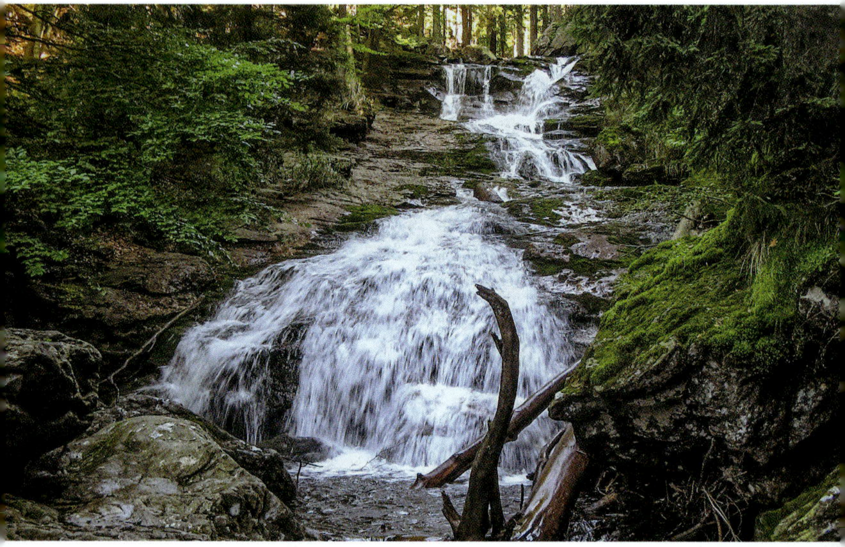

Ehrfürchtiger Blick von unten hinauf zum mächtigen Rißloch-Hauptfall

den Großen Arber (s. Tour 8) erstürmen wollen und biegen nach rechts ab. Vom Hauptfall zurückversetzt geht es bergab zum Parkplatz. Die Abzweigung zur Schönebene wird links liegen gelassen. Darüber hinaus entpuppt sich auch der als »bequem« bezeichnete Weg als recht steinig.

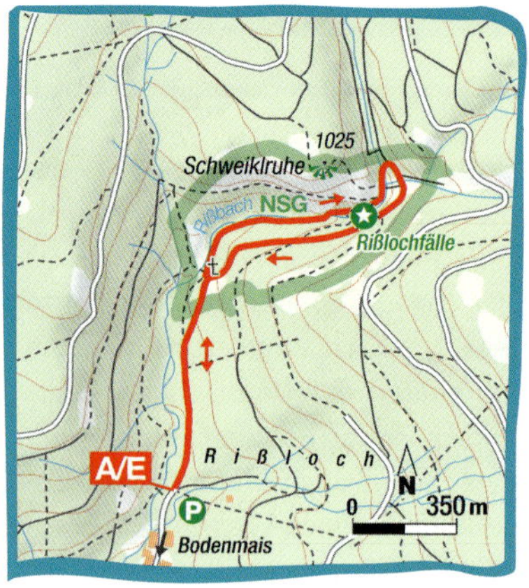

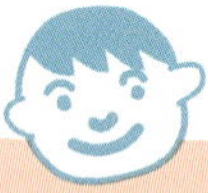

Wer rund um Bodenmais unterwegs ist und sich erfrischen will, lotst Mama und Papa ins Silberberg Hallen-/Freibad nördlich vom Zentrum samt Saunapark (Familientageskarte Halle 16 €; www.bodenmais.de).

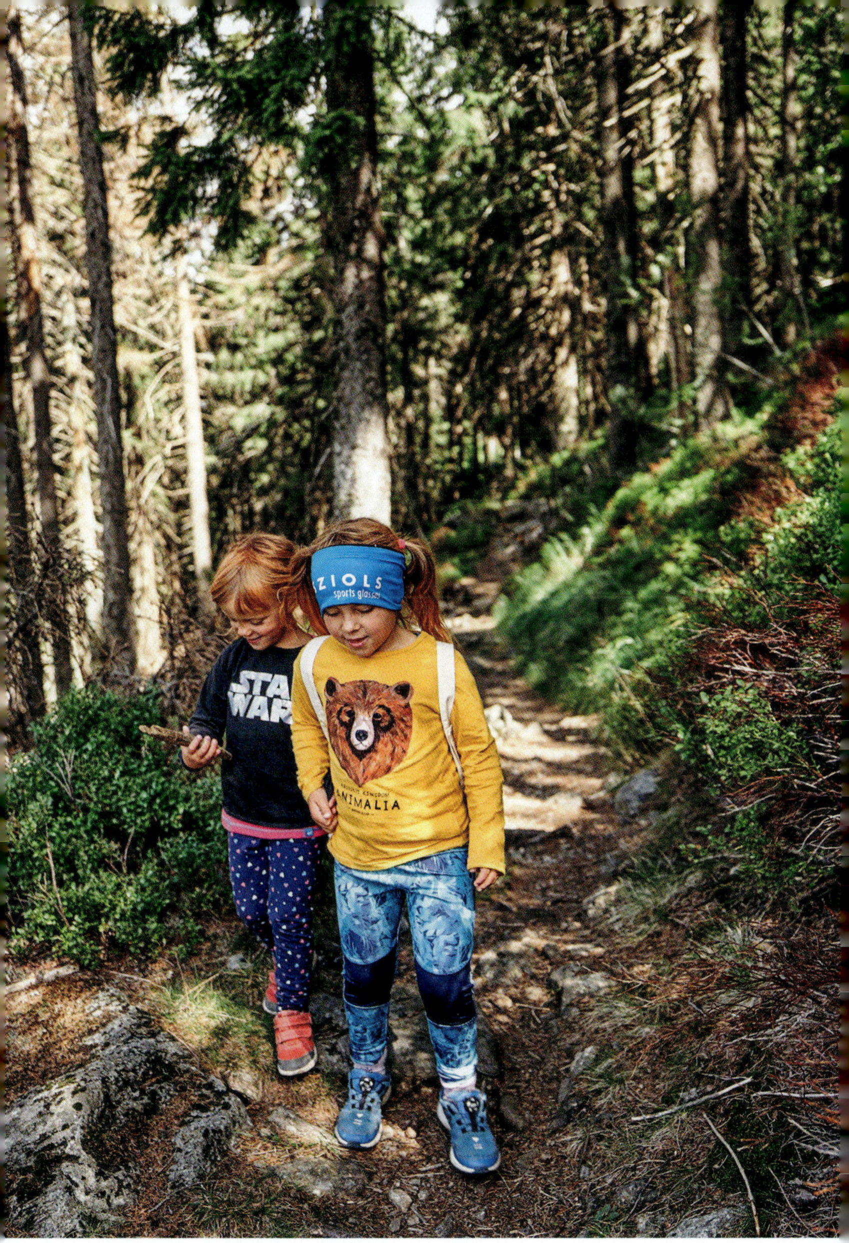

Teils steinige Pfade führen zum Rißloch hin und wieder zurück.

10 Hinauf zur Kuhalm

MARSCH ÜBER DEN KINDERWANDERWEG HINAUS

Im Süden von Bodenmais führt der Kinderwanderweg »Ameisenstraße« durch den zauberhaften Mischwald. Wir queren dieses Areal, um darüber hinaus zur urigen Kuhalm in Kreuzseign hochzusteigen. Auf dem Rückweg genießen Trittsichere die Aussicht vom Riederinfelsen.

Vom ausgeschilderten Parkplatz folgen wir in Richtung Kuhalm dem schwarzen Pfeil, auf dem der Anmarsch sportlich mit 25 Minuten veranschlagt wird. Geradewegs bergwärts marschieren wir durch das »Ameisen«-Areal hindurch. Dabei lassen wir die überdimensionale Bank, welche zum Kinderwanderweg gehört, links liegen. Ein Stück weiter himmelwärts stößt unser Waldweg auf die Forststraße, auf der der Wirt zur Kuhalm hochkurvt. Dieser folgen wir nach links sowie durch die zwei nächsten Serpentinen hindurch bergwärts. Wo es licht wird, erwartet uns die die Kuhalm, eine urige Einkehr. **Varianten-Tipp:** Bereits nach 100 Metern auf der Forststraße kürzt ein

Mittel | 4 km | 2 Std. | 200 Hm

Tourencharakter Waldweg und Forststraßen, zum Riederinfelsen Pfad und Leiter **Altersempfehlung** Ab 6 Jahren **Ausgangs-/Endpunkt** Ausgeschilderter Parkplatz Kinderwanderweg (680 m) neben Staatsstraße Langdorf–Drachselsried **GPS-Koordinaten** 49.055441, 13.100263 **Anfahrt** Auto: Nach Bodenmais von Norden via Brennes oder Drachelsried, sonst via Teisnach oder Regen oder Zwiesel. Bus & Bahn: Waldbahn Böhmhof; Buslinie 9196 (jeweils gut 1 km Anmarsch) **Einkehr** Kuhalm (Di/Mi Ruhetage) **Karte** Kompass 1:50 000, Nr. 195 Nördlicher Bayerischer Wald **Information** Tourismus & Marketing, Bahnhofstr. 56, 94249 Bodenmais, Tel. 09924/77 81 35, www.bodenmais.de

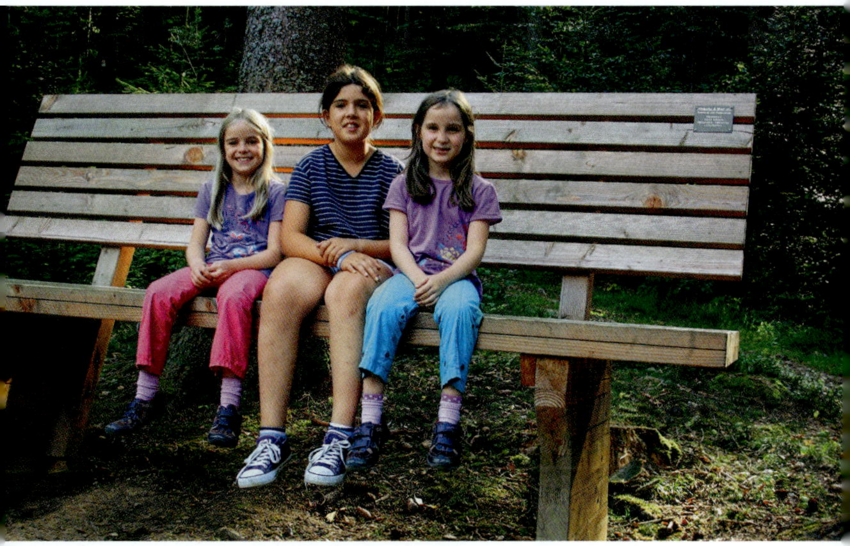

Beim Aufstieg lassen wir diese überdimensionierte Bank links liegen.

unmarkierter, sportlicher Weg halb rechts die erste Serpentine ab.

Die Kuhalm versprüht den Charme eines alten Holzhauer-Wirtshauses. Draußen nehmen die großen und kleinen Gäste auf der gekiesten Terrasse unter Sonnenschirmen gern Platz, oder wir machen es uns drinnen im kleinen Stüberl an zwei Holztischen oder dahinter in einer Art Wintergarten gemütlich. Hungrigen serviert Wirt Alex gern regionale Hausmannskost.

Gestärkt geht es zunächst auf der vom Aufstieg bekannten Strecke hinunter. In der Rechtskehre verlassen wir dann die Forststraße und fol-

Kinderwanderweg pur

Wer will, beschränkt sich auf den Kinderwanderweg. Genau genommen markiert die »Ameise« drei Varianten von 1,2–2,3 km Länge samt 27 bunten Erlebnisstationen. Ein Stündchen vergeht dort wie im Flug. Bis auf die rote Erweiterung eignen sich die größtenteils gekiesten Wege – im Unterschied zum Aufstieg zur Kuhalm – auch für Kinderwagen, wenn auch bei der grünen Runde der Einstieg etwas Mühe bereitet.

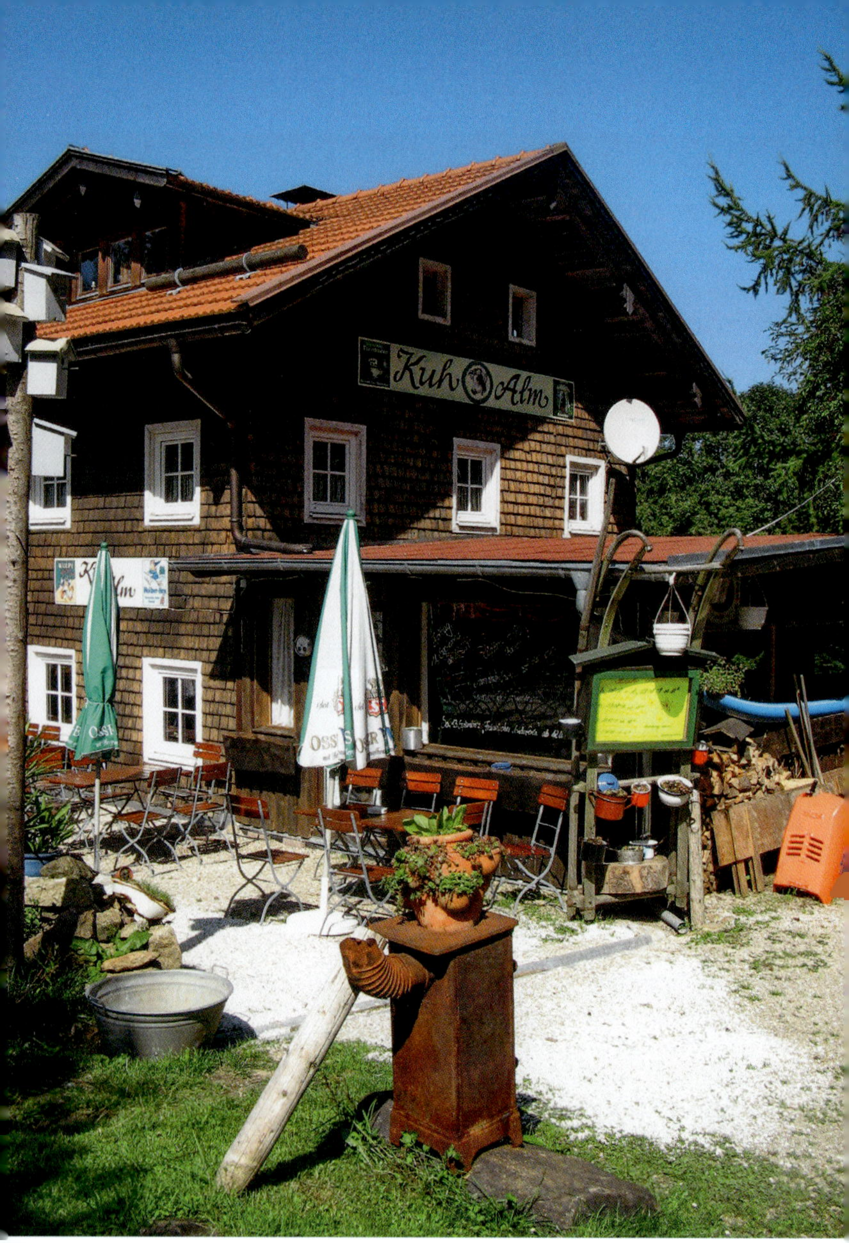

Die Kuhalm zählt zu den urigsten Einkehrstationen im Bayerwald.

gen halb links dem Rundwanderweg Nr. 4 in Richtung Riederinfelsen. Im Wald geht es ein Stück bergauf, ehe schließlich der markante Felsturm auftaucht. Eine rund acht Meter lange Metallleiter führt auf den Aussichtspunkt. Auf der oben ebenen Fläche postierten Fotografen an der Stirnseite so manches Stativ samt Kamera für eine Postkartenaufnahme von Bodenmais und den zwei Arbergipfeln. Heute steht dort zudem ein Kreuz. Eine Bitte: Nur wer schwindelfrei und trittsicher ist, sollte den Riederinfelsen erklimmen. Es gilt zu bedenken, dass es den meisten schwererfällt, die Leiter hinab- als hinaufzusteigen!

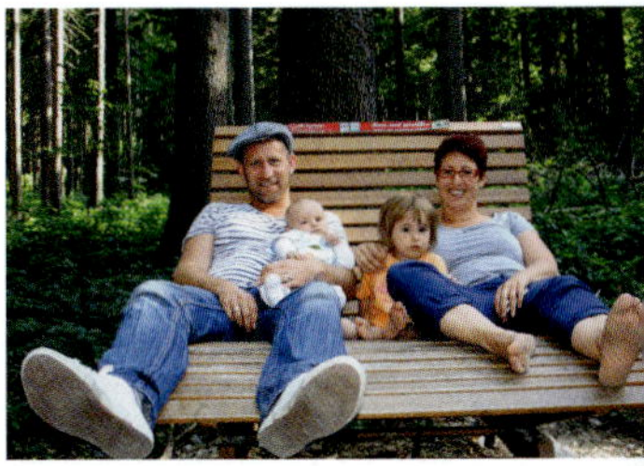

Auch zum Entspannen taugt der Kinderwanderweg.

Gleich neben der Bank am Fuß des Felsens führt Weg Nr. 4 talwärts. Treffen wir auf die Forststraße, welche die Zufahrt zur GutsAlm Harlachberg sichert, halten wir uns rechts. Sogleich geht die geschotterte Piste in Asphalt über. Auf Höhe der Almdorf-Chalets oberhalb des Hotels Riederin stoßen zwei Pfade zur Asphaltstraße. Beim unteren folgen wir der aus unserer Sicht verkehrt herum angebrachten Nr. 4 nach rechts und damit zugleich dem Fitness-Parcours. Nach knapp 500 Metern direkt am oder nahe am Waldrand entlang gelangen wir zurück zum Wanderparkplatz.

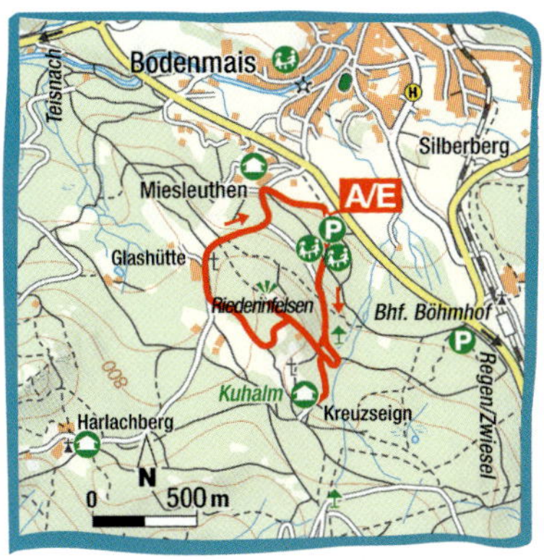

Noch mehr Almen

Zur Einkehr ansteuern können Mama und Papa auch noch die gut-bürgerliche GutsAlm Harlachberg samt Biergarten (beim Parkplatz 300 m nach links, dann erneut links den Berg hoch). Ein kurioser Spielplatz mit Streicheltieren lockt wiederum in der Märchenalm (am Kreisverkehr südwestlich Bodenmais in Richtung Böbrach, dort links den Berg hinauf; Di Ruhetag). Da ist für jeden das Passende dabei.

11 Die Schareben-Trilogie

PLATTENRIEGEL, HOCHSTEIN ODER ENZIAN

Starke Aussichten krönen jeweils die einfache Runde um den Plattenriegel, den flotten Abstecher zum Seitengipfel namens Hochstein sowie den Aufstieg zum Kamm mit dem Enzian. Jenseits der Qual der Wahl steht eines schon fest: Start und Ziel aller drei Touren ist die urige Berghütte Schareben.

Seit Jahrzehnten schon pilgern Jung und Alt zur idyllisch gelegenen Einkehrstation des Wald-Vereins, der Berghütte Schareben mit ihrer Sonnenterrasse. Jenseits der Zufahrt erreichen Mädchen und Buben den hauseigenen Spielplatz.

Bevor sie dort überschüssige Kräfte abbauen, heißt es, die passende Tour auszuwählen: die einfache Runde um den Plattenriegel, die nur rund um den Seitengipfel etwas schwierigere Tour zum Hochstein oder den längeren Weg über den Kamm.

Leicht/Mittel/Schwer | 3/3/9 km | 1.15/1.30/4 Std. | 100/130/350 Hm

Tourencharakter Eine bezaubernde Einkehr und drei unterschiedliche Touren, aus denen jeder nach Gusto auswählen kann **Altersempfehlung** Ab 5/6/8 Jahren **Ausgangs-/Endpunkt** Wanderparkplatz Berghütte Schareben (1028 m) **GPS-Koordinaten** 49.129780, 13.052407 **Anfahrt** Auto: Zwischen Bodenmais und Drachselsried nach Unterried/Oberried abbiegen und der beschilderten Straße 7 km bergauf folgen (Mittelstück nicht asphaltiert) **Einkehr** Berghütte Schareben **Karte** Kompass 1:50 000, Nr. 195 Nördlicher Bayerischer Wald **Information** Tourist-Info, Zellertalstr. 12, 94256 Drachselsried, Tel. 09945/90 50 33, www.zellertal-online.de; Berghütte Schareben, Tel. 09945/10 37, www.berghuette-schareben.de

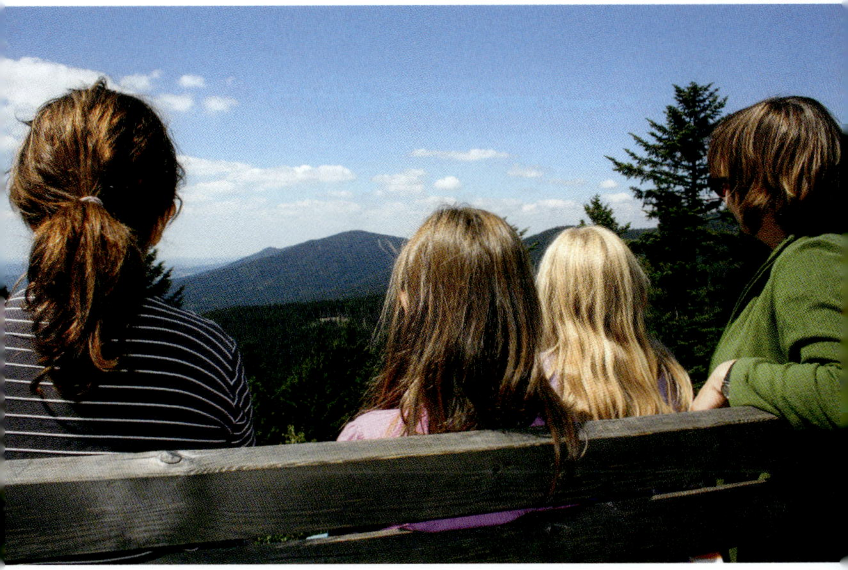

Blick von der Spitzwaldkanzel zum Kaitersberg mit dem Großen Riedelstein

Plattenriegel

Um den kuppenartigen Plattenriegel zu umkreisen, wandern wir zwischen der alten Forsthütte und dem Kneippbecken auf Weg Nr. 12 im von Fichten dominierten Forst sanft bergab. Auf steinigem und verwachsenem Terrain erreichen wir gemütlich in 20 Minuten einen markanten Felsvorsprung mit Sitzbank, die Spitzwaldkanzel. Mit der gebotenen Vorsicht genießen Familien die Aussicht über den Talort Arnbruck hinweg nach Nordwesten zum Kaitersberg.

Im Anschluss daran folgen wir dem Forstweg nur wenige Schritte und wechseln dann dem Pfeil gemäß halb rechts auf den Pfad. Bergab treffen wir unter dichtem Nadeldach auf eine Forststraße, in die wir halb links einfädeln. Knapp einen Kilometer weiter weist ein Pfeil links bergauf. Wenn wir den zurückversetzt liegenden Klärteich rechter Hand liegen lassen, erblicken wir auf der anderen Seite unsere vom Einstieg her bekannte Berghütte. Himmelwärts erreichen wir die Einkehr über der almartigen Lichtung.

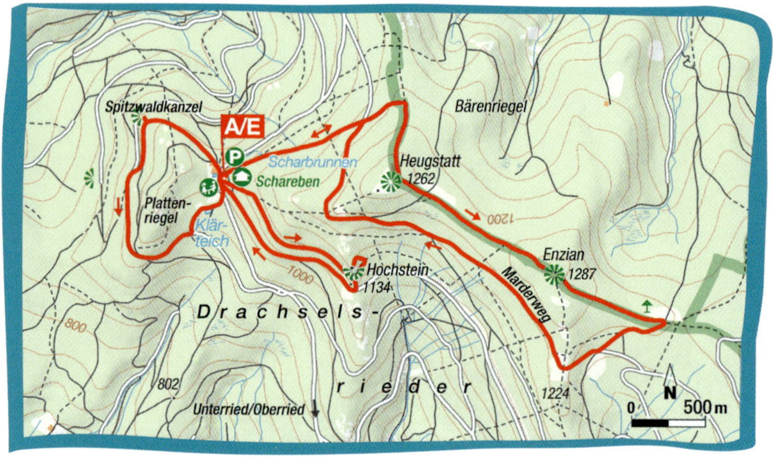

Hochstein

Vom Parkplatz hinter der Berghütte weist der Schilderwald auch zum Rundweg Nr. 11. An der mächtigen Übersichtskarte vorbei geht es auf dem breiten Waldweg voran, ehe Weg Nr. 11 nach links als Pfad bergwärts führt. Am Waldweg angekommen, geht es halb rechts weiter. Einen Katzensprung hinter der folgenden Linkskurve queren wir eine Forststraße. Dahinter geht es erneut deutlicher hinauf. Ein Stück weiter wird der Waldweg schmal und führt über abschüssiges Gelände. Der nun fordernde Pfad kreist den Hochstein rechtsrum ein. Der Pfeil an der Kreuzung sowie die folgenden Markierungen an den Baumstämmen verraten, wie der Gipfel von hinten erklommen wird. Oben auf der massiven Felsformation angekommen, achten wir auf die steil abfallende Kante, ehe wir den großartigen Blick über das Zellertal hinweg auskosten.

Im Anschluss an die Gipfelpause laufen wir im Halbkreis zur Kreuzung zurück. Dort folgen wir nicht dem Pfeil auf bekannter Strecke in Richtung Schareben, sondern wandern nach links bergab. Der kurze, kurvenreiche Pfad trifft auf eine breite Forststraße samt Rastplatz. Nach rechts weisen uns die rote Nr. 11 sowie die grüne Nr. 6 unseren Rückweg. Bei der Gabelung nach 300 Metern halten wir uns halb links und schwenken zuletzt auf den vom Hinmarsch bekannten Waldweg ein.

Heugstatt und Enzian

Hinter der Berghütte führt u. a. der mit dem grünen Dreieck markierte Fernwanderweg in knapp 45 Gehminuten auf den Kamm. Zuletzt steigen wir zwischen hüfthohen Gräsern nach rechts in Richtung Süden zum Heugstatt. Von dort führt der aussichtsreiche Kammweg südöstlich durch eine Senke mit Bergfichten und Heidelbeeren. Den folgenden Enzian ziert ein Gipfelkreuz. Dorthin grüßt der Große Arber mit seinen zwei Radarkugeln.
Ein letztes Mal in Richtung Südosten, lassen wir die Schutzhütte Enzianwiese links liegen und erreichen eine Wanderkreuzung. Dort biegen wir scharf nach rechts ab und folgen der Markierung Nr. 14 durch den Hochwiesschachten bergab in Richtung Riedlberg. Keine zehn Minuten später erreichen wir auf geschotterter Strecke eine Forststraße, den Marderweg. Aufgepasst: Hier verlassen wir Nr. 14, biegen nach rechts ab und marschieren die unmarkierte Forststraße anfangs ein kleines Stück bergauf. Im weiteren Verlauf führt diese Route rund 100 Höhenmeter unterhalb der Kammlage zurück. Nach rund einer Stunde auf dem Marderweg erreichen Familien eine große Kreuzung und steigen auf dem bekannten Zubringerweg links hinunter zur Berghütte Schareben.

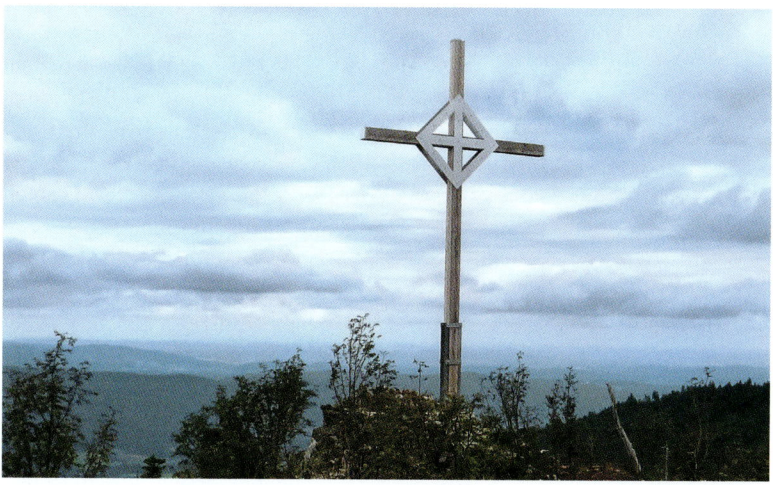

Im Jahr 2018 stellte der Wald-Verein auf dem Enzian dieses Kreuz auf.

12 Zum Bergbauern pilgern

ÜBER DIE WOLFGANGSKAPELLE ZUR FRATH

Von Böbrach pilgern Gläubige wie Neugierige hinauf zur St. Wolfgangskapelle. Hinter dem bewaldeten Wolfgangsriegel lotst der Bärnerauweg zur Lichtung rund um den Gutsgasthof Frath, der die eigenen Erzeugnisse auf den Tisch bringt. Quer durch den Hangwald vollenden wir die Runde.

Schwer	8 km	3.30 Std.	350 Hm

Tourencharakter Anfangs fordernder Aufstieg, danach einfache Forststraße und hübscher Weg durch Hangwald, am Tourenanfang und -ende Asphalt Altersempfehlung Ab 7 Jahren Ausgangs-/Endpunkt Parkplätze nahe dem Rathaus von Böbrach (575 m) GPS-Koordinaten 49.057160, 13.035884 Anfahrt Auto: Von Norden/Osten/Südosten via Kreisverkehr vor Bodenmais, aus (süd-)westlicher Richtung via Teisnach Bus & Bahn: Bus 7021 (Mo–Sa), 7123 (Mo–Fr) Einkehr Gutsgasthof Frath (Mo Ruhetag), Brauerei-Gasthof Eck an der Staatsstraße (Mo/Di Ruhetage) Karte Kompass 1:50 000, Nr. 195 Nördlicher Bayerischer Wald Information Tourist-Information, Rathausplatz 1, 94255 Böbrach, Tel. 09923/801 00 88, https://boebrach.de; www.zellertal-online.de

Zwischen Rathaus und Pfarrkirche St. Nikolaus folgen wir der blau-weißen Nr. 1 und schlängeln uns auf dem St.-Wolfgang-Weg Schritt für Schritt aus der Siedlung hinaus. Auf Höhe St. Wolfgangshof endet 900 Meter bergwärts der zuletzt für Privat-Kfz gesperrte Asphalt. Unmittelbar neben dem Anwesen wechseln wir auf den markierten Forstweg. Nur einen Steinwurf weiter halten wir uns bei der Gabelung halb links. Über den verwurzelten und steinigen Pfad steigen Groß und Klein auf dem Kreuzweg himmelwärts, der die biblischen Stationen Jesu versinnbildlicht. Über steile Steinstufen erreichen wir das Ziel wandernder Entdecker und überregionaler Pilger, die wie in den Felsen hineingehauen wirkende Wolfgangskapelle. Vor rund 250 Jahren löste das heutige Gebäude

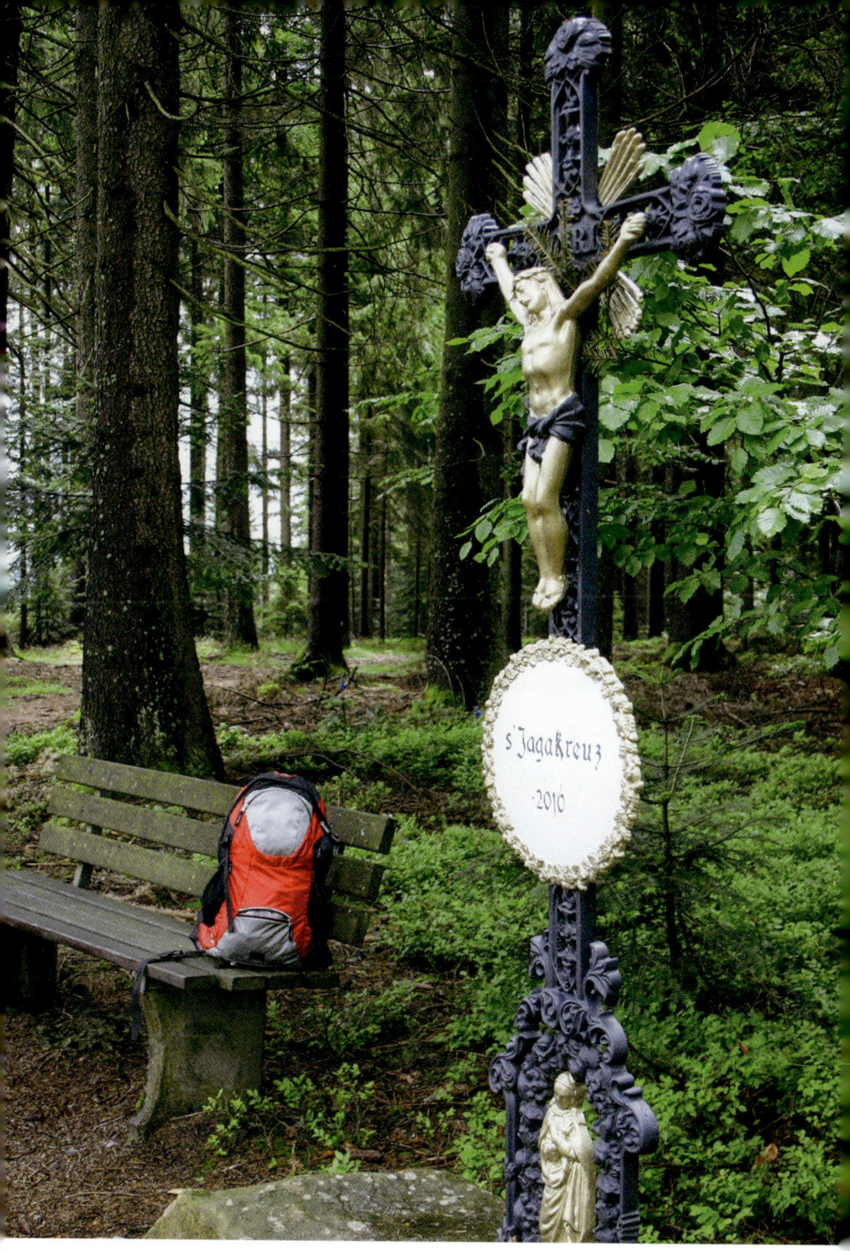

Komplett von Bergwald umgeben zeigt sich uns der Wolfgangsriegel.

den hölzernen Vorgängerbau ab. Um das Gestein herum führt unsere Nr. 1 weiter sportlich bergauf in Richtung Wolfgangsriegel, auch Platte genannt. Rund zehn Gehminuten vom Gotteshaus entfernt mündet unser Pfad in einen Forstweg, auf dem es weitgehend geradlinig sowie moderater bergwärts geht. Vor einem Jägerstand knickt der Weg nach rechts. Wer erkennt, was dahinter auf der Kuppe inmitten des dichten Bergwalds auf 876 Metern Höhe steht?

Vom Jägerkreuz am höchsten Punkt unserer Runde steigen wir durch den märchenhaften Forst bergab. Am Wegrand gesellen sich Buchen und Birken zu den dominanten Fichten. Schließlich erreichen wir eine Lichtung, die den Waldbauern als Holzlagerplatz dient. Dort biegen wir gemäß grünem Pfeil scharf links in Richtung Frath ab. Die Forststraße, aufgrund eines benachbarten Anwesens Bärnerauweg genannt, schlängelt sich im sanften Auf und Ab durch den Mischwald. Am Ende der Schneise erreichen wir auf der gewaltigen Lichtung hinter der Schranke den Bergbauernhof der Familie Geiger. Die Nachfahren mittelalterlicher Freibauern bewirtschaften das Anwesen in elfter Generation. In der Tat steht »Frath« für Freiheit.

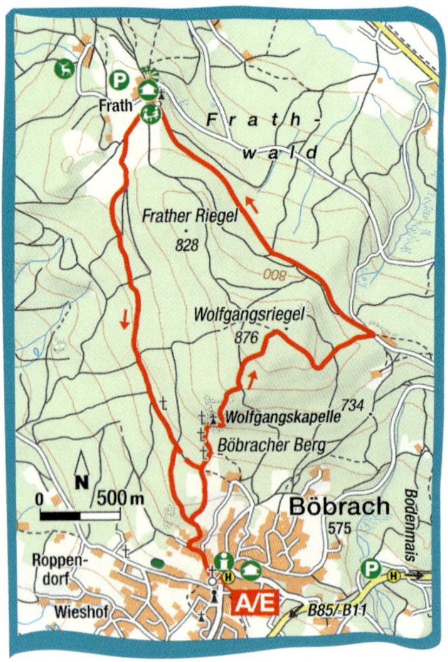

Im angeschlossenen Gutsgasthof stammt das Rindfleisch aus eigener Aufzucht. Wer sich vegetarisch ernährt, freundet sich mit den hausgemachten Käsespätzle an. Die Hefezimtschnecken treffen den Geschmack von Naschkatzen. Hinter der Schänke in der Küche knistert der Holzofen. Wichtig: Warme Gerichte servieren die Wirtsleute nur zwischen 11.30 und 14 Uhr, nachmittags gibt's dann Kaffee, Kuchen und hausgemachte Brotzeiten. Außer in der Stube unterm Herrgottswinkel finden die Gäste um das Gebäude herum Platz zum Sitzen. Rutsche und Schaukel liegen in Sichtweite. Kleiner Tipp: Von der

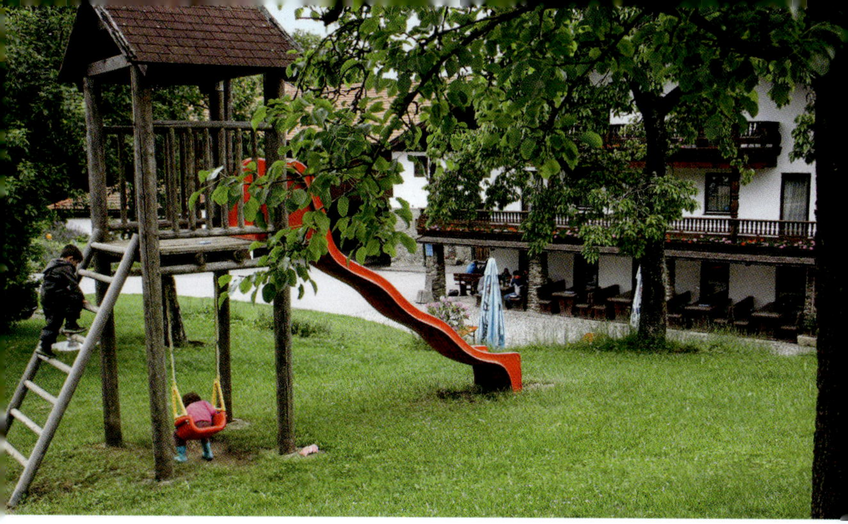

Vor dem Gutsgasthof Frath klettert, rutscht und schaukelt der Nachwuchs.

Marienkapelle aus lässt sich der Silberberg über Bodenmais prima sichten. Um die Runde zu vollenden, folgen wir von der Frath der Markierung Nr. 5 zwischen den Weiden hindurch über eine Kuppe hinweg nach Böbrach. Während der Blick zurück ins Arbergebiet reicht, erspähen wir im Vorderen Bayerwald die Schneise am MTB-Revier Geißkopf. Der folgende hübsche Waldweg verläuft weitgehend sanft bergab und bietet lichte Passagen. Nach gut einer halben Stunde Gehzeit passieren wir ein Wegekreuz mit Corpus Christi und Muttergottes. Keine fünf Minuten später treffen wir auf eine markante Gabelung (Nr. 11 weist dort in jede Richtung). Aufgepasst: Halb links geht es zum St. Wolfgangshof (s. Variante). Wer nach Böbrach zurück will, marschiert halb rechts bergab und landet auf dem vom Anmarsch bekannten St.-Wolfgang-Weg. Nach 500 Metern auf Asphalt stoßen wir zu guter Letzt auf die Straßenkreuzung zwischen Pfarrkirche und Rathaus.

In der Frath loslegen

Wer sich die Einkehr lieber ans Ende der Runde legt, also in der Frath startet sowie oberhalb von Böbrach direkt zum St. Wolfgangshof marschiert, spart sich den An- und Abmarsch auf Asphalt komplett (ganze Runde 6,75 km, 250 Hm, 3 Std.; Verbindung s. gestrichelte Linie auf Karte; Anfahrt zur Frath zwischen Bodenmais und Drachelsried).

13 Felszacken am Großen Pfahl

BAYERNS »GEOTOP NUMMER EINS« ERKUNDEN

Was den einen als Spitzenreiter unter den »100 schönsten Geotopen Bayerns« gilt, erinnert andere an einen Drachenkamm. Auf alle Fälle tritt der harte Quarzstein nirgendwo deutlicher zutage als bei Viechtach. Drei Varianten ermöglichen es Entdeckern, den Großen Pfahl ganz nach Gusto zu erforschen.

Alle möglichen Pfahl-Rundwege führen uns vom Parkplatz schnell zum ungestüm gezackten Gestein. Im Uhrzeigersinn marschieren wir linksseitig sanft bergauf. Den bis zu 30 Meter hoch aus dem Boden ragenden Quarzkamm zieren typische Krüppelkiefern und Vogelbeeren. Kurz vor der letzten Zacke steht die erste Entscheidung an: Wer nach rechts um die Felsforma-

Leicht | 4,75/2,75/0,75 km | 2/1.15/0.20 Std. | 125/100/40 Hm

Tourencharakter Pfade und Waldwege am Pfahlgestein entlang und um den gewaltigen alten Steinbruch herum **Altersempfehlung** Ab 4 Jahren **Ausgangs-/Endpunkt** Wanderparkplatz Großer Pfahl (470 m) an der B 85 nördlich der Riedbachbrücke **GPS-Koordinaten** 49.080341, 12.865473 **Anfahrt** Auto: Nach Viechtach u. a. via B 85, dort kurz in Richtung Cham **Einkehr** Unterwegs keine; Schnitzmühle (5 km; Richtung Regen von der B 85 gemäß Pfeil abbiegen), Café Venus (Bäckergasse nördlich Stadtplatz Viechtach; Fr/Sa/So, in den Ferien erweiterte Zeiten) **Karten** Kompass 1:50 000, Nr. 195 Nördlicher oder Nr. 185 Westlicher Bayerischer Wald **Information** Urlaubsregion, Stadtplatz 1, 94234 Viechtach, Tel. 09942/16 61, www.viechtacher-land.de

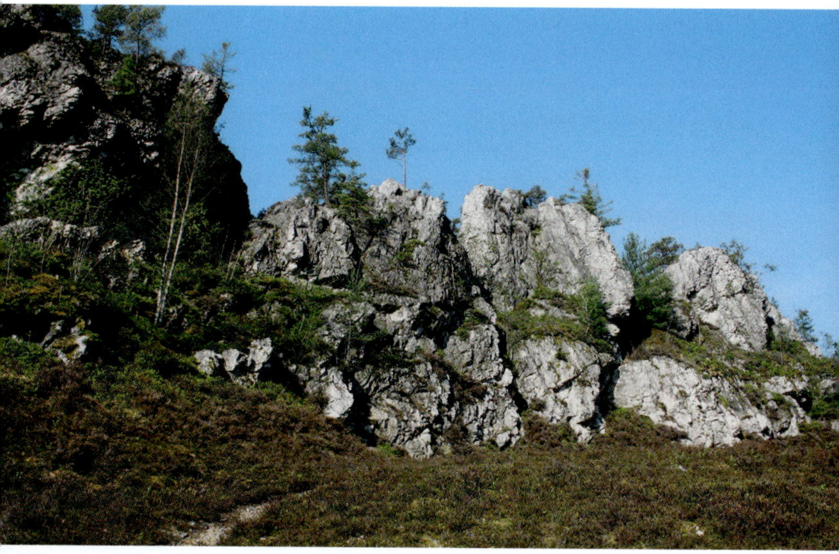

Der Große Pfahl bei Viechtach ist offiziell »Bayerns Geotop Nummer Eins«.

tion herummarschiert, also den »Kleinen Rundweg« wählt, landet auf dieser Schnupperrunde rasch wieder am Ausgangspunkt. Ausdauernde Mamas, Papas und Kids verlassen hingegen vor der letzten Zacke den Schotterweg und folgen halb links dem leicht erhöhten Pandurensteig-Säbel (auch Nr. 4/9). Noch einmal so weit gewandert, schützt zwischen Fichten und Birken ein wuchtiges Geländer vor dem gewaltigen Abgrund am ehemaligen Steinbruch. Hier ist natürlich Vorsicht geboten! Die tiefe Narbe verrät, wie viel Quarzstein der Mensch dem Pfahl einst abrang. Nach gut

Vom Wanderparkplatz aus gesehen auf der anderen Seite der B 85 liegt das Freibad Viechtach (Juni–Aug. ab 9 Uhr; Erwachsene 4,50 €, Jugendliche 15–17 Jahre 3,50 €, Kinder 6–14 Jahre 2 €). Zu seinen Attraktionen zählen eine 36 m lange Wasserrutsche sowie ein Sprungturm. Um dorthin zu kommen, müssen Mama und Papa mit dem Auto jedoch eine Schleife machen und als Erstes in Richtung Stadtmitte fahren.

30 Gehminuten erreichen wir einen mit Heidelbeeren bewachsenen intakten Quarzkamm, der den Wendepunkt des »Großen Rundwegs« markiert. Beim Rückweg treffen wir auf der gegenüberliegenden Seite des künstlichen Canyons erneut auf die Pfahlkante. Danach passieren wir die ehemalige Schmiede und die Verladestation und gelangen auf dem Rückweg zuletzt an der reizvollen Nordseite des Großen Pfahls vorbei. Kinder, seht ihr die gelblichen Schwefelflechten am Gestein? Und findet ihr nicht auch, dass die Quarzformation wie ein Drachenkamm aussieht?
Wer noch mehr Wander-Power mitbringt, folgt vom zweiten Quarzkamm aus geradlinig weiter dem Pandurensteig (auch Nr. 4/9). Nicht ganz so hoch wie beim Einstieg, doch ebenso markant tritt das Quarzgestein hier zutage. Auch diesen Drachenkamm lassen wir hinter uns. Aus dem Forst hinaus geht es direkt am südlichen Waldrand neben einer Reihe von Feldern weiter. Aufgepasst: 150 Meter bevor wir zu einem Windrad gelangen (ist nicht direkt bei der Abzweigung zu sehen, aber vorher), biegen wir mit

Fakten-Check

Insgesamt verläuft der Pfahl über nahezu 150 km Länge von der Oberpfalz durch den gesamten Bayerischen Wald bis hinein ins oberösterreichische Mühlviertel. Die außerordentliche Härte des hauptsächlich aus Kieselsäure (Siliziumdioxid) bestehenden Pfahlgesteins bringt es mit sich, dass es vergleichsweise langsam verwittert. Folglich hob sich die Formation im Lauf der Zeit vielerorts von der Umgebung im wahrsten Sinne ab. Die Zeiten, in denen man den Quarz abbaute und als Schotter oder Edelsplitt nutzte, sind zum Glück schon lange vorbei. Vielmehr steht der Pfahl zum Teil bereits seit bald hundert Jahren unter Naturschutz.

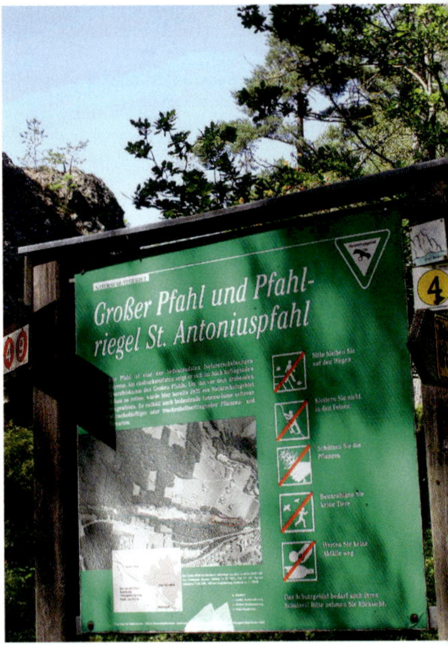

Tafeln informieren und weisen den Weg.

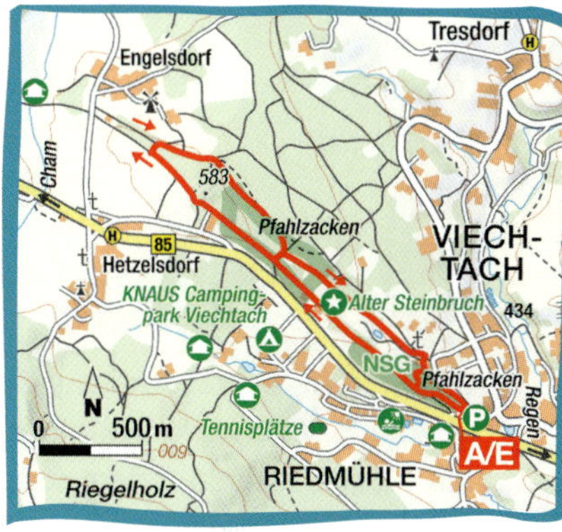

der Markierung Nr. 9 scharf nach rechts ab. Den nördlichen Waldrand in Sicht verläuft unser Weg danach erneut auf der in Gehrichtung linken Seite der Pfahlkante entlang. Aufgepasst: Wo nach 400 Metern der Waldrand sowie Nr. 9 nach links wegknicken, marschieren wir halb rechts auf dem unmarkierten Waldweg weiter. Nur eine lichte Schonung unterbricht den Marsch unterm dichten Fichtennadeldach, wobei wir stets geradlinig voranschreiten. Schließlich fädeln wir auf den »Großen Rundweg« ein, um auf der Nordwestseite des Großen Pfahls zurück zum Ausgangspunkt zu gelangen.

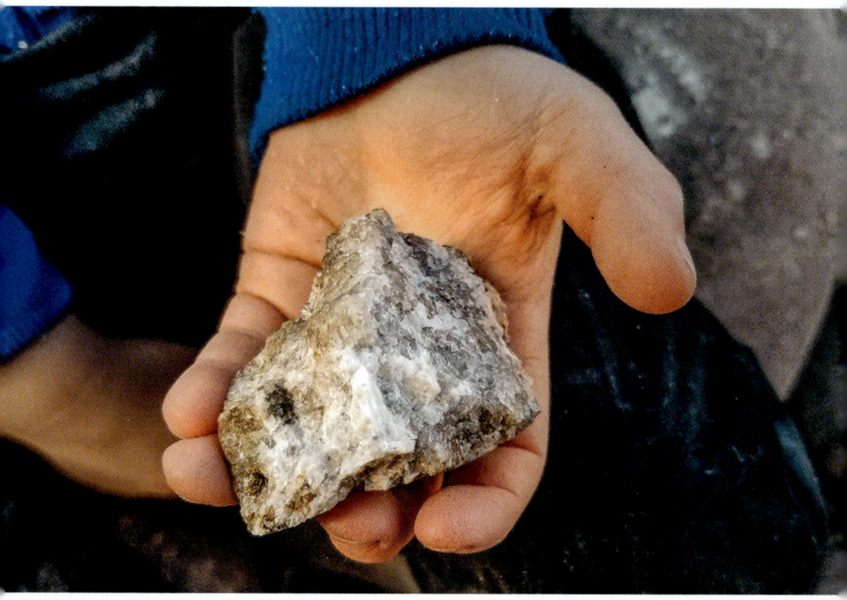

Begutachten und zurücklegen: steinhartes Fundstück am geschützten Pfahl

14 In die Patersdorfer Berge

»ERLEBNISPFAD PANORAMABLICK« RUND UM DEN SPITZBERG UND AUF DEN GIPFEL

Zwar ragen die Patersdorfer Berge überschaubar heraus, bieten aber schöne Aussichten auf die Höhenlagen im Vorderen und Hinteren Bayerwald. Auf dem »Erlebnispfad Panoramablick« begleitet uns der Feldhase namens Spitzi. Auf dem Spitzberg entdecken wir im dichten Wald ein Gipfelkreuz.

Leicht	4,75 km	2.15 Std.	125 Hm

Tourencharakter Waldwege mit vereinzelten Ausblicken, außer zum Spitzberg wenig Gefälle, knapp 2 km Asphalt **Altersempfehlung** Ab 4 Jahren **Ausgangs-/Endpunkt** Langlauf- und Wanderzentrum (770 m), 100 m hinter dem Berggasthof Schön **GPS-Koordinaten** 49.009615, 12.940241 **Anfahrt** Auto: Von der B 11 zwischen Patersdorf und Ruhmannsfelden dem Pfeil »Wandergebiet Schön/Zottling« via Knabenhof folgen **Einkehr** Berggasthof Schön (Do Ruhetag, Di/Mi ab 14 Uhr), Berggasthof Zottling (Mo/Di Ruhetage, Mi nur abends) **Karten** Kompass 1:50 000, Nr. 195 Nördlicher oder Nr. 185 Westlicher Bayerischer Wald **Information** Gemeinde Patersdorf, Martinsplatz 10, 94265 Patersdorf, Tel 09923/80 10 40, www.patersdorf.de

Auf dem Spielplatz am Ausgangspunkt unserer Runde begegnen uns die Eisheiligen in Form von beeindruckenden Holzfiguren. Von dort laufen wir geradewegs zurück und lassen den Berggasthof Schön der Familie Schroll rechts liegen. Unmittelbar dahinter erklärt linker Hand die Infotafel, welche Gipfel beim Blick ins Arberland und in den Nationalpark auszumachen sind und warum sich die Gegend als Panoramaregion begreift.

Schnurgerade geht es 150 Meter mit Bedacht auf Asphalt weiter, ehe auf der folgenden Kuppe der Pfeil nach rechts den eigentlichen Einstieg in den »Erlebnispfad Panoramablick« mit seinen zehn Stationen markiert (alternativer Startpunkt 250 m weiter beim Berggasthof Zottling). Während Mama und Papa auf den Tafeln

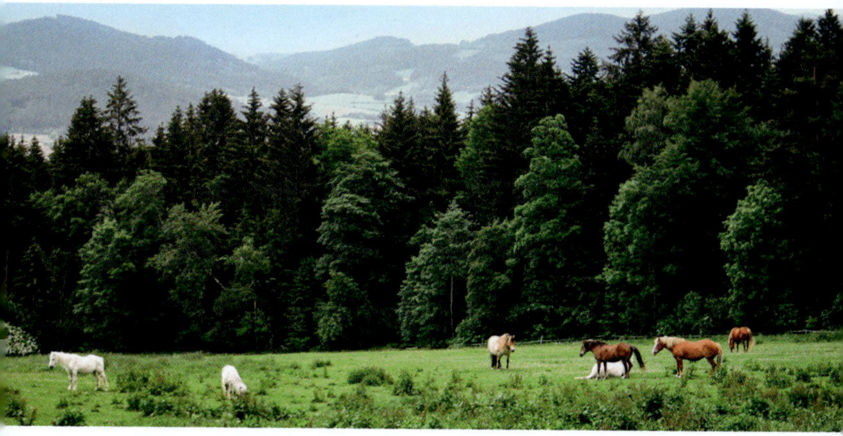

Wer in Steineröd die Ponys links liegen lässt, vollendet in Kürze die Runde.

des Naturlehrpfads allerhand Informatives erfahren, freut sich der Nachwuchs über die animierenden Nachrichten seines neuen Freundes Spitzi. Auf einem hübschen Waldweg geht es voran. Hinter dem Handkarussell lädt uns das Langohr zum Wettrennen ein. Nach sanftem Auf und Ab landen wir zwischen mächtigen Fichten, Tannen und Bergahorn beim Aussichtsturm, der die höchsten Wipfel allerdings nicht

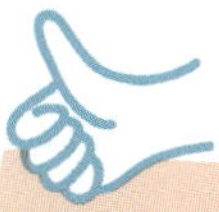

Vogelwilder Einstieg

Wer zu Beginn vom Spielplatz zum Berggasthof Schön marschiert, kann noch vor dem ersten Gebäude dem Pfeil Nr. 19 in Richtung Weidhaus nach rechts bergan folgen. Über die Wiese geht es zum Findling am Waldrand und dort gemäß Markierung links weiter. Teils ein- und zugewachsen, sagt der folgende Waldweg harten Jungs und Mädels zu. Über die Kuppe hinweg stoßen Abenteurer talwärts auf den »Erlebnispfad Panoramablick«, verlassen Nr. 19 und schwenken nach rechts in den breiten Waldweg ein. So sparen wir ein Stück Asphalt, verpassen allerdings die beiden ersten Stationen des regulären Erlebniswegs (–0,25 km, +20 Hm, s. gestrichelte Linie auf Karte).

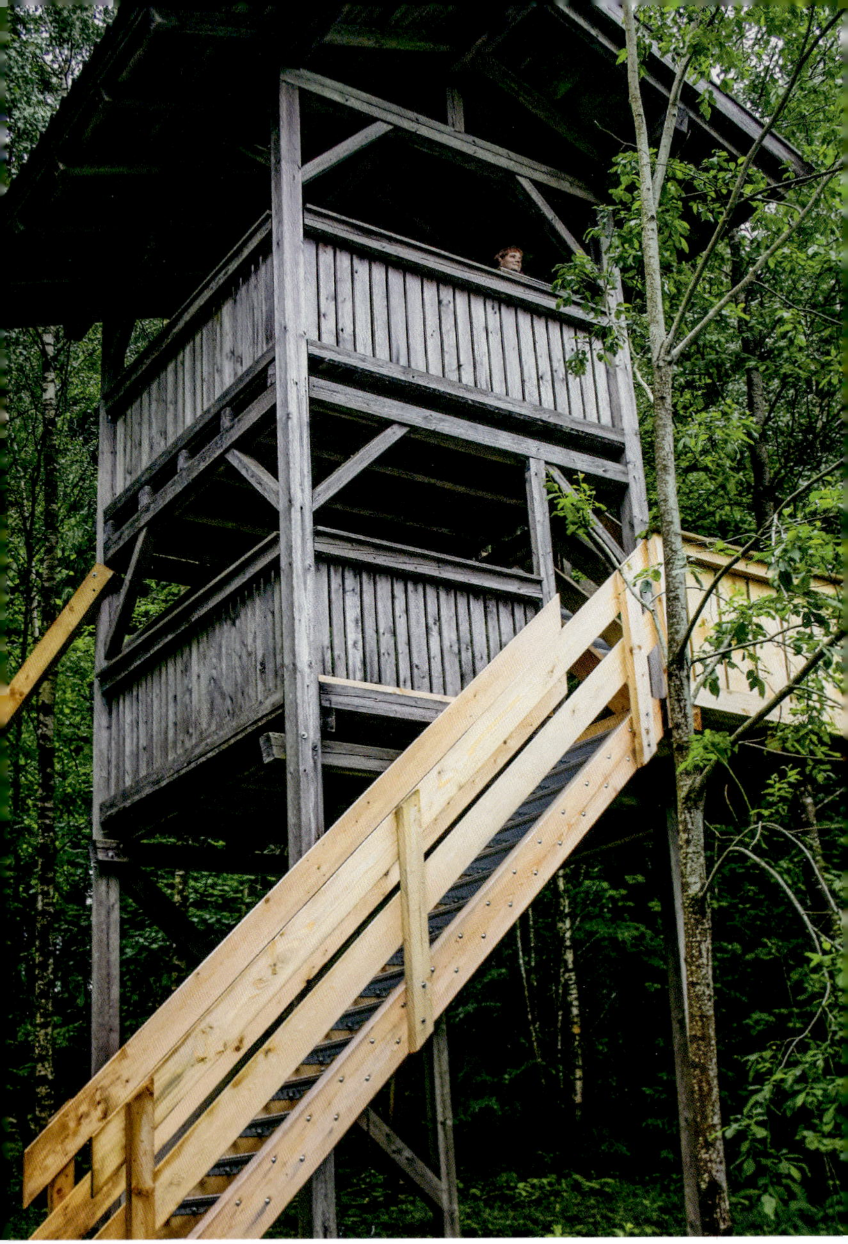

Auch wenn der Turm die Bäume nicht überragt, reicht es für eine kleine Aussicht.

überragt. Über 33 Stufen erklimmen wir die Plattform, von der wir durch eine schmale Schneise Vorwaldgipfel wie den Pröller erspähen. Zurück auf Mutter Erde lädt eine Waldorgel zum naturnahen Musizieren ein.
Ein Stück weiter reicht der Blick am Waldrand vom »Hiartaspruch«-Stein in den Oberen Bayerischen Wald mit dem Kaitersberg. Sogleich landen wir auf Asphalt. Gemäß Markierung wenden wir uns nach rechts und beachten gegebenenfalls den Verkehr. Nur 200 Meter weiter biegen wir nach links in den Wald hinein ab, wobei uns der harte Straßenbelag erhalten bleibt. Ein grüner Pfeil weist den Abstecher hinauf zum Spitzberg. Auf schmalem Pfad erreichen wir das Gipfelkreuz, wobei nur äußerst Trittsichere die allerletzten Schritte dorthin wagen sollten. Die urwüchsige Natur gefällt, allerdings lassen die mächtigen Kronen der Laub- und Nadelbäume keinen Blick in die Ferne zu.
Auf derselben Strecke geht es zurück, um den »Erlebnispfad Panoramablick« fortzusetzen. Wer den kleinen Gipfelsturm auslässt, spart sich knapp 500 Meter Wegstrecke (–20 Min. und 50 Hm). Vor dem folgenden Anwesen marschieren wir halb rechts am Waldrand weiter und über eine Wiese hinab. Scharf nach rechts führt ein Pfad durch dichten Baumbestand 100 Meter weit deutlich bergab, bis wir halb rechts in den Forstweg einfädeln (die geschilderte Passage fordert mit Kinderwagen, alternativ umfahren wir diese auf dem Feldweg, der bereits hinter dem Anwesen links startet).

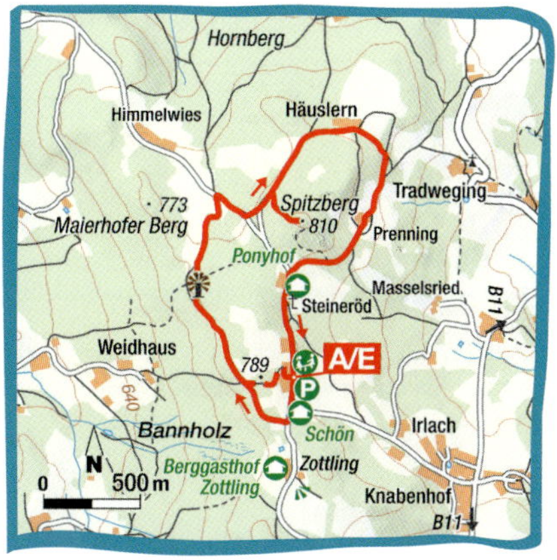

Erneut im sanften Auf und Ab verläuft unsere Runde weiter. Hinter der Lichtung bei Prenning geht der Weg in eine schmale Asphaltstraße über. Seht ihr schon die Vierbeiner auf der folgenden Koppel? In Steineröd lassen Groß und Klein den Ponyhof Simmet links liegen. Gerät der Berggasthof Schön ins Blickfeld, erreichen Jung und Alt bald wieder den Ausgangspunkt samt Spielplatz. Kinder, wer waren gleich noch mal Pankratius, Servatius, Mamertus und Bonifatius?

15 Kreuzweg zum Hennenkobel

VON RABENSTEIN ZUM ZWIESELER HAUSBERG

Eine herrliche Aussicht über Zwiesel hinweg genießen Wanderer auf dem Hennenkobel, dem Hausberg der Glasstadt. Wer sich vom Bergdorf Rabenstein aus dem Gipfel von hinten nähert, pilgert auf dem Gläsernen Kreuzweg. Zum Abschluss macht der Kneippweg müde Wanderer munter.

Vom Parkplatz folgen wir der Markierung »Gläserner Steig« (stilisierter Glasbläser) bergwärts, biegen also hinter der Schranke links ab und folgen dem Forstweg am rechten Mühlbachufer stetig bergauf. Den Einstieg in den Kneippweg lassen Jung und Alt mit Vorfreude links liegen – am Ende der Tour kommen wir darauf zurück! Weiter bergwärts knickt die Forststraße nach links. Aufgepasst: Wir queren den Mühlbach nicht, sondern folgen in der Linkskurve dem stilisierten Glasbläser geradeaus. Auf dem folgenden Waldpfad queren wir eine Forststraße und kommen am Standort einer ehemaligen Glashütte vorbei. Bergwärts landen wir schließlich auf Asphalt. Dort biegen wir links ab. In weitem Bogen geht es an der rechts einmündenden Forststraße vorbei zuletzt deutlich bergab. Erst an der reich markierten Wanderkreuzung marschieren wir wieder bergauf nach rechts.

Mittel	8 km	3.15 Std.	300 Hm

Tourencharakter Schöne Waldpfade, Zwischenstücke Forststraße, ein klein wenig Asphalt, Orientierungssinn gefragt **Altersempfehlung** Ab 6 Jahren **Ausgangs-/Endpunkt** Parkplatz Kaisersteig (725 m), 600 m hinter dem Schloss am Ortsende von Rabenstein (am Asphaltende) **GPS-Koordinaten** 49.049354, 13.201927 **Anfahrt** Auto: B 11 bis Zwiesel, dort Richtung Bahnhof, dann gemäß Pfeil hinauf nach Rabenstein. Bus & Bahn: Bus Stadtlinie 7142 (Mo–Sa) **Einkehr** Unterwegs keine; u. a. Hotel-Restaurant Zur Waldbahn beim Bahnhof Zwiesel (Mo Ruhetag) **Karte** Kompass 1:50 000, Nr. 195 Nördlicher Bayerischer Wald **Information** Tourist-Info, Stadtplatz 27, 94227 Zwiesel, Tel. 09922/840 51 60, www.zwiesel.de

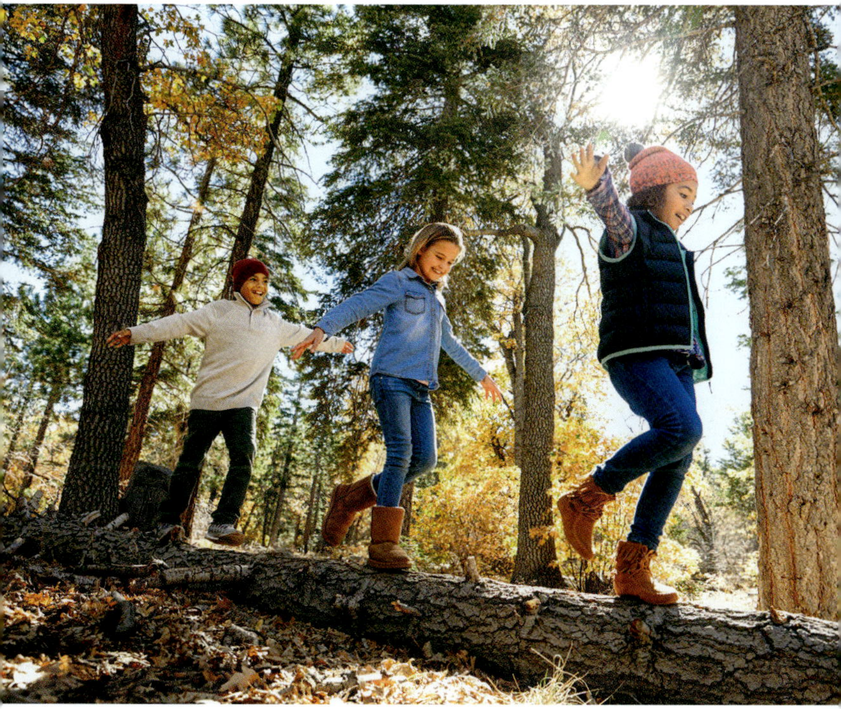

Wer sucht, der findet: Ein Baumstamm eignet sich perfekt zum Balancieren.

Auf der folgenden Anhöhe verlassen wir den Asphalt sowie den Gläsernen Steig und folgen nun Nr. 29 nach links in Richtung Hennenkobel. Einen Steinwurf entfernt wird der Waldweg zum Gläsernen Kreuzweg; auf dem leicht verwurzelten und steinigen Pfad geht es im gesunden Mischwald sanft bergwärts. 14 in Glas gravierte Stationen stilisieren das Leiden Jesu. Ein grüner Pfeil weist bei einer Gabelung

Alternativer Rabensteig

Vergleichsweise flott absolvieren Jung und Alt den Rabensteig. Diese naturnahe Runde mit einer Reihe informativer Stationen startet ebenfalls am Parkplatz Kaisersteig (3,25 km, 100 Hm, 1.15 Std.).

den Abstecher zum 965 Meter hohen Hennenkobel. Zum Kreuz hin folgen zwei kurze, knackige Anstiege. Auf der teils steil abfallenden, nur auf einer Seite gesicherten, allerdings vergleichsweise breiten Gipfelformation erklärt eine Panoramatafel, was von Zwiesel bis hinein in den Vorderen Bayerischen Wald ins Auge sticht. Wer sich hinter der Gipfel-Schutzhütte nach rechts wendet, erhascht einen Blick in Richtung Arber.

Zurück an der bekannten Gabelung folgen wir nun der Markierung Nr. 29 in Richtung Zwiesel. Um die folgenden Felsen windet sich unser zauberhafter Pfad herum, um schließlich nach halb links auf die Forststraße einzuschwenken. Etwa zehn Minuten geht es auf dieser Trasse in etwa der Höhenlinie entlang, ehe die Nr. 29 rechts den Einstieg zum Waldpfad talwärts weist. Die folgende geschotterte Forststraße (mögliche Abkürzung in Richtung Rabenstein) queren wir. Aufgepasst: Weiter talwärts wechseln wir bei der nächsten Kreuzung nach links zum Weg Nr. 28 in Richtung Rabenstein, wobei der Pfeil aus unserer Sicht verkehrt herum angebracht steht.

Sanft bergwärts erreichen wir erneut die geschotterte Forststraße (Startpunkt Variante). Nach rechts bringt uns Weg Nr. 28 auf breiter Trasse zurück nach Rabenstein. 30 Meter, nachdem der Asphalt beginnt, weist die etwas zurückversetzte, versteckte Markierung Nr. 28 links über eine kleine Kuppe hinweg. Erneut auf Asphalt angekommen, geht es nach links keine 100 Meter in Pfeilrichtung Hennenkobel. Sodann zeigt uns die Nr. 28

Mit Tieren wandern

Wanderungen mit Alpakas und Lamas ermöglicht Familie Ganserer samstags und sonntags ab 10 Uhr oder nach Vereinbarung. Ort des tierischen Geschehens: Sitzhof 5, nördlich der B 85 zwischen Rinchnach und Regen (Gesamtdauer 2.30 oder 4 Std., Familien 99 bzw. 139 € inkl. Brotzeit; Voranmeldung unter Tel. 0151/59 43 96 13, www.lapakaktiv.de).

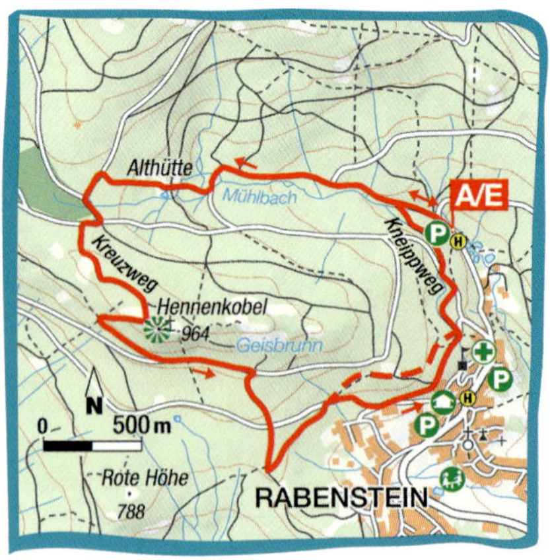

nach rechts den Einstieg in den Kneippweg, dessen Herzstück wir in Richtung Mühlbach aufspüren. Wer nasse Füße nicht scheut, kommt hier ganz auf seine Kosten. Wo der Kneippweg hinter dem Rastplatz am Mühlbach auf den vom Einstieg her bekannten Forstweg trifft, bringt uns Weg Nr. 28 in weniger als zehn Minuten hinab zum Parkplatz.
Variante für Spürnasen: Wo wir die geschotterte Forststraße zum zweiten Mal erreichen, gehen Einheimische gern in etwa geradeaus weiter. Die dortige naturnahe Trasse (im Winter Loipe) führt nämlich parallel zur geschotterten Forststraße zurück. Es gilt aufzupassen und im Zweifelsfall nicht nach links abzudriften (s. gestrichelte Linie auf der Karte). Vor Rabenstein nähern wir uns kurz dem asphaltierten Teil der Forststraße. Weiter geht es wie bereits beschrieben.

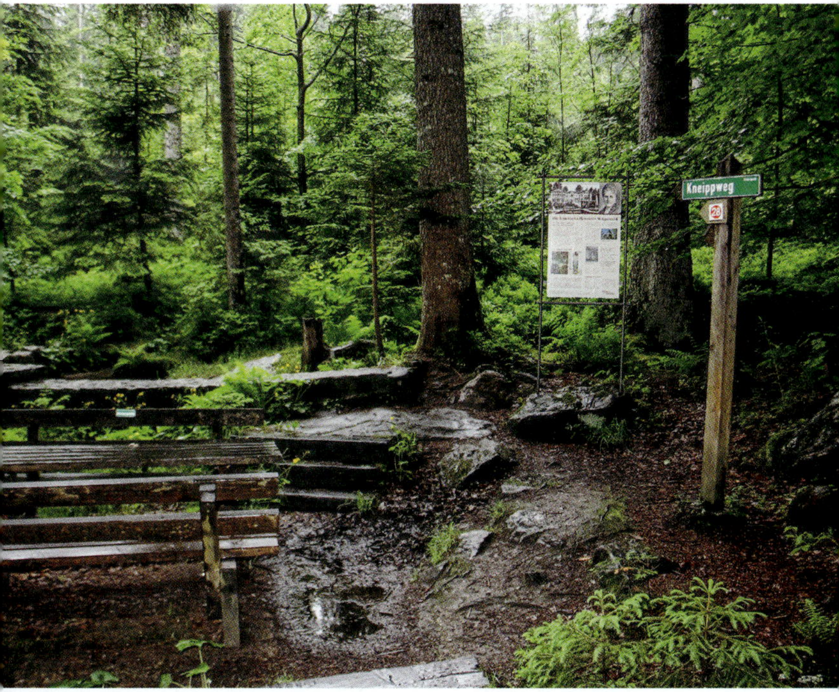

Erst lassen wir den Kneippweg links liegen, um gegen Ende darauf zurückzukommen.

SPIELE

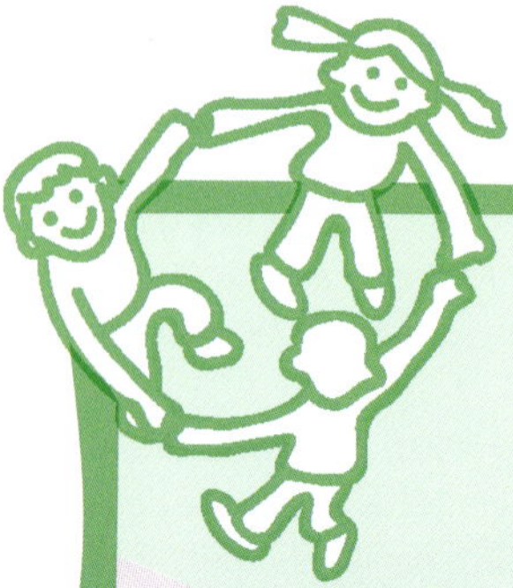

Himmlische Spielideen

Mein Schatz

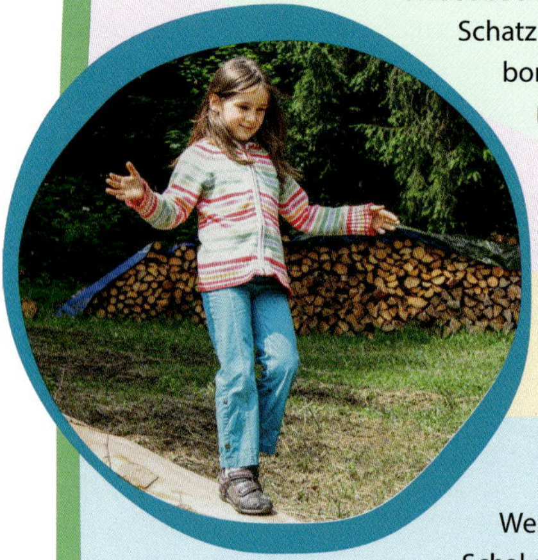

Unbeobachtet verstecken Mama oder Papa einen Schatz (kleiner Gegenstand oder Tüte mit Bonbons, in Bayern »Gutti« genannt). Anschließend versuchen die Kinder, diesen ausfindig zu machen. Die Eltern helfen ihnen, indem sie »kalt«, »warm« oder »heiß« sagen, je nachdem, inwieweit sich ihre Sprösslinge dem Schatz nähern. Pfeile aus Zweigen oder Fichtenzapfen können dabei Hilfestellungen geben.

Spürhund und Ratefuchs

Wer sich die Augen verbinden (mit einem Schal oder zur Not mit zwei Händen zuhalten) und sich behutsam barfuß über einen vorbereiteten Parcours führen lässt, kann erraten, auf was er gerade tritt (Moos, Nadeln, Fichtenzapfen etc.). Alternativ können wir zwischen Wald, Wiese und Feld geeignete Gegenstände suchen, welche die anderen blind ertasten und erraten müssen. So oder so spüren die Kinder die Natur dabei hautnah.

Baumtelefon und Balanceakt

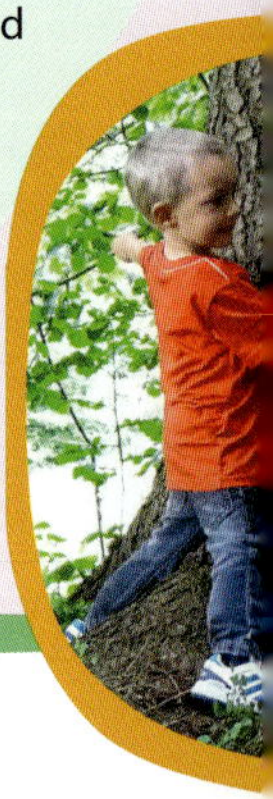

Wer einen halbwegs frisch geschnittenen, möglichst breiten Baumstamm am Wegrand entdeckt, kann diesen als Resonanzkörper nutzen: Während eine Person an einem

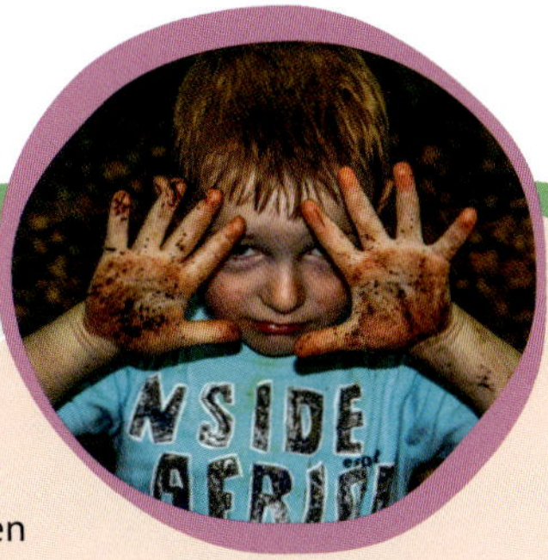

Ende das Ohr ans Gehölz legt, erzeugt eine zweite am anderen Ende verschiedene Geräusche durch Klopfen oder Kratzen. Diese Art des Baumtelefons funktioniert garantiert. Darüber hinaus eignen sich gefällte Stämme natürlich zum Balancieren.

Kleiner Stapellauf

Im Wald finden Groß und Klein genügend Materialien, um ein kleines Floß zu bauen – etwa aus einem Stück Rinde den Rumpf, aus einem Ästchen den Mast und aus einem Blatt das Segel. Im nächstgelegenen geeigneten Bach kann der Eigenbau zu Wasser gelassen werden. Wer will, stoppt mit der Uhr, wie lange das Gefährt für einen bestimmten Abschnitt braucht, und ermittelt den Streckenrekord.

Hand in Hand

Wer an einem besonders umfangreichen Baum vorbeikommt, kann ihn mit seiner Geschwister- oder Kindergruppe oder mit der ganzen Familie einkreisen und sich dabei die Hände geben. Das erzeugt ein schönes Gefühl des Zusammenhalts und bildet – falls gewünscht – ein nettes Fotomotiv.

Flauschige Wesen

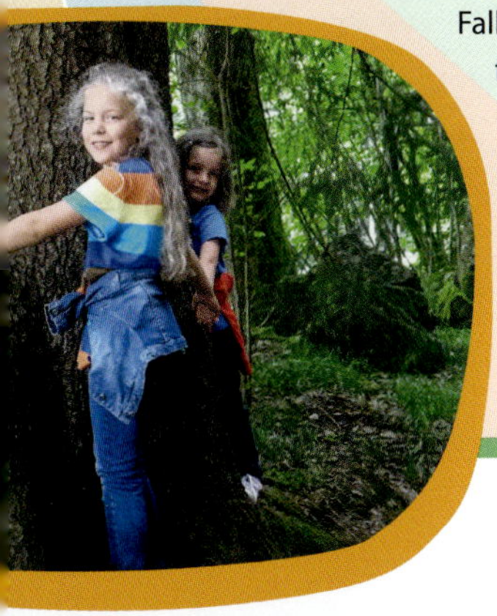

Falls der Himmel in den bayerischen Landesfarben Weiß und Blau erstrahlt, können Groß und Klein versuchen, in den Wolken Formen oder Gestalten zu entdecken, die ihnen bekannt vorkommen. Tiere lassen sich mit etwas Geduld und Fantasie besonders gut ausmachen. Die Faustregel lautet: Wer sucht, der findet.

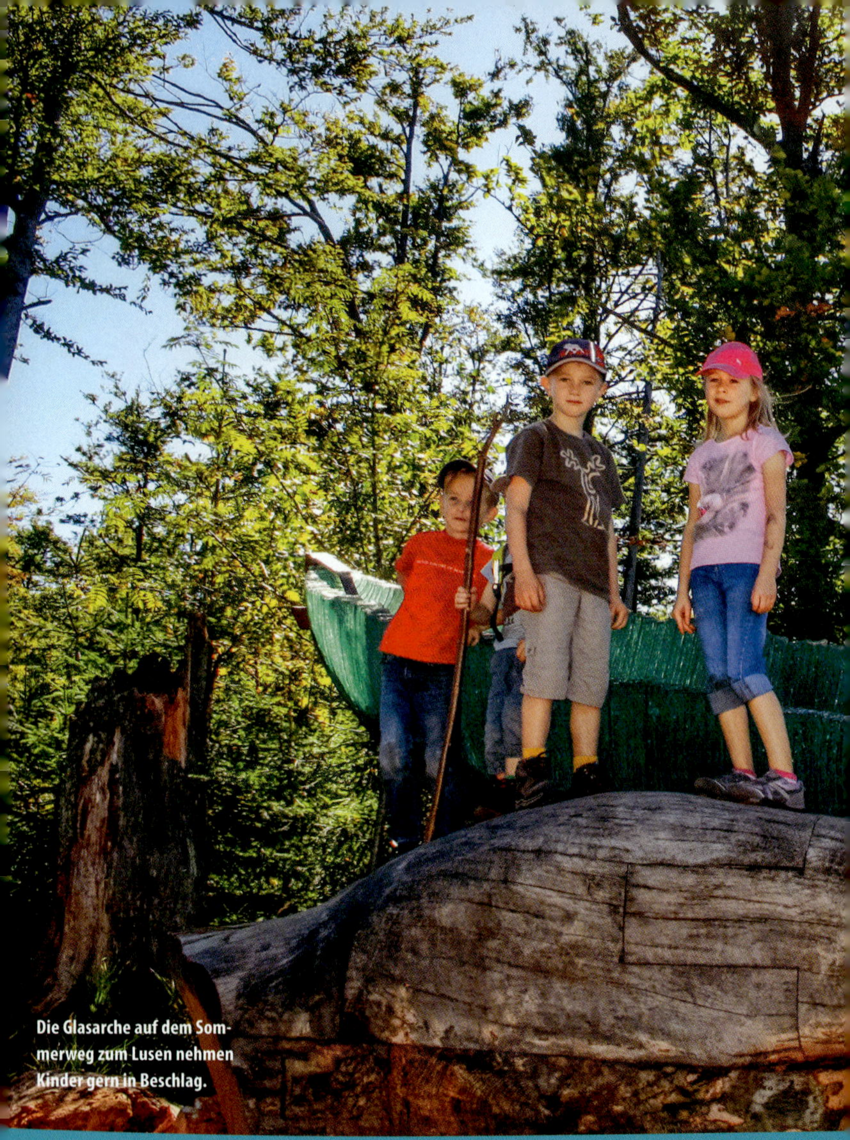

Die Glasarche auf dem Sommerweg zum Lusen nehmen Kinder gern in Beschlag.

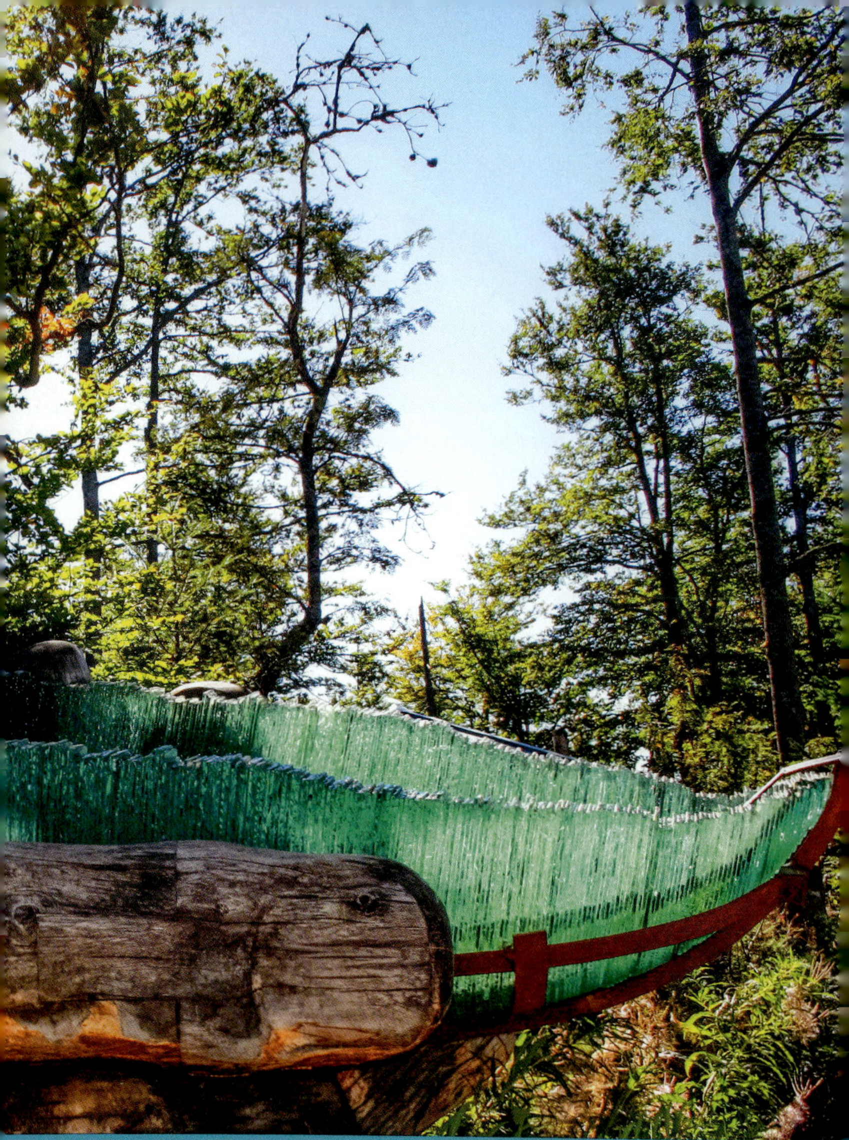

Nationalpark Bayerischer Wald

16 Zauberhaftes Schwellhäusl

ZUR BELIEBTEN EINKEHR AM URWALD

Alles, was ein gemütliches Ausflugslokal ausmacht, kennzeichnet das Schwellhäusl. Da das kein Geheimnis ist, starten wir zur klassischen Runde über den schattigen Schwellsteig am besten unter der Woche. Auf dem Rückweg zweigt auf halber Strecke von der Forststraße der Urwalderlebnisweg ab.

Vom hinteren Ende des Parkplatzes Brechhäuselau queren wir in einer Senke die Große Deffernik. Sodann folgen Groß und Klein dem »Schwarzstorch« im Uhrzeigersinn, spazieren also stromabwärts an der linken Seite des Schwellkanals entlang. Einst diente er dazu, Wasser für die Trift, das Schwemmen von Holz, zusammenzuführen. Auf der Lichtung am Ende des schattigen Mischwalds taucht das malerische Schwellhäusl der Familie Lettenmaier auf. Junge Gäste klettern am Abenteuerspielplatz auf den Holzturm, schaukeln oder streicheln Kaninchen, Esel, Ponys und Ziegen. Wer im Biergarten einen Platz findet, passt bitte auf, dass kleine Kinder nicht allein zum Triftspeicher gelangen.

Um unsere Runde im Uhrzeigersinn zu vollenden, folgen wir dem »Schwarzstorch« auf der Forststraße. Auf der zweiten Streckenhälfte weisen zwei rechts zurückversetzte

Leicht	4 km	1.45 Std.	100 Hm

Tourencharakter Ebener Spaziergang im Anschluss an die Flusssenke **Altersempfehlung** Ab 4 Jahren **Ausgangs-/Endpunkt** Wanderparkplatz Brechhäuselau (690 m) **GPS-Koordinaten** 49.096724, 13.237472 **Anfahrt** Auto: Zwischen Zwiesel und Bayerisch Eisenstein von der B 11 nach Zwieseler Waldhaus abbiegen, dort erst am Ortsende links ganz vor zur Großen Deffernik. Bus & Bahn: Falkenstein-Bus **Einkehr** Schwellhäusl, Zwieseler Waldhaus im Ort **Karte** Kompass 1:50 000, Nr. 195 Nördlicher Bayerischer Wald **Information** Tourist-Information, Zwieselauer Str. 1, 94227 Lindberg, Tel. 09922/709 90 29, www.gemeinde-lindberg.de; www.schwellhaeusl.de

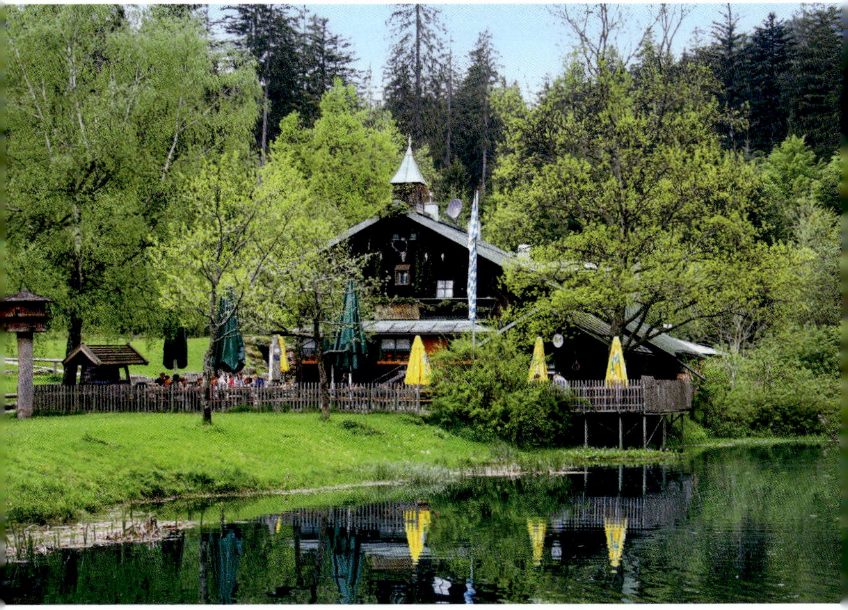

Das Schwellhäusl zählt zu den beliebtesten Treffpunkten im Nationalpark.

Schilder den Zugang zum Urwald namens Hans-Watzlik-Hain. Darin schlängelt sich der unmarkierte Pfad parallel zur Forststraße durch die Waldwildnis mit kolossalen, bis zu 400 Jahre alten und 50 Meter hohen Tannen. Morsches Gehölz fügt sich dem Lauf der Natur. Am Ende des Waldpfads landen wir wieder auf der Forststraße und erreichen den bekannten Anfang des Schwellsteigs. Über die Deffernik-Brücke hinweg erreichen wir den Parkplatz.

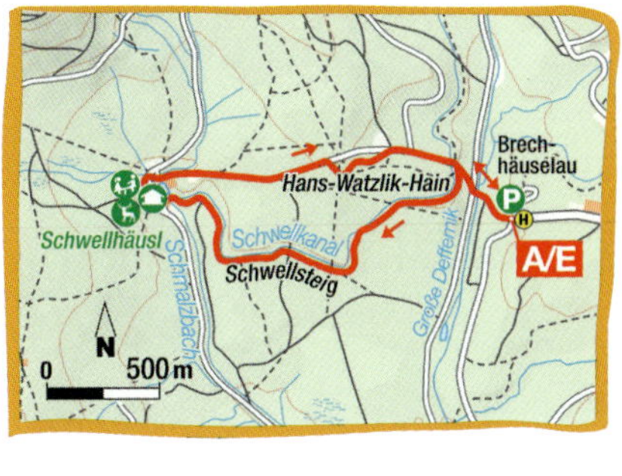

Fleißaufgabe oder Alternative: Der ruhigere Rundweg »Ameise« führt durch das Urwaldgebiet Mittelsteighütte (3 km, 50 Hm, 1.15 Std.).

17 Steinzeithöhle und Wölfe

IM NATIONALPARKZENTRUM FALKENSTEIN ZUM EINLADENDEN HAUS ZUR WILDNIS

Was sich einst und heute in freier Wildbahn tummelt, das führen uns zwei Nationalparkzentren vor Augen. Der nördliche der beiden Anlaufpunkte ist das Nationalparkzentrum Falkenstein. Den kostenfreien, erlebnisreichen Spaziergang übers dortige Tier-Freigelände krönt der Besuch des angeschlossenen Hauses zur Wildnis.

Leicht	2,75 km	1.30 Std.	75 Hm

Tourencharakter Gemütlicher, barrierefreier Spaziergang von Gehege zu Gehege mit überschaubarer Steigung; Fernglas zum Tiere-Beobachten mitnehmen **Altersempfehlung** Ab 3 Jahren **Ausgangs-/Endpunkt** Parkplatz Nationalparkzentrum (600 m; 4 €/Tag, ab 16 Uhr 2 €) **GPS-Koordinaten** 49.060387, 13.236196 **Anfahrt** Auto: Auf der B 11 zwischen Zwiesel und Bayerisch Eisenstein im Norden von Ludwigsthal zum beschilderten Parkplatz. Bus & Bahn: Waldbahn-Halt direkt am Parkplatz; Falkenstein-Bus **Einkehr** Regionale Bio-Gastronomie im Haus zur Wildnis **Karte** Kompass 1:50 000, Nr. 195 Nördlicher Bayerischer Wald **Information** Nationalparkzentrum Falkenstein, Eisensteiner Str. 20, 94227 Lindberg, Tel. 09922/500 20, www.nationalpark-bayerischer-wald.de

Die Tour durch das jederzeit zugängliche Tier-Freigelände meistern wir auf dem »Rundgang Wildtiere« am besten gegen den Uhrzeigersinn. Vom Parkplatz aus hinter der Waldbahn-Unterführung halten wir uns also rechts. Sodann erreichen Nachwuchs-Forscher eine nachgebildete Steinzeithöhle (ab 9.30 Uhr, Eintritt frei). Der dunkle Gang deutet an, wie Tier und Mensch vor Abertausenden von Jahren in der Altsteinzeit mit- und voneinander lebten. Die Vorbilder der steinzeitlichen Wandmalereien stammen aus einer Grotte in Südfrankreich.

Ein Stück nach und über der Höhle sehen wir Wildrinder und Wildpferde grasen. Allerdings können

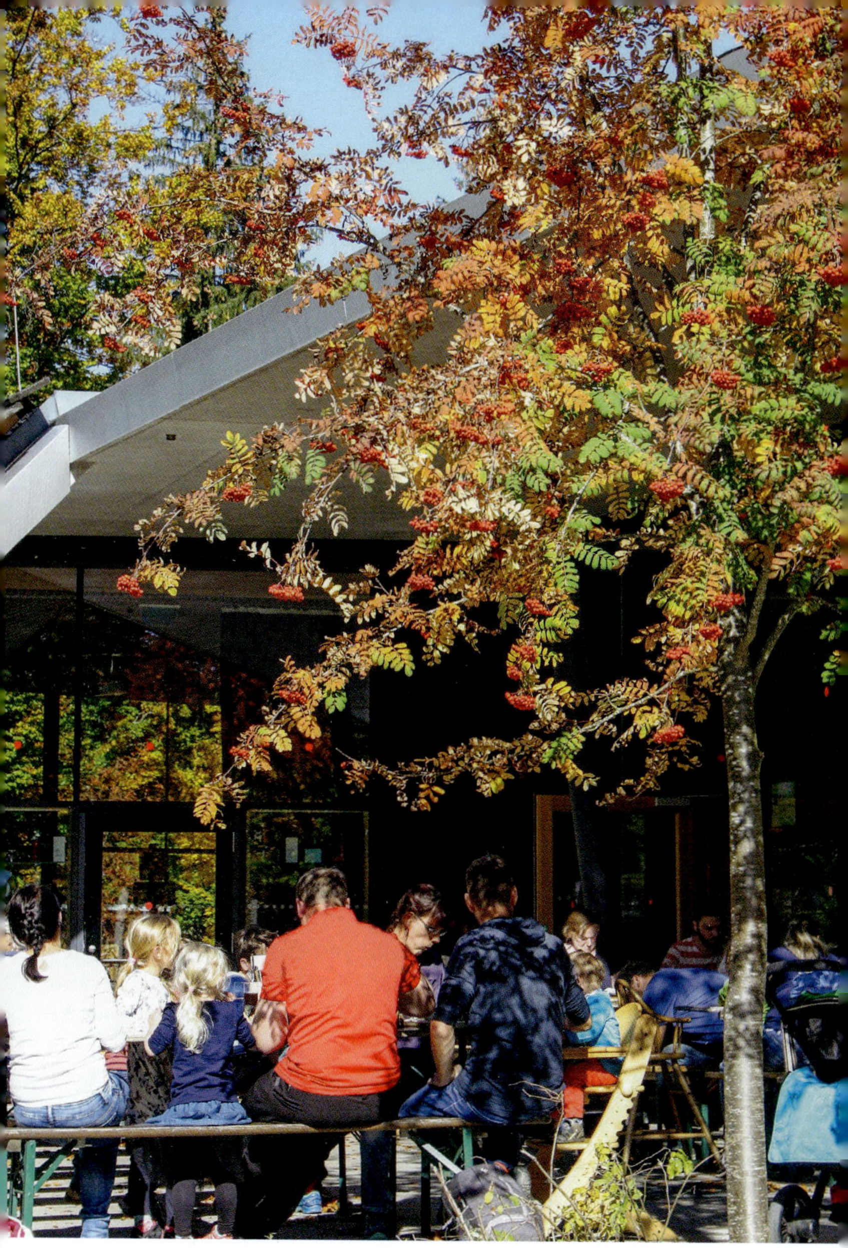

Die Terrasse vor dem frei zugänglichen Haus zur Wildnis lädt zur Einkehr ein.

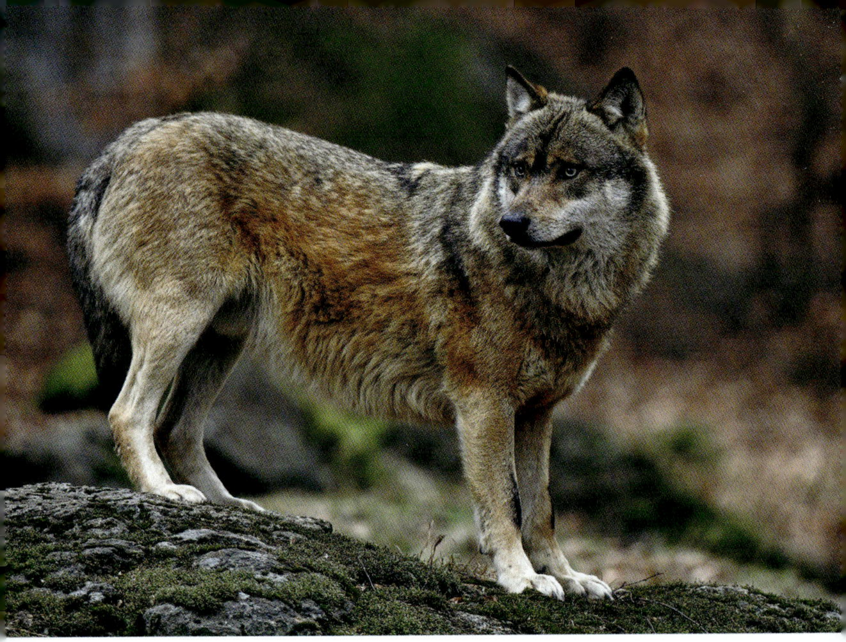

Kaum zu glauben: Wir kommen auf unserer Runde auch bei Wölfen vorbei.

die Vierbeiner den gebotenen Freiraum nutzen und sich zurückziehen. Vom lichtdurchfluteten Gelände marschieren wir hinein in den schattigen Wald. Sanft himmelwärts spazierend, erreichen wir den mächtigen Aussichtsturm bei den Wölfen, von wo wir Isegrim mit etwas Glück aufspüren können – morgens und spätnachmittags rührt sich meist mehr als untertags. Zu guter Letzt lotst alle Fährtenleser eine überdachte Holzbrücke spektakulär über das Wolfsrevier hinweg zum Haus zur Wildnis. Je nachdem, wie lange wir uns bei den Vierbeinern aufhalten, brauchen wir bis dorthin rund eine Stunde. Vom frei zugänglichen Haus zur Wildnis (bis 8. Nov. tgl. geöffnet ab 9 Uhr) genießen wir einen Blick hinauf zum 1315 Meter hohen Großen Falkenstein. Das Haus versteht sich als überdachte

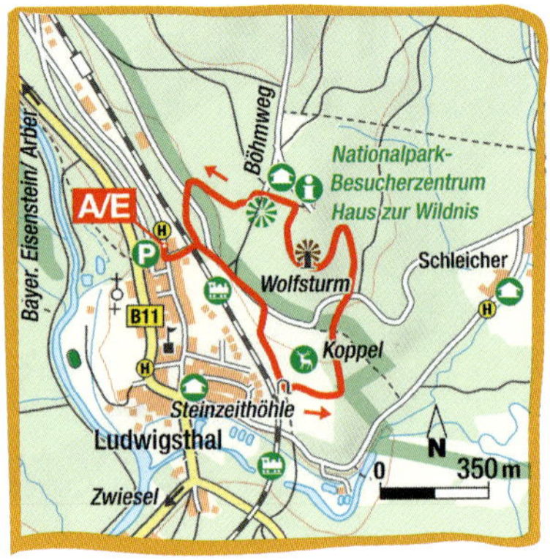

Freifläche und gefällt durch seine der Natur nachempfundenen Architektur. Seit dem 50-jährigen Gründungsjubiläum des Nationalparks im Jahr 2020 zeigt sich die Ausstellung in seinem Innern in neuer Aufmachung. In der Haupthalle steht ein begehbarer Baum im Mittelpunkt (Einweihung Sept. 2021). Darunter entdecken Familien im beliebten Wurzelgang, was sich im Erdreich so alles tut: Auf dem Erlebnisrundgang durch die Schichten des Bodens schrumpfen wir auf die Größe einer Maus zusammen und erfahren, wie Pflanzen und Pilze zusammenwirken. Kinder, habt ihr im Höhlenkino den Totengräberkäfer kennengelernt?

Als weitere Attraktion wartet der neue Nachtraum. Darin können Jung und Alt zu jeder Tageszeit erleben, welche Geräusche die Dämmerung im Schutzgebiet hervorbringt. Unterm Strich lernen wir interaktiv den natürlichen Kreislauf aus Vergehen, Wachsen und Werden verstehen, was nicht nur für den Bayerischen Wald gilt. Lasst es einfach auf euch zukommen!

Das angeschlossene Kino bietet eine 3D-Wildnisreise durch die Wälder des Nationalparks. Und am unteren Ende vom Haus zur Wildnis steht allen Mädchen und Buben der Kinder-Erlebnisraum mit riesigem Wimmelbild offen. Neben diesem Indoor-Spielplatz locken draußen naturnahe Spielgeräte zum Klettern und Balancieren. In der angeschlossenen Gaststätte legt der Wirt viel Wert auf regionale Bio-Gerichte zu fairen Preisen; drinnen wie draußen auf der Terrasse finden hungrige Gäste passende Plätze.

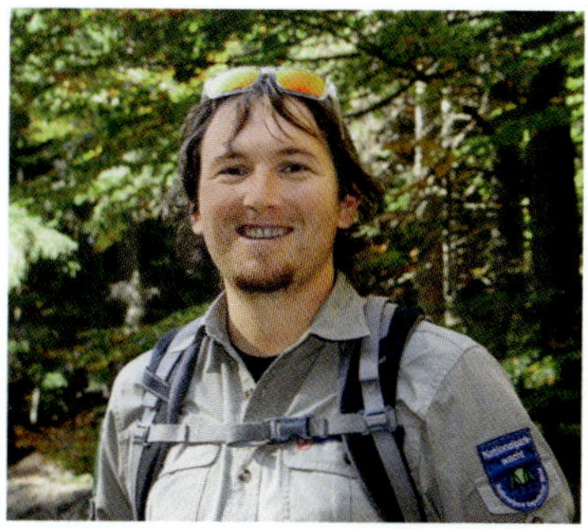

Einer der umtriebigen Nationalpark-Ranger im Einsatz für die Natur

Jenseits des Gebäudes führt unser Weg weiter gegen den Uhrzeigersinn in etwa 20 Gehminuten zurück zum Parkplatz. Dabei kommen Groß und Klein am Luchsgehege vorbei. Am Ende des dortigen Abstechers bietet sich der beste Überblick.

Übrigens: Wer es auf dem Marsch zum Infozentrum eilig hat, wählt diesen Forstweg bereits für den Hinweg. Abends zeigt sich die Strecke sogar beleuchtet. Luchse und Wölfe tummeln sich im Übrigen im Nationalpark jetzt auch wieder in freier Natur, wie winters Spuren im Schnee rund um Falkenstein, Rachel und Lusen verraten.

18 Seeblick am Großen Rachel

VOM GFÄLL ZUM WALDSCHMIDTHAUS

Das urige Waldschmidthaus erreichen Wanderlustige vom Gfäll auf einer überschaubaren, jedoch sportlichen Strecke. Neben der Einkehr genießen wir die Aussicht hinunter zum Rachelsee. Der 100 Höhenmeter darüber aufragende Gipfel des zweithöchsten Bergs im Bayerwald eignet sich als Fleißaufgabe.

Schwer	6,5 km	3.15 Std.	420 Hm

Tourencharakter Bergtour in lichtes Terrain mit beachtlichen Höhenmetern, Einstieg/Abstieg Forstweg, hinauf Pfad; Busfahrt zum Start/ab Ziel **Altersempfehlung** Ab 8 Jahren **Ausgangs-/Endpunkt** P+R Spiegelau bzw. Gfäll (950 m) **GPS-Koordinaten** 48.917342, 13.355256 (P+R) **Anfahrt** Auto: Via Frauenau oder B 85 oder Grafenau oder Neuschönau nach Spiegelau, dort von der Hauptstraße gemäß Pfeil zum »Rachel/Lusen/P+R«. Bus & Bahn: Waldbahn (Bus-Anschluss); Rachel-Bus/601 (Nationalpark-Tagesticket Bus inkl. Kinder bis 14 Jahre 5 €) **Einkehr** Waldschmidthaus (2021 geschl. wg. Sanierung) **Karte** Kompass 1:50 000, Nr. 196 Mittlerer Bayerischer Wald **Information** Tourist-Information, Konrad-Wilsdorf-Str. 1, 94518 Spiegelau, Tel. 08553/96 00 17, www.spiegelau.de

Ab dem P+R Spiegelau verkehrt der Rachel-Bus bei Druck des Buches ab 8.17 Uhr halbstündlich in zehn Minuten zum Gfäll (Strecke für Privat-Kfz gesperrt). Eine stimmige Runde kreiert, wer von der Bus-Endstation der Markierung »Bärlapp« auf weitgehend ebenem Forstweg in Richtung Klingenbrunn folgt. Nach rund 45 Minuten Gehzeit biegen wir rechts ab und nehmen gemäß Pfeil den Rachel ins Visier. Auf dem fordernden Wanderpfad, dem Klingenbrunner Rachelsteig, lassen wir himmelwärts die Schutzhütte Emeiriegel links liegen. Stetig bergan lichtet sich das Terrain Schritt für Schritt. Zu guter Letzt vereint sich der »Bärlapp« mit dem stärker fre-

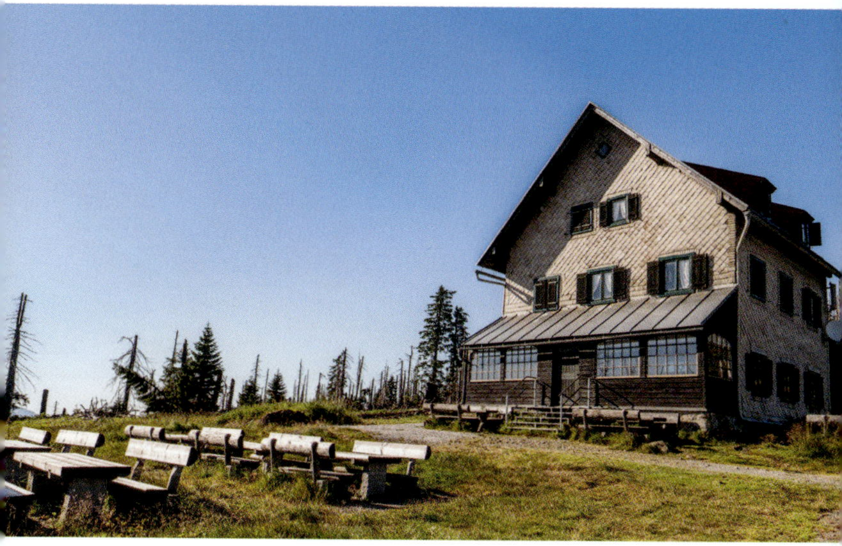

Das Rachelschutzhaus nennen Einheimische schon immer Waldschmidthaus.

quentierten Weg mit der Markierung »Auerhahn«. Nach bis zu zwei Stunden Gehzeit erreichen wir das nach dem Heimatdichter Waldschmidt benannte Rachelschutzhaus. Aus der Ferne erinnert es an ein Hexenhäuschen. Zwar besteht es nicht aus Lebkuchen, doch die Wirtsleute servieren neben deftigen Hüttengerichten auch süße Versuchungen. An der Theke bedienen sich die Gäste selbst. Sitzplätze ergattern Jung und Alt in der gemütlichen Stube, im Wintergarten sowie bei warmem Wetter draußen vor der Tür. Das über 100 Jahre alte Gebäude gehört seit 2017 zum vom Staat getragenen

Gipfelsturm

Eine Fleißaufgabe erledigt, wer vom Waldschmidthaus zum 1453 m hohen Gipfel mit Kreuz hochsteigt (retour 1 km, 100 Hm, 45 Min.; s. gestrichelte Linie auf der Karte). Der Pfad erweist sich als äußerst steinig und fordert beim Abstieg noch mehr als bergwärts. Der Rundblick vom Großen Rachel lohnt allemal, etwa über die tschechische Grenze hinweg zum Mittagsberg (Poledník, 1315 m) mit seinem markanten Aussichtsturm.

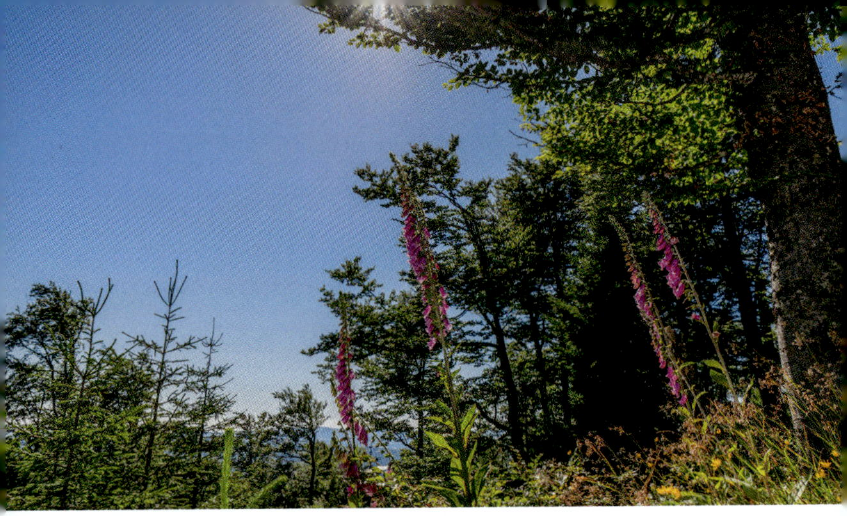

Jungwald wie Baumriesen säumen unseren Aufstieg in Richtung Großer Rachel.

Nationalpark. Im Frühjahr 2021 beginnt die Generalsanierung mit Abschluss 2022. Während Menschenhand das Haus in Schuss hält, heißt es im Nationalpark »Natur Natur sein lassen«. Nicht entgehen lassen sollten sich große und kleine Entdecker den nahen Seeblick. Ein nur 80 Meter langer, ausgeschilderter Abstecher bringt uns zur Aussichtskanzel mit Blick auf das fast 300 Meter tiefer gelegene Gewässer. Auch aus dem Rachelsee speist sich die schwarze Ilz, welche schließlich in Passau (Dreiflüssestadt) in die braunblaue Donau und den grünen Inn mündet.

Talwärts streben wir zunächst auf dem bekannten Forstweg. Bei der Gabelung verlassen wir den »Bärlapp« und folgen dem »Auerhahn« halb links hinab. Nach der Rechtskehre kommen wir auf halber Strecke beim Lieslbrunnen vorbei. Auch hier zeigt sich der Weg breit,

Eine richtige Erfrischung

Wer bei der Rückfahrt mit dem Rachel-Bus bereits beim Halt Aufichtenwaldsteg aussteigt, erreicht einen Katzensprung entfernt an der Schwarzach gelegen die Natur-Kneippanlage Spiegelau. Allerdings ist das kalte Nass nichts für kleine Kinder oder Weicheier! Danach geht es zu Fuß an der Seenkette vorbei durch den Kurpark, vor den Gleisen über die Schwarzach hinweg sowie via Rachelstraße hoch zum Parkplatz (gut 1 km, 20 Hm, 20 Min.). Zur Not kann Papa ja das Auto holen …

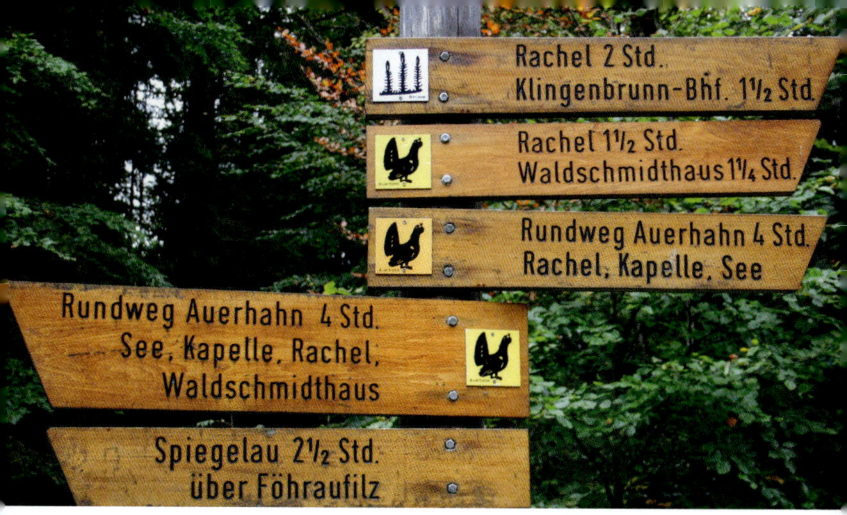

Am Bus-Halt namens Gfäll startet und endet unsere sportliche Wanderrunde.

jedoch überraschend steil. Abschließend bringt uns vom Gfäll der Rachel-Bus zurück nach Spiegelau (bei Druck des Buchs von 8.30–18.30 Uhr halbstündlich). Auf Nummer sicher geht, wer den Fahrplan mit den aktuellen Rückfahrtzeiten bei der Hinfahrt oder unter www.bayerwald-ticket.com überprüft.

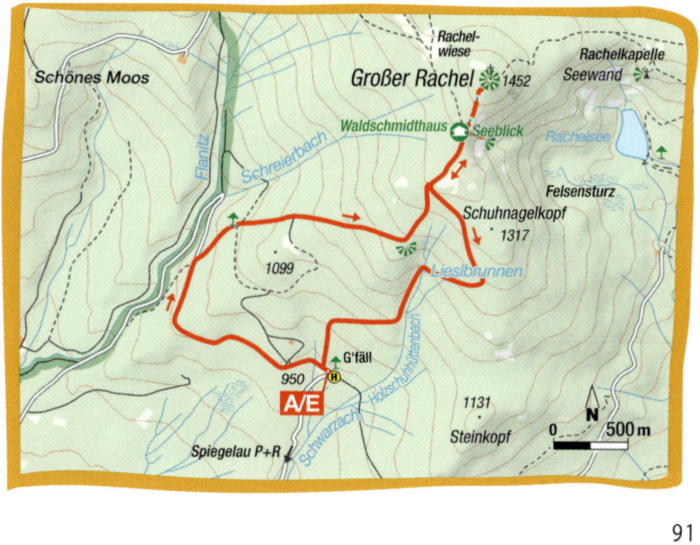

19 Die Himmelsleiter empor

VON DER WALDHAUSREIBE AUF DEN LUSEN

Wer den lichten »Sommerweg« auf den Lusen wählt, schreitet zu guter Letzt durch ein sagenumwobenes Meer aus Stein. Seitlich unter dem Gipfelkegel lädt das beliebte Schutzhaus zur Rast ein. Zum Ausgangs- und Endpunkt der Wanderung, der Waldhausreibe, verkehrt der Lusen-Bus.

Zum Startpunkt unserer Tour gelangen Jung und Alt zügig mit dem Lusen-Bus (Abfahrt Waldhäuser-Ausblick ab 9.14 Uhr stündlich; alternative Einstiege wie z. B. Fredenbrücke 9 Min. eher oder Graupsäge 12 Min. eher). Ab Waldhausreibe folgen wir am besten der Markierung »Luchs« im Uhrzeigersinn. Der breite und sanft ansteigende »Sommerweg« bringt uns so zur Glasarche, einem grün schimmernden Schiff. Sogleich lassen wir die dortige

Schwer | 5 km | 2.30 Std. | 260 Hm

Tourencharakter Bergauf zuletzt sportlich und steinig, ab Schutzhütte hinab bequem zu gehen; Busfahrt zum Start/ab Ziel **Altersempfehlung** Ab 7 Jahren **Ausgangs-/Endpunkt** Letztmöglicher Parkplatz/Bushalt Waldhäuser-Ausblick bzw. Waldhausreibe (1120 m) **GPS-Koordinaten** 48.928082, 13.471052 **Anfahrt** Auto: Von der Nationalparkstraße zwischen Spiegelau und Neuschönau bei Graupsäge Richtung Waldhäuser abbiegen, von Grafenau via St. Oswald; in Waldhäuser spätestens am »Ausblick« vor Privat-Kfz-Sperre parken. Bus & Bahn: Lusen-Bus/602 (einfache Strecke Erw. 1,90 €, Kinder 1,10 € bzw. Nationalpark-Tagesticket inkl. Kinder bis 14 Jahre 5 €; www.bayerwald-ticket.com) **Einkehr** Lusenschutzhaus; in Waldhäuser Café-Restaurant Am Guldensteig und Berggasthof Lusen **Karte** Kompass 1:50 000, Nr. 196 Mittlerer Bayerischer Wald **Information** Nationalparkzentrum Lusen (Hans-Eisenmann-Haus), Böhmstr. 35, 94556 Neuschönau, Tel. 08558/961 50, www.nationalpark-bayerischer-wald.bayern.de

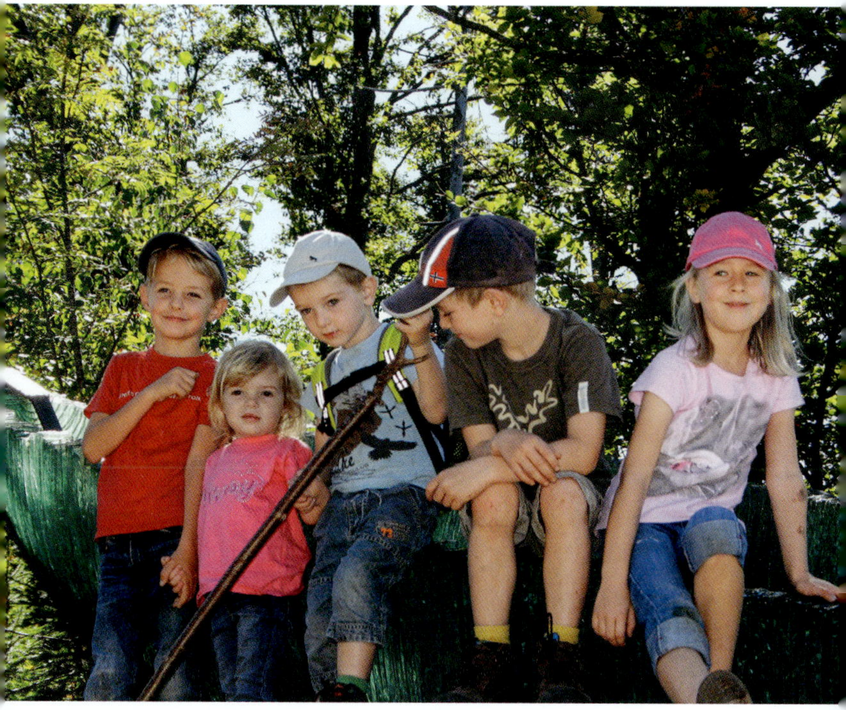

Kunstwerk, das Kinder magisch anzieht: die Glasarche auf dem Sommerweg

Schutzhütte links liegen und marschieren auf dem breiten Pfad schnurgerade in Richtung Gipfelkreuz. Junge Bergfichten und Vogelbeeren am Wegrand schränken den Sonnenschein kaum ein.
Hinter der lang gezogenen Mulde geht der geschotterte Pfad schrittweise in die Himmelsleiter über. Das Gipfelkreuz über den Steintreppen scheint zum Greifen nah, doch der Aufstieg zieht sich und erfordert ordentlich Puste. Der mit gelbgrünen Flechten bewachsene kahle Gipfelkegel ist nicht mehr das Werk von Windwurf und Borkenkäfern aus unseren Tagen, sondern das Ergebnis Jahrtausende währender Verwitterung. Geologen sprechen von einem eiszeitlichen Blockmeer und zählen es zu den 100 schönsten Geotopen in Bayern. Kinder nutzen es als naturnahen Kletterspielplatz. Vielleicht

entdeckt ja jemand von euch den Goldschatz, der hier einer Sage nach verborgen liegt?

Das Schutzhaus des Wald-Vereins erreichen wir auf felsigem Steig in Richtung Süden. Bei schönem Wetter begeistert der Blick von der Sonnenterrasse. Nicht minder angenehm zeigt sich die Gaststube mit urig-schwerer Holzdecke und Kachelofen. Die Getränkeausgabe und die Essensbestellung erfolgen an der linken Theke, an der Durchreiche rechts erhalten Hungrige die bestellten Speisen.

Der Abstieg erfolgt über den »Winterweg«. Auf der ehemaligen Schlittenziehbahn, auf der heute bergtüchtige Fahrzeuge das Schutzhaus versorgen, geht es angenehm bergab. Im Unterschied zum Aufstieg durchlaufen wir einige schattige Passagen. Am Endpunkt der Wanderung an der Waldhausreibe, früher Lusenparkplatz genannt, fährt der Bus (bei Druck des Buchs stündlich bis 18.41 Uhr) nach Waldhäuser zurück.

Wandern ohne Busfahrt

Für eine längere Variante ohne Bus laufen wir vom Parkplatz Waldhäuser-Ausblick ein Stück bergan auf dem Fernwanderweg (grünes Dreieck) um den Waldhausriegel herum sowie über Bohlen zur Waldhausreibe (retour 4,5 km, 125 Hm, 2 Std.; s. gestrichelte Linie auf der Karte). Oder der Bus wird nach Lust und Laune für nur eine Fahrt genutzt.

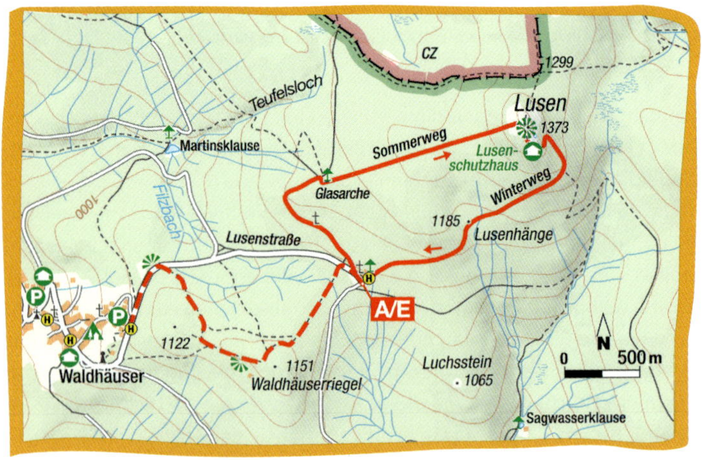

Wie in freier Wildbahn

20

DREI BÄRENSTARKE STREIFZÜGE IM NATIONALPARKZENTRUM LUSEN

Nirgendwo im Bayerwald bekommen Familien mehr Tiere zu Gesicht als im Nationalparkzentrum Lusen. Nicht umsonst kürte das Portal »testberichte.de« das dortige Tier-Freigelände unter deutschlandweit 158 Zoos auf Platz sechs. Dabei kostet hier nur das Parken etwas.

Auf dem weitgehend schattigen Gelände erleben große und kleine Gäste auf einer Fläche von rund 350 Fußballplätzen etwa 45 heimische Vogel- und Säugetierarten von Angesicht zu Angesicht. Nach Lust und Laune wählen wir dabei eine von drei unterschiedlich langen Runden. Teils führen die Wege an den Gehegen vorbei, bei den Wildschweinen und Rothirschen sogar hindurch.

Leicht | 7/4,5/3,5 km | 3.30/2.15/1.45 Std. | 100/70/50 Hm

Tourencharakter Naturnaher Waldspaziergang von Gehege zu Gehege auf breiten, geschotterten Wegen. Fernglas mitnehmen **Altersempfehlung** Ab 5/4/3 Jahren **Ausgangs-/Endpunkt** P1 (810 m) am Nationalparkzentrum Lusen (1 €/Stunde, 5 €/Tag) **GPS-Koordinaten** 48.892361, 13.488861 **Anfahrt** Auto: Von Norden und Westen über Spiegelau, von Südwesten über die B 533 und Grafenau, von Südosten über Freyung (B 12/B 533), von Osten über Mauth. Bus & Bahn: u. a. Lusen-Bus/602 **Einkehr** Waldwirtschaft (SB) und Café Eisenmann beim P2, Gasthof Euler in Neuschönau (Di Ruhetag) **Karte** Kompass 1:50 000, Nr. 196 Mittlerer Bayerischer Wald **Information** Nationalparkzentrum Lusen (Hans-Eisenmann-Haus), Böhmstr. 35, 94556 Neuschönau, Tel. 08558/961 50, www.nationalpark-bayerischer-wald.bayern.de

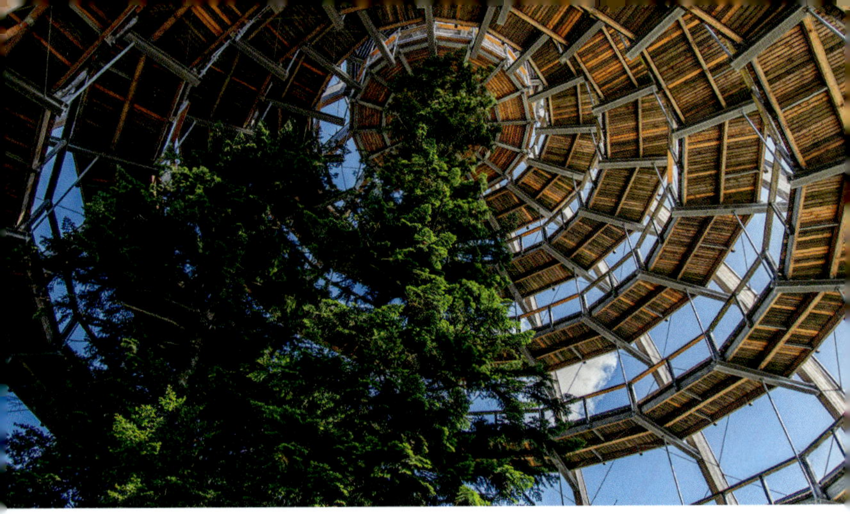

Höhepunkt am Baumwipfelpfad: der 44 Meter hohe Turm (s. Kasten S. 97)

Aufgepasst: Wenn wir den sieben Kilometer langen »Gehegerundweg« (stilisierter Hirsch, Wolf und Luchs) gegen den Uhrzeigersinn meistern, starten wir am P1 nicht zwischen Turm und Kiosk hindurch, sondern keine hundert Meter entfernt in der Parkplatzecke in nördliche Richtung hinein in den Wald. Hinter den Volieren zählen die letzten europäischen Wildrinder, die Wisente, sowie der Luchs zu den ersten Arten, an denen unsere Pirsch vorbeiführt. Dahinter streifen die Wölfe umher. Ein ordentliches Stück weiter, nach den Wildschweinen, den Hirschen und dem Kauz, folgen die Braunbären, die es im Bayerwald nur im Nationalparkzentrum Lusen zu bestaunen gibt. Wenn sich die Runde dem Ende entgegenneigt, schauen wir auch noch bei Marder und Biber vorbei. Damit sich niemand wundert: Die geräumigen Gehege schaffen Lebensräume fast wie in freier Wildbahn. Dadurch kommt es aber vor, dass wir weniger Vierbeiner zu Gesicht bekommen als erhofft. Doch ganz ohne Begegnung bleibt sicher niemand!

Auf halber Strecke zwischen Info-Center und Haupteingang Tier-Freigelände empfängt euch der abenteuerliche Baumwipfelpfad samt 44 m hohem ovalem Turm. Der gekonnt in die Landschaft eingefügte barrierefreie Holzstelzenweg mit seinen Info- und Erlebnisstationen eignet sich aber nur für Schwindelfreie (Erwachsene 10 €, Kinder ab 6 Jahre 9 €, Familien 23,50 €).

Kürzere Varianten: Wer weniger Zeit mitbringt, nutzt eine von zwei Abkürzungen. Zum einen können wir von den Wölfen aus nicht rechts, sondern links an den Elchen vorbeimarschieren und so die Runde halbieren. Eine zweite, ebenso ausgeschilderte Abkürzung bietet sich an, wenn wir kurz vor den Wildkatzen links abbiegen (s. jeweils Karte).

So oder so können wir zum Abschluss beim Haupteingang auf der anderen Straßenseite nicht nur einkehren, sondern auch das angeschlossene Info-Center im Hans-Eisenmann-Haus (tgl. 9–18 Uhr) samt Waldwerkstatt aufsuchen. Darin erfahren wir kostenfrei Wissenswertes über Fauna und Flora sowie das grundlegende Anliegen des deutschlandweit ersten Nationalparks, das seit 1970 lautet: »Natur Natur sein lassen.«

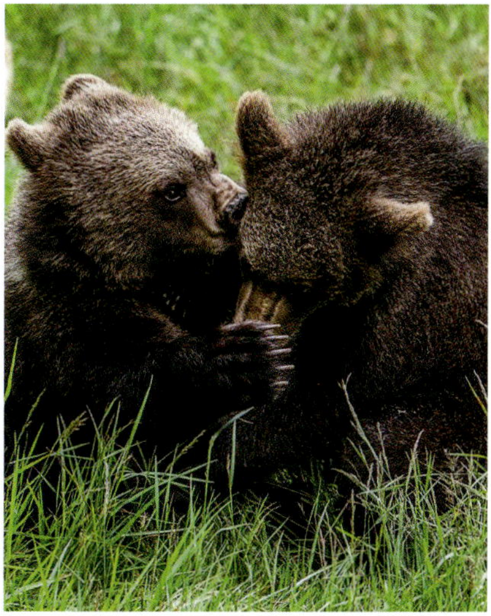

Bären bekommen Bayerwald-Fans nur im Nationalparkzentrum Lusen zu Gesicht.

Direkt zu Meister Petz

Tier-Fans, die speziell die Bären aufspüren wollen, starten am besten am Hintereingang in Altschönau (vom Haupteingang auf der Nationalparkstraße gut 2 km Richtung Spiegelau fahren; Parken 2 €). Von dort aus liegt deren Gelände nur weniger als zehn Gehminuten entfernt.

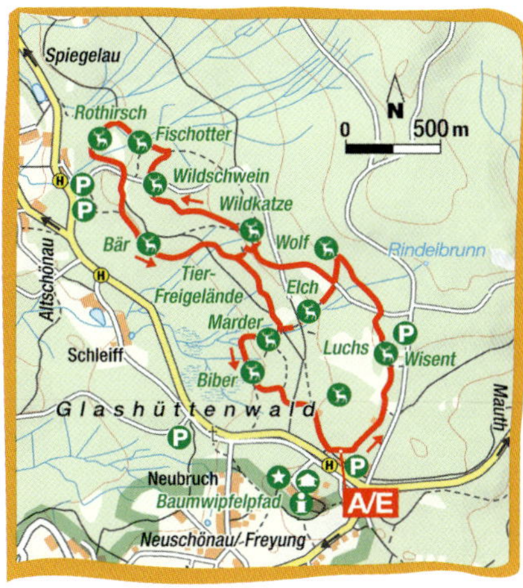

21 Im steinreichen Dschungel

OCHSENRIEGEL UND FELSWANDERGEBIET

Urwüchsige Natur auf angenehm schwach frequentierten Pfaden erleben kleine und große Abenteurer, die von der Sagwassersäge seitlich ins Felswandergebiet vorstoßen. Das vorwiegend schattige Herzstück gleicht einem mit Steinen übersäten Labyrinth. Zu guter Letzt geht es am Seebach stromabwärts zurück.

Der ausgeschilderte Parkplatz Sagwassersäge liegt von der Nationalparkstraße zurückversetzt. Während die meisten von hier durch die Südflanke in Richtung Lusen aufbrechen, führt uns der »Flusskrebs« zusammen mit dem Hauptwanderweg (stilisierte Baumgruppe) über Steinstufen hinauf nach Osten zum Seebach. Nur kurz folgen wir dem munter plätschernden Gewässer und queren es dann auf einer breiten Brücke in Richtung Felswandergebiet (»Flusskrebs« gegen den Uhrzeigersinn).

Mittel | 6,25 km | 3 Std. | 240 Hm

Tourencharakter Erlebnisreiche Pfade über Stock und Stein zum und im Felswandergebiet; am Wildbach entlang klingt die Runde aus. **Altersempfehlung** Ab 6 Jahren **Ausgangs-/Endpunkt** Wanderparkplatz Sagwassersäge (790 m; nicht Parkplatz Felswandergebiet!) **GPS-Koordinaten** 48.896607, 13.509017 **Anfahrt** Auto: Von Norden und Westen via Nationalparkzentrum Lusen, von Süden via Freyung (in Reschmühle zum »Nationalpark« abbiegen), von Osten via Mauth. Bus & Bahn: Finsterau-Bus/603 **Einkehr** Unterwegs keine; Waldwirtschaft (SB) und Café Eisenmann P2 beim Nationalparkzentrum, Gasthof Euler Neuschönau (Di Ruhetag) **Karte** Kompass 1:50 000, Nr. 196 Mittlerer Bayerischer Wald **Information** Nationalparkzentrum Lusen (Hans-Eisenmann-Haus), Böhmstr. 35, 94556 Neuschönau, Tel. 08558/961 50, www.nationalpark-bayerischer-wald.bayern.de

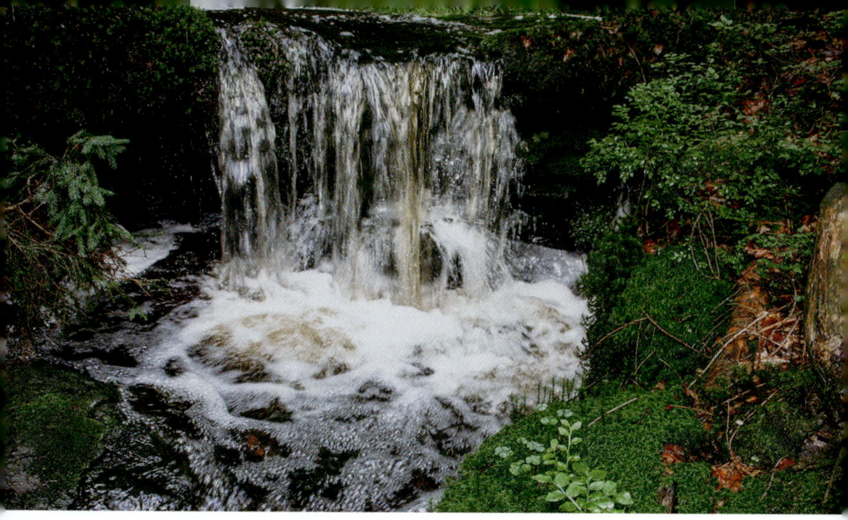

Am munteren Seebach entlang startet und endet unsere Rundtour.

Steintreppen helfen uns um den Ochsenriegel herum. Wo die Sonne deutlich durchs Blätter- und Nadeldach zu blinzeln beginnt, nähern sich Wanderfans der Riegel-Schutzhütte. Dort verlassen wir den »Flusskrebs« (s. Variante) und folgen geradeaus nur noch dem Hauptwanderweg. Findige entdecken Himbeeren am Wegesrand. Infotafeln kündigen den Einstieg ins eigentliche Felswandergebiet an, in dem es richtig abenteuerlich zugeht. Bei der T-Kreuzung marschieren Jung und Alt nach links. Himmelwärts beginnen wir, das Felswandergebiet gemäß dem markierten Hauptwanderweg zu durchqueren. Wer viel Glück hat, entdeckt

Drei Varianten

Wem eine überschaubare Kostprobe des Naturschauspiels reicht, der belässt es beim Rundweg »Flusskrebs« (2,25 km, 75 Hm, 1 Std.).
Wer zwischen Felswandergebiet und Seefilz der »Eberesche« folgt, baut in die Runde einen Abstecher zur Großen Kanzel ein (retour 0,75 km, 25 Hm, 30 Min.; Kanzel nur für Trittsichere!).
Alternativer Einstieg: Vom Parkplatz Felswandergebiet dreht das »Haselhuhn« die klassische Runde durchs Gelände (3,5 km, 200 Hm, 1.45 Std.; zu allen Varianten s. gestrichelte Linien auf der Karte).

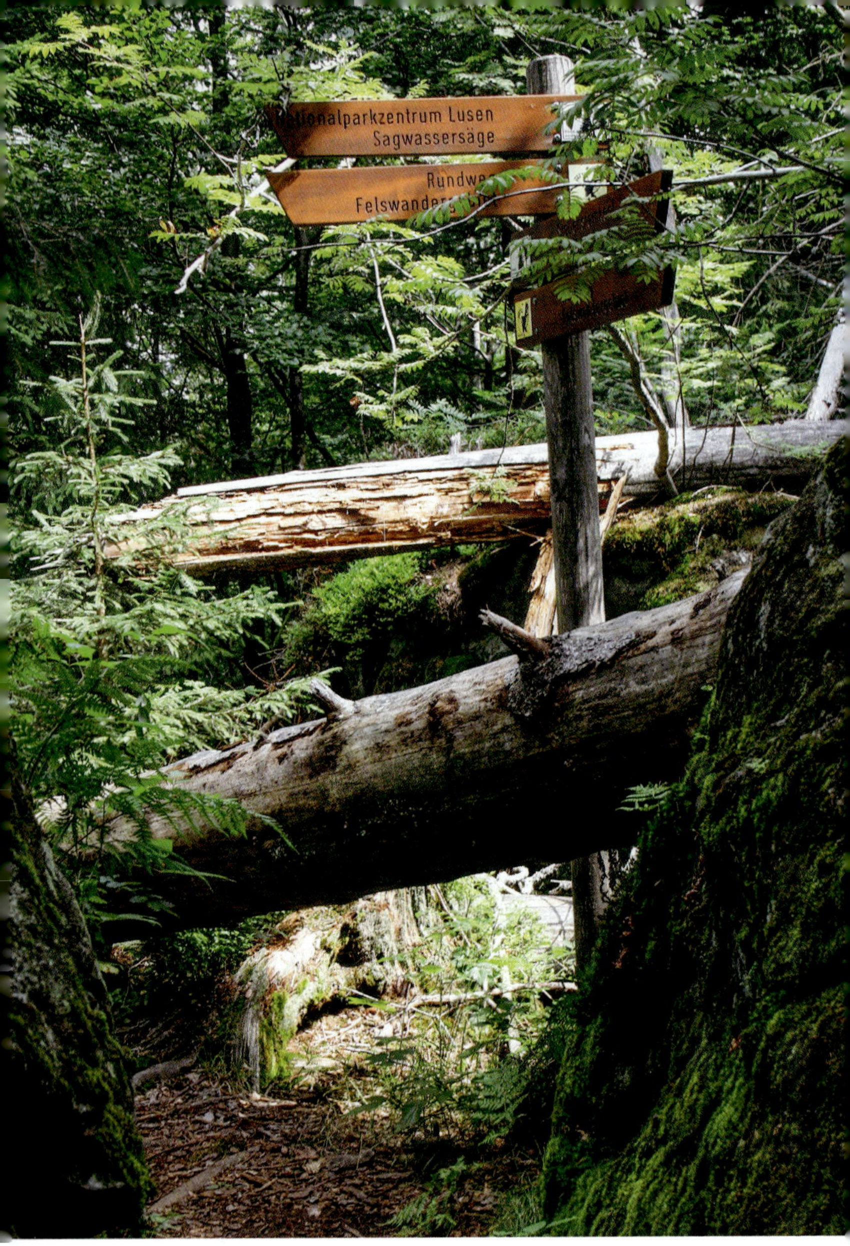

Natur pur: Im Herzen des Felswandergebiets geht es richtig wild zu.

verwinkelte Felsspalten, in denen das geschützte Leuchtmoos das Sonnenlicht reflektiert. Schließlich führt der Pfad direkt zwischen zwei mannshohen Blöcken hindurch.
Seid ihr bei dieser Passage schon angekommen? Große und kleine Entdecker erleben das Gelände mit seinen mächtigen Kanzeln und kleinen Höhlen wie ein verwinkeltes Felsenlabyrinth. In vielen Karten wird das Areal als Steinberg vermerkt, obgleich es sich um keine richtige Anhöhe handelt. Beim wilden Vergehen, Wachsen und Werden zählt auch in diesem Refugium einmal mehr die Nationalpark-Devise »Natur Natur sein lassen«. In der Tat heilt die Natur ihre Wunden selbst, braucht dafür aber mehr Zeit, als wir ungeduldigen Menschen es ihr zugestehen wollen.
In Richtung Osten läuft das Felswandergebiet aus. An der folgenden T-Kreuzung biegen wir nach links ab und folgen ein letztes Mal dem Hauptwanderweg (Baumgruppe) sanft bergab zum Seefilz. Dieses Hochmoor liegt im Sattel zwischen Steinberg und Hohlstein. Sein Name verrät, dass hier einst ein See lag. Durch den übrig gebliebenen Sumpf lotst die »Tanne«. Aufgepasst: Wenn's hier feucht ist, rutschen Unaufmerksame auf den Bohlen schnell aus! Im Wechsel marschieren wir auf beiden Uferseiten am Seebach entlang stromabwärts und kehren am Wildwasser mit seinen kleinen Kaskadenreihen entlang zum Ausgangspunkt zurück.

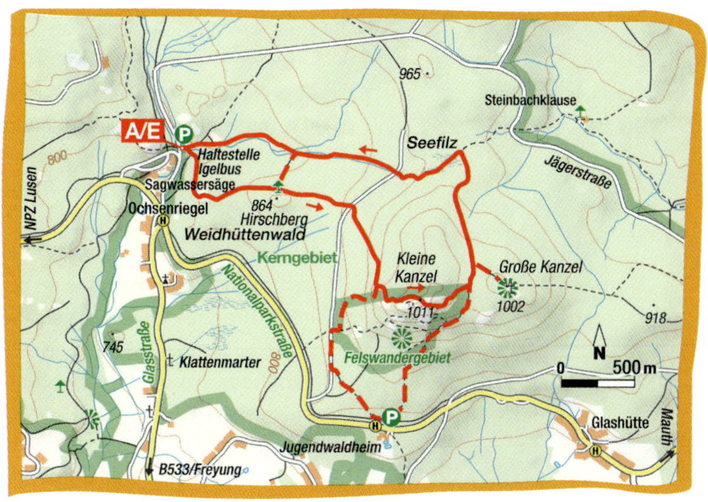

22 Wo heute Biber Holz fällen

ÜBER DEN STEINBACH ZUR GROSSEN KANZEL

In der ruhigen südöstlichen Ecke des Nationalparks erhalten Jung und Alt bleibende Eindrücke davon, wie sich der Holztransport einst gestaltete und was der Biber heute am Steinbach vollbringt. Von der Großen Kanzel schweift der Blick in die Ferne.

Um den Rundweg gegen den Uhrzeigersinn zu meistern, folgen wir der Markierung »Eisvogel« halb rechts in den Wald hinein, anfangs vereint mit dem Goldsteig und dem Fernwanderweg (grünes Dreieck). Rasch queren wir Rinnsale, die dem Reschbach zustreben, und gelangen an zwei alternativen Einstiegen vorbei nach rund 20 Gehminuten zum Steinbach. Dass es bis hierher ohne große Steigungen abging, hat einen guten Grund: Unser Weg verläuft auf der aufgelassenen Trasse einer Schmalspurbahn. Damit transportierten die Waldarbeiter bis vor gut 60 Jahren jede Menge Holz.

Mittel	8,5 km	3.30 Std.	250 Hm

Tourencharakter Wenig verwurzelte Pfade durch urwüchsigen Wald mit lichten Momenten, je nach Wetter matschige Stellen **Altersempfehlung** Ab 8 Jahren **Ausgangs-/Endpunkt** Rastplatz Jägerstraßl (770 m) **GPS-Koordinaten** 48.887184, 13.575197 **Anfahrt** Auto: Von Osten via Philippsreut, von Süden via Freyung bis Mauth, dort in Richtung Spiegelau abbiegen und gleich hinter der Brücke ins Reschbachtal (Parkplatz links zurückversetzt), von Westen via Nationalparkstraße. Bus & Bahn: Finsterau-Bus/603 (bis Mauth P+R) **Einkehr** Unterwegs keine; Gasthaus Fuchs in Mauth, Landgasthof Euler in Neuschönau (10 km; Di Ruhetag) **Karte** Kompass 1:50 000, Nr. 196 Mittlerer Bayerischer Wald **Information** Tourist-Info, Mühlweg 2, 94151 Mauth, Tel. 08557/791 90 01, www.ferienregion-nationalpark.de

Steg Nummer eins lassen wir rechts liegen und marschieren am linken Ufer des Steinbachs stromaufwärts. Munter begleitet uns sein Plätschern. Wo der dämmerungs- und nachtaktive Biber seinen Platz einfordert und Dämme errichtet, werden Wanderer umsichtig

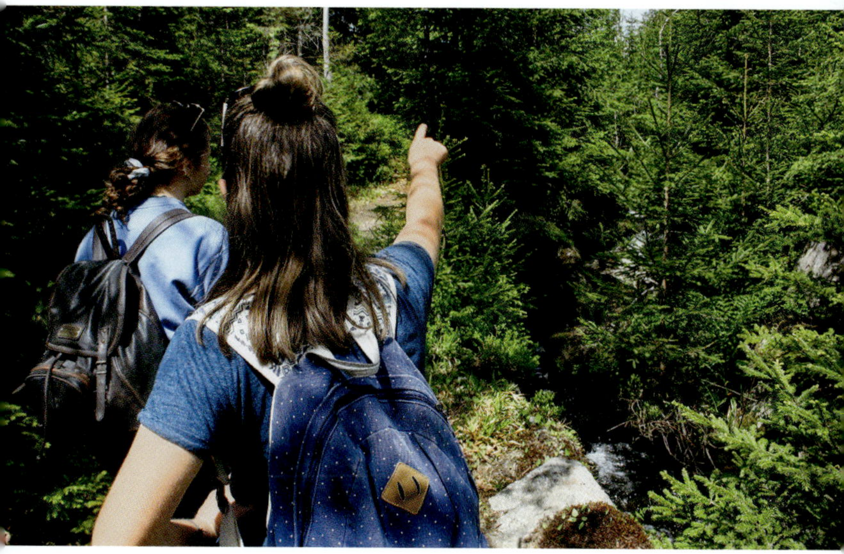

Wegweisender Fingerzeig am Steinbach entlang in Richtung Klause

umgeleitet. Auf einer lichten Passage queren wir auf Steg Nummer zwei das Gewässer und erreichen ein Stück weiter die Steinbachklause. Einst stauten hier Waldarbeiter das Nass, um vorbereitete Teile von Baumstämmen (Sägeblochen) mit einem großen Schwall talwärts zu befördern. Verkeilte sich das Holz bei der sogenannten Trift, war das kein Spaß. Heute übernimmt am Triftspeicher, der Klause, der Biber das Kommando.

Wir wechseln wieder ans andere Ufer und verabschieden uns vom Steinbach. Im dichten Wald queren Jung und Alt die Forststraße und überschreiten ein Rinnsal, die Seefilzseige. Das Zwitschern der Vögel löst das Plätschern des Wassers ab – auch das ist naturnahe Musik in unseren Ohren. Die Zapfen am Boden verraten, dass neben den Blättern der Laubbäume, darunter viele Buchen, auch mächtige Fichten für Schatten sorgen – anders als beim Tourbeginn, wo nach Windwurf und Borkenkäferbefall junge Pflanzen erst wieder Land gewinnen.

Am Seefilzrand erreichen wir eine Kreuzung. Dort biegt unser »Eisvogel« nach links ab und vereint sich mit der »Tanne«. Weiter sanft bergan biegen

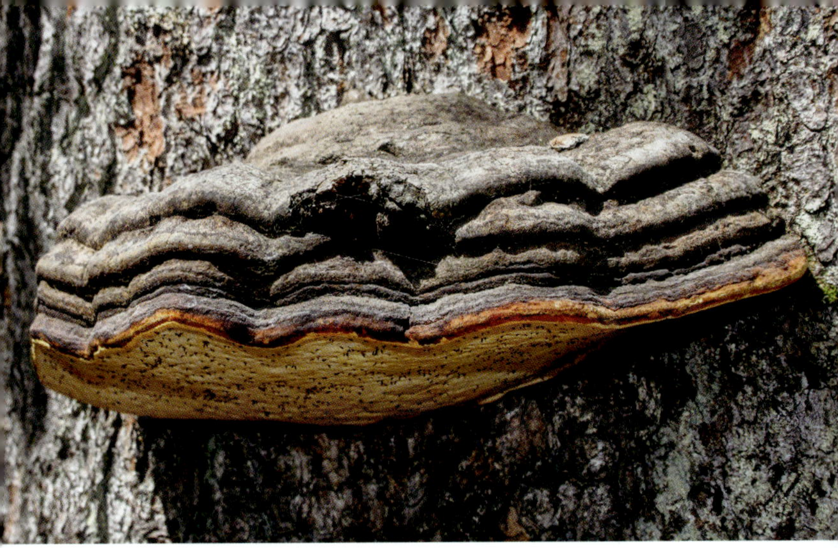

Zunderschwämme finden sich an Stämmen geschwächter Laubbäume.

wir bei der folgenden Kreuzung erneut links ab. Genau genommen weist nur die »Eberesche« uns den Abstecher zur Großen Kanzel. Der schmale Pfad führt in einem Bogen auf die ungesicherte, äußerst schroffe Felsformation, die nicht nur nach Westen hin steil abfällt. Vom Gipfelkreuz des 1002 Meter hohen Gneiskopfs erblicken Schwindelfreie im Süden den kegelförmigen

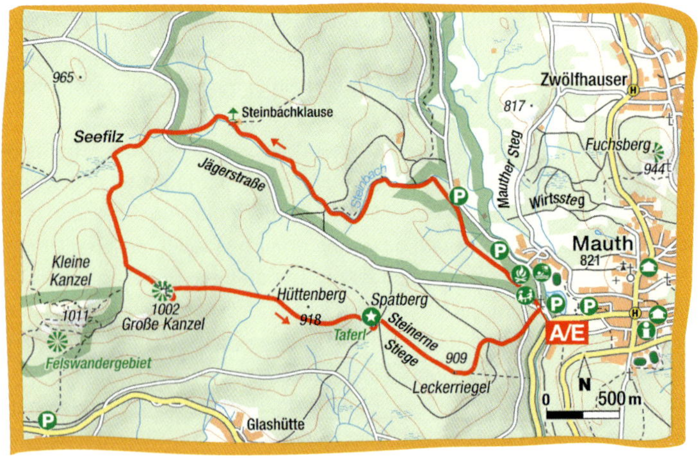

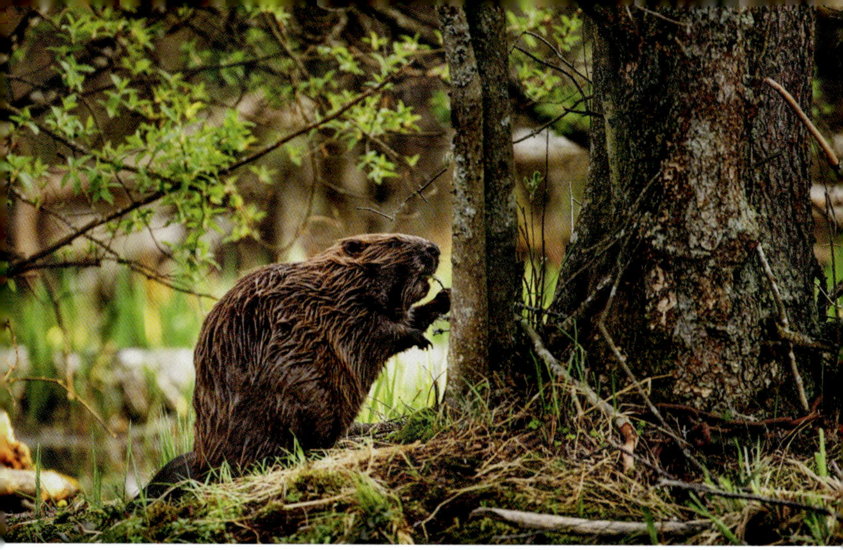

Untertags kann man den Biber selten sehen, seine Dämme aber schon.

Kreuzberg vor Freyung mit der Wallfahrtskirche Sankt Anna. In entgegengesetzter Richtung lässt sich der Lusen erspähen. Obacht: Es gilt, beim Blick in die Ferne den nahen Abgrund im Auge zu behalten!

Mit Bedacht steigen wir auf demselben Pfad von der Großen Kanzel hinunter. Auf halber Strecke zurück führt auf Höhe des mit Schwefelflechten übersäten Felsens eine Steintreppe rechts hinab (wer diese Abzweigung nicht klar ausmachen kann, setzt besser komplett bis zum Einstieg in den Abstecher zurück). So oder so bringen uns »Eisvogel« und »Tanne« weitgehend sanft bergab in Richtung Mauth. Nachdem wir die Forststraße samt Marienbild (Taferl genannt) schräg queren, geht es auf rund fünfzig Stufen noch mal himmelwärts – wer die Steinerne Stiege erklimmt, sollte unbedingt einen Blick zurück auf den Nationalpark werfen. Nähern wir uns Mauth, umgibt uns sehr alter Baumbestand. Wer kann zwischen den Stämmen schon die Siedlung ausmachen? Zuletzt führt unser Pfad über zwei Forststraßen hinweg bergab zum Rastplatz Jägerstraßl.

Lust auf eine Erfrischung? Einen Katzensprung vom Rastplatz Jägerstraßl entfernt liegt der Naturbadesee mit Sandstrand und Spielplatz. Offiziell parken Papa oder Mama am anderen Ufer.

WISSEN

Zeitloses Kinderwissen

Ureigene Gesetze

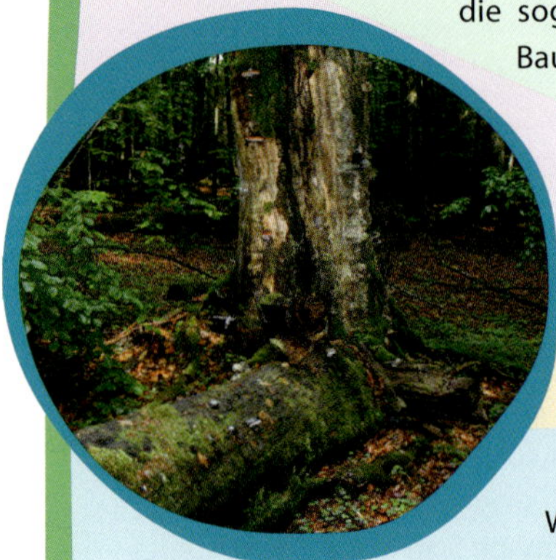

Habt ihr bei den Touren ins Herz des Nationalparks, in die sogenannte Naturzone, die skelettartigen Baumstämme mit dürren Ästen und verrottenden Stümpfen oder das daniederliegende Wurzelwerk gesehen? Für manch menschliches Auge, gerade für die ältere Generation, macht es zwar einen unaufgeräumten Eindruck, wird im Nationalpark jedoch bewusst geduldet. An diesem Ort lässt der Mensch nämlich einmal den Kreisläufen der Natur freien Raum und die nötige Zeit, um Wunden zu heilen. Beim Vergehen, Wachsen und Werden lautet die Devise »Natur Natur sein lassen«. Von Menschenhand zeugen nur die glatten Schnitte an den Stämmen, die unsere Wanderpfade begehbar halten, sowie die hölzernen Wegweiser, damit wir uns nicht verirren und das Wegegebot einhalten können. Im Hans-Watzlik-Hain (s. Tour 16) oder im Felswandergebiet (s. Tour 21) bekommen wir sogar richtig alten Urwald zu sehen.

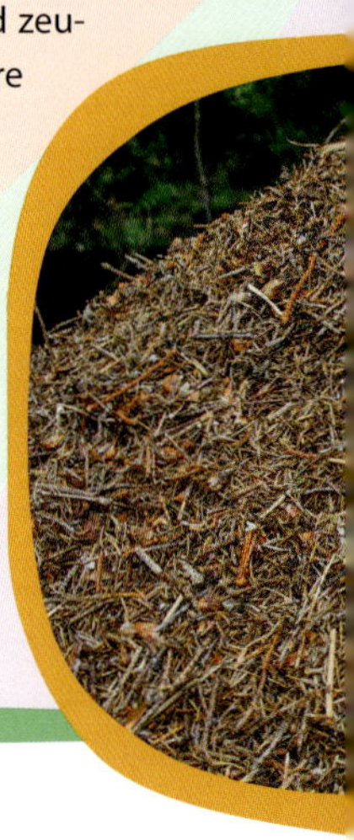

Millionenstadt im Wald

Kinder, wie viele fleißige Tiere, glaubt ihr, krabbeln in einem Ameisenhaufen herum? Sage und schreibe über eine Million Insekten können in einem großen Hügel leben! Zu sehen bekommen Groß und Klein die beeindruckenden Behausungen der geschützten Tiere etwa auf Tour 35 beim Aufstieg zum Predigtstuhl in St. Englmar.

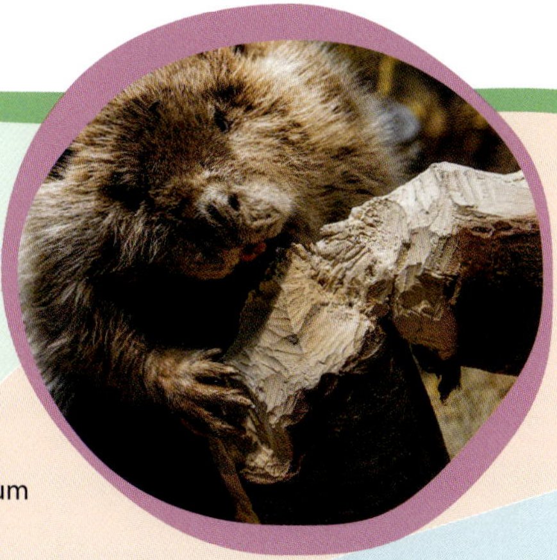

Im Reich der Biber

Untertags lassen sich Biber nur selten sehen. Doch Biberdämme und -burgen zeugen jederzeit von den Aktivitäten des fleißigen Nagetiers. Zum Schutz liegt der Eingang von Biberburgen unter Wasser, der Wohnkessel befindet sich hingegen im Trockenen. Nötigenfalls können die Tiere bis zu 20 Minuten lang tauchen. Mit ihrer Lebensweise nützen sie anderen: So finden Fische im Wasser der Staudämme passende Laichreviere, Wasservögel geeignete Nistplätze sowie Frösche und Libellen reichhaltige Nahrung. Der Biber selbst ist reiner Vegetarier und ernährt sich von Gräsern, Stauden, Kräutern sowie im Winter von der Baumrinde der Weichhölzer wie Weide oder Pappel. Gute Chancen, Bauwerke von Bibern in freier Wildbahn zu erspähen, bietet etwa der Steinbach (s. Tour 22). Zum Tierfreigelände am Nationalparkzentrum Lusen (s. Tour 20) gehört wiederum ein angelegter Biberteich.

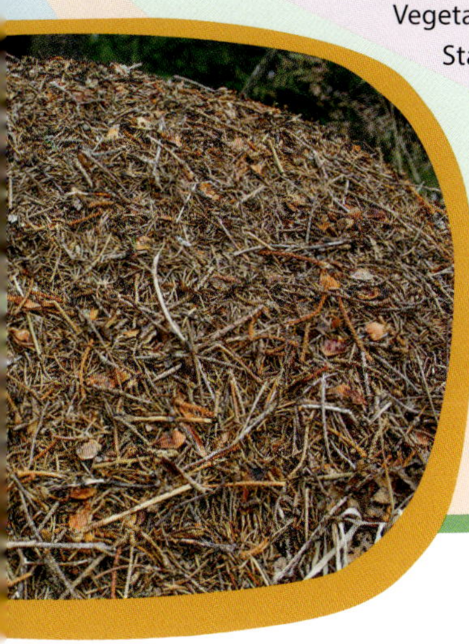

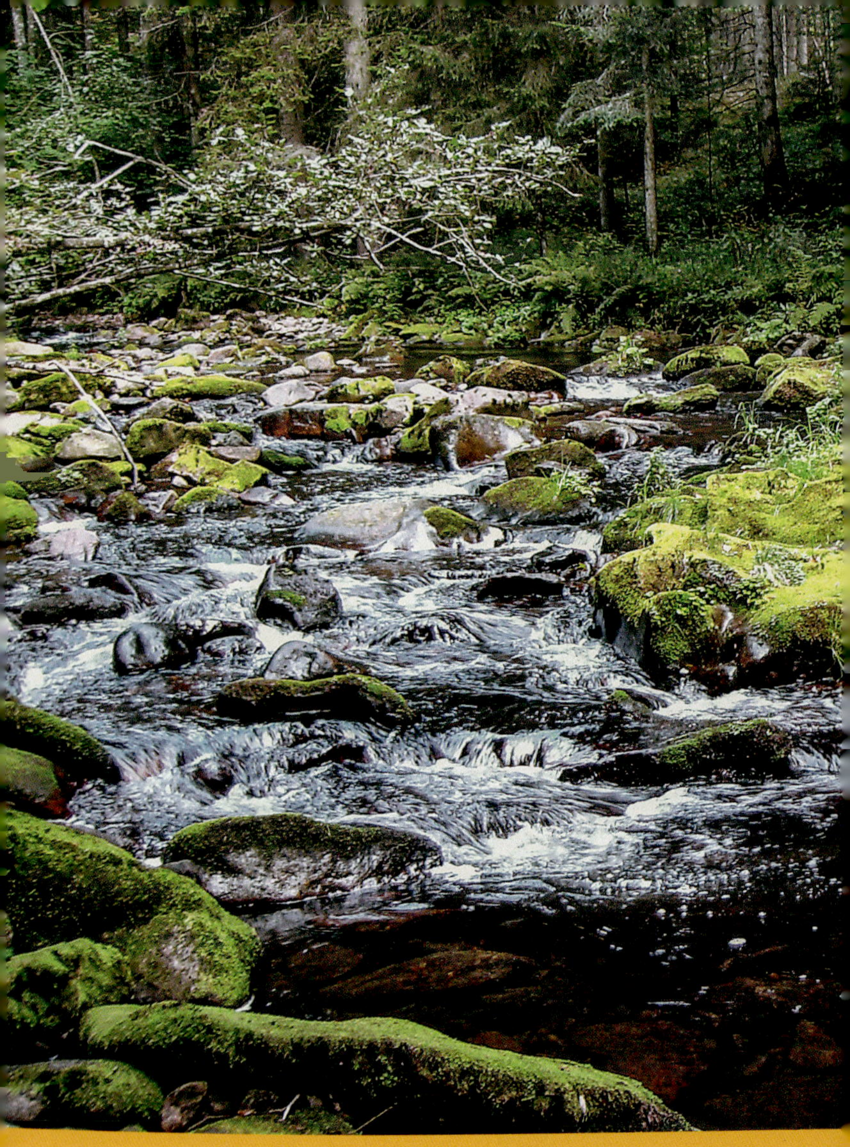

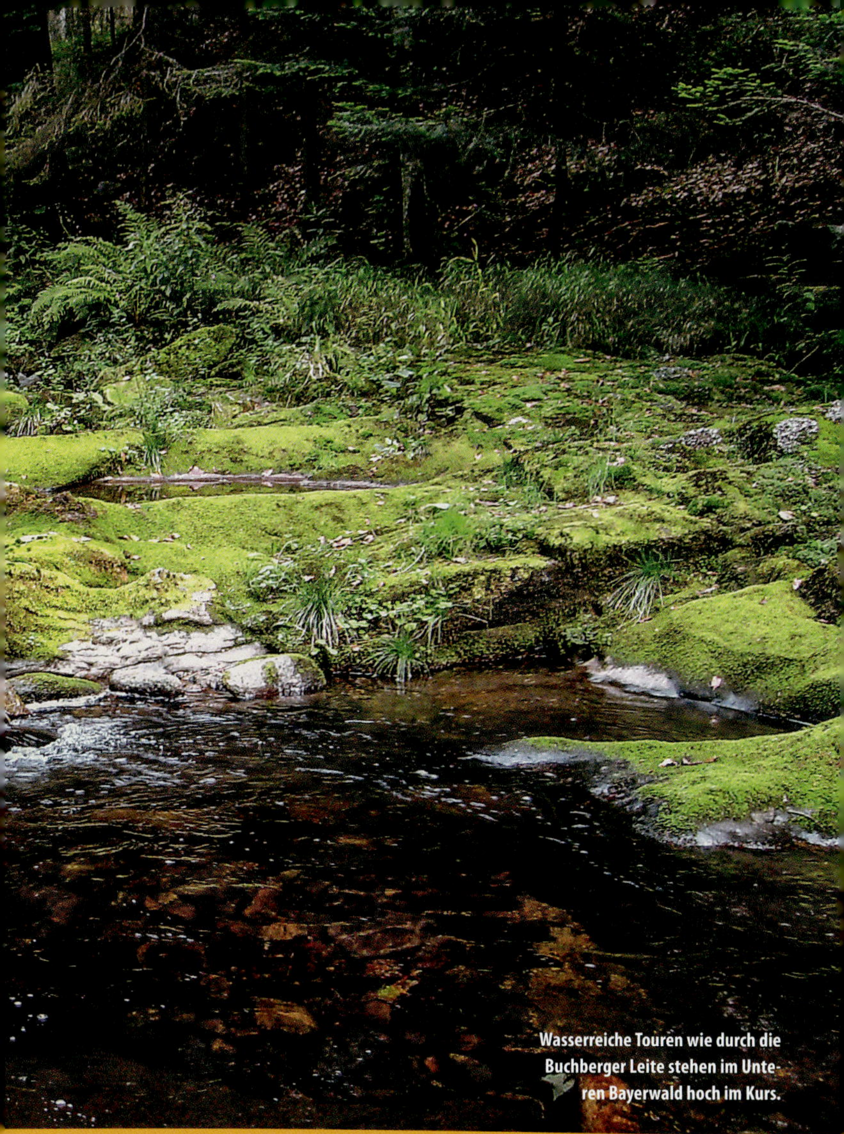

Wasserreiche Touren wie durch die Buchberger Leite stehen im Unteren Bayerwald hoch im Kurs.

Dreiländereck und Passauer Land

23 Am alten Flößersteig

VON SPIEGELAU DURCH DIE STEINKLAMM

Bevor Abenteuerlustige die erlebnisreiche Steinklamm erforschen, wird zu Beginn der Ochsenberg eingekreist. Wo die Gischt zischt, lotst uns der alte Flößersteig durch die Wildwasserschlucht der Großen Ohe zurück nach Spiegelau. In der Tat ist der Weg mit der Markierung »Marienkäfer« eine runde Sache.

Vom Parkplatz des versteckt gelegenen Naturbads an der Waldschmidtstraße lotst uns der »Marienkäfer« gegen den Uhrzeigersinn in den teils dichten, teils lichten Wald hinein. Auf Höhe der Streusiedlung Marienhöhe folgt eine Links-rechts-Kombination auf Asphalt, und einen Steinwurf weiter biegen wir scharf links ab. Unter Schatten spendenden Nadeln und Blättern weist der nächste Pfeil nach rechts. So steigen wir talwärts und stoßen auf den Krebsenbach. Ohne Langdorf erneut anzupeilen, verläuft linker Hand

Mittel | 5 km | 2.15 Std. | 140 Hm

Tourencharakter Zum Einstieg reizvolle Waldwege, steiniger Uferpfad durch die anfangs schattige Klamm, auf Asphalt zurück zum Parkplatz **Altersempfehlung** Ab 6 Jahren **Ausgangs-/Endpunkt** Naturbad Spiegelau (750 m) **GPS-Koordinaten** 48.911277, 13.356281 **Anfahrt** Auto: Via B 11/Zwiesel oder B 85 oder B 533/Grafenau oder Nationalparkzentrum Lusen; Pfeile zum Naturbad aus Richtung Westen beim Ortseingang Spiegelau, von Osten hinter dem Bahnübergang. Bus & Bahn: Rachelbus/601 bis Glashütte; Waldbahn (1 km Anmarsch – hinter der Bahnhofstraße halb rechts durch Pfarrer-Schweikl- und Steinbergstraße) **Einkehr** Unterwegs keine; Gasthof Genosko (So nur mittags, Mo Ruhetag) an der Hauptstraße beim Bahnübergang, Glaszentrums-Bistro Meteora im Hof der Kristallglasfabrik (Mo Ruhetag) **Karte** Kompass 1:50 000, Nr. 196 Mittlerer Bayerischer Wald **Information** Tourist-Information, Konrad-Wilsdorf-Str. 1, 94518 Spiegelau, Tel. 08553/891 91 10, www.spiegelau.de

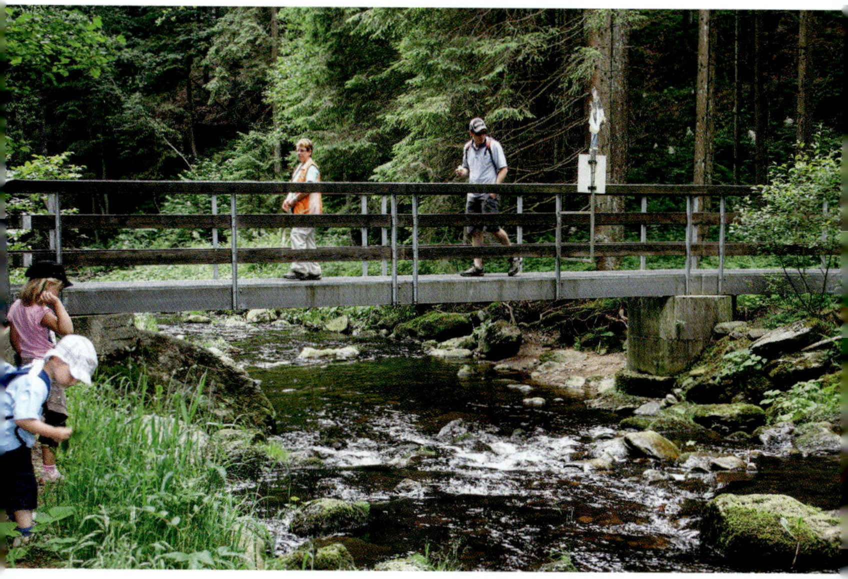

Im Unterschied zu diesen Wanderern lassen wir die Marienbrücke rechts liegen.

unsere Forststraße in Richtung Steinklamm am Waldrand entlang weiter um den Ochsenberg herum.

Geht es erneut in den Forst hinein, halten wir uns an der Gabelung halb links. Talwärts nähern sich fleißige Wanderfans der rauschenden Steinklamm, in die wir auf Höhe der Marienbrücke eintauchen. Die Wucht der Brückenpfeiler lässt erahnen, was deren Erbauer dem Gewässer zutrauen. Aufgepasst: Der »Marienkäfer«

Glasklare Sache

Auch wenn in Spiegelau selbst seit 2008 kein Glas mehr hergestellt wird, liegt die Gemeinde weiterhin an der Glasstraße. Vielerorts zwischen Passau und Waldsassen halten Handwerker das alte Erbe aufrecht. Ein Besuch lohnt etwa im benachbarten Ort Riedlhütte östlich von Spiegelau bei Glasscherben Köck. Dort werden große und kleine Gäste in der Forsthausstr. 2 willkommen geheißen (Mo–Fr 10–18 sowie Sa 9–14 Uhr; www.glasscherben-koeck.de). Nichts wie hin!

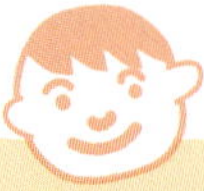

Seid ihr müde vom Wandern? Oder schon immer Wasserratten? Dann ab ins Naturbad Spiegelau, wo alle bei Badewetter von 9–19 Uhr garantiert das passende Becken finden. Die Jüngsten schwören auf den Bachlauf (Erwachsene 2,60 €, Kinder 7–16 Jahre 1,80 €, Familien 7 €; Tel. 08553/979 99 03).

quert die Brücke mit dem Heiligen Johannes Nepomuk nicht – vielmehr bleiben wir am stromaufwärts gesehen linken, westlichen Ufer der Großen Ohe, um ins Herzstück der Klamm vorzudringen.

Zwischen dem Gestein in der engen Schlucht gibt es jede Menge Abenteuerliches zu entdecken. Aufmerksame erspähen glatten Gneis, muntere Kaskadenreihen, sedimentgefüllte Strudellöcher oder auch eine Muttergottes und ein Wegekreuz. In Anbetracht dessen, dass ein Kanal im Oberlauf reichlich Wasser abzweigt, rauscht das Nass immer noch beachtlich daher. Die schwierigsten Passagen, vor allem gegen Ende des reaktivierten Flößer-

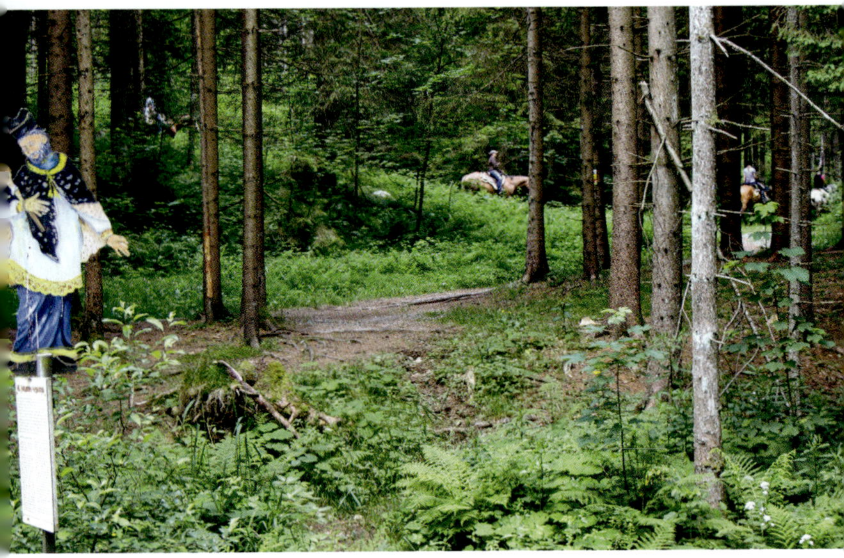

Am Brückenheiligen Johannes Nepomuk vorbei marschieren Zwei- wie Vierbeiner.

steigs, erfordern Trittsicherheit. An Engstellen sollten Mama oder Papa kleine Mädchen und Buben an die Hand nehmen.

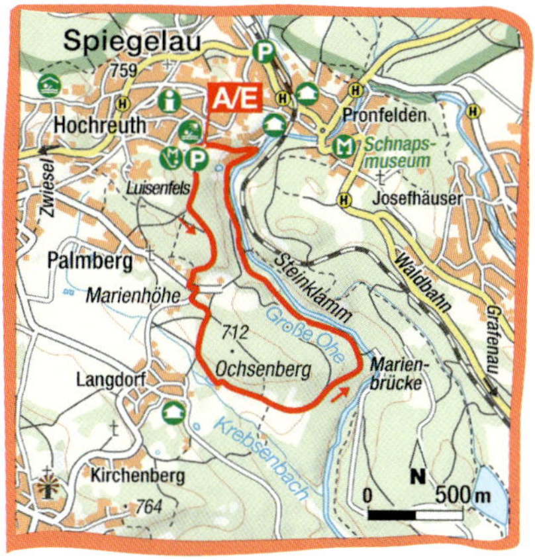

Wo Menschenhand in den letzten Jahren den Hangwald lichten musste, erreichen Sonnenstrahlen die Tallage. In Richtung Spiegelau tauchen wir schließlich aus der wildromantischen Schlucht auf und landen am Ende der Steinklammstraße, auf der wir auf Asphalt geradewegs weitermarschieren. Hinter der nach der Straße benannten Pension erreichen wir eine Abzweigung. Von dort leitet der Kränkweg kurz und knackig nach links hoch zum Naturbad zurück.

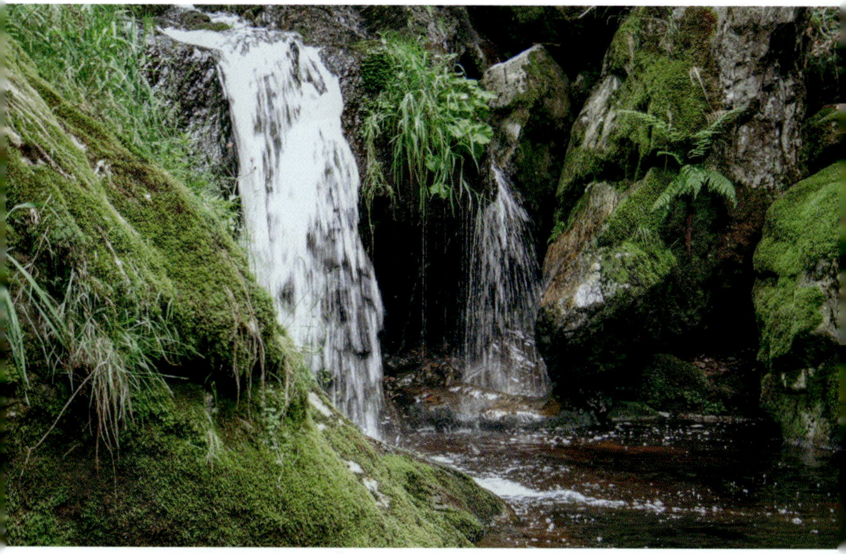

Munter plätschert das Nass in der Steinklamm über Kaskaden hinab.

24 Paradies Buchberger Leite

ÜBER DIE HÄNGEBRÜCKE ZUM FELSTUNNEL

Richtig abenteuerlich gestaltet sich die Tour vom hübsch gelegenen Erholungsort Ringelai in das Naturjuwel namens Buchberger Leite. Die wildromantische Schlucht der Wolfsteiner Ohe zählt zu den 100 schönsten Geotopen in Bayern.

Egal, wo wir im Leithenweg loslegen, zunächst geht es bis ans Ende der schmalen asphaltierten Straße. Hinter dem Wendehammer führt uns Weg Nr. 1 am stromaufwärts gesehen linken Nordufer in Marschrichtung Freyung, begleitet vom Rauschen der Wolfsteiner Ohe. Lediglich in trockenen Sommermonaten wird den Oberläufen zur Stromerzeugung so viel Wasser entzogen, dass der Wildbach bis kurz vor Ringelai, wo das abgezweigte Nass aus einem Stollen wieder einmündet, teils verstummt. Nach heftigen Regenfällen wiederum schwillt das Gewässer mächtig an. Auf alle Fälle geht es auf einem zauberhaften Uferpfad über Stock und Stein voran.

Mittel | 5 km | 2 Std. | 100 Hm

Tourencharakter Naturnahe, mitunter steinige und verwurzelte Uferpfade, am Tourenbeginn/-ende etwas Asphalt **Altersempfehlung** Ab 6 Jahren **Ausgangs-/Endpunkt** Parkbuchten im Leithenweg (425 m) **GPS-Koordinaten** 48.812340, 13.478353 **Anfahrt** Auto: Von Nordwesten über die B 533, von Osten über die B 12, von Südwesten über die B 85 und Perlesreut nach Ringelai, dort nördlich der Ohebrücke von der Dorfstraße in den Leithenweg **Einkehr** Unterwegs keine; in Ringelai Hotel-Restaurant Stark (ehemals Groß) und Landhotel Koller, Kapellenhof mit Pferden vor Perlesreut (Di/Mi Ruhetage, Mo/Do/Fr erst ab 15 Uhr) **Karten** Kompass 1:50 000, Nr. 196 Mittlerer oder Nr. 197 Südlicher Bayerischer Wald **Information** Gemeinde Ringelai, Pfarrer-Kainz-Str. 6, 94160 Ringelai, Tel. 08555/96 14 11, www.ringelai.de

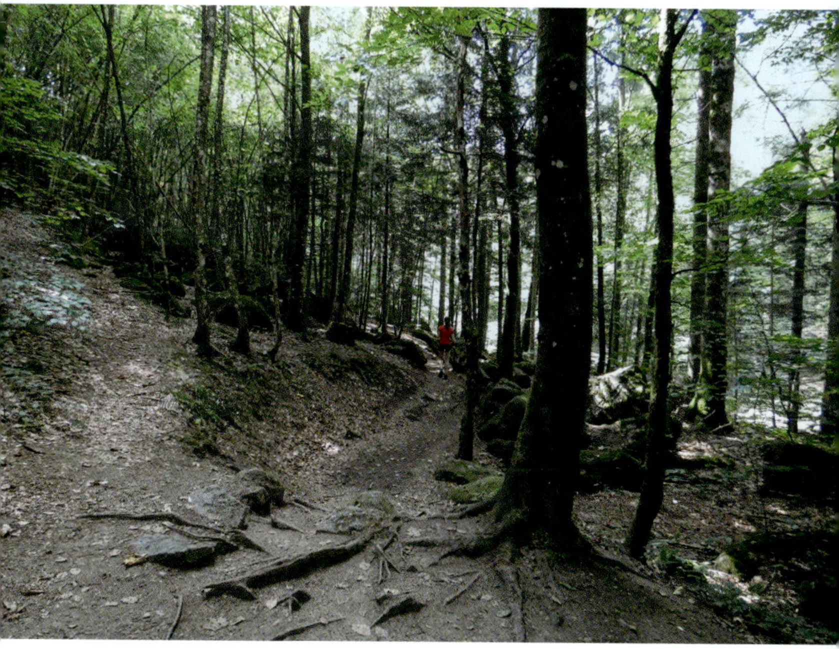

Stromaufwärts marschieren wir zunächst am linken Ufer der Wolfsteiner Ohe.

In die Verlängerung gehen

Wer im Leithenweg keine geeignete Parkbucht findet oder wer lieber direkt im Dorf starten will, nutzt als gute Alternative den Parkplatz neben dem Hotel Koller im Jahnweg (GPS: 48.811382, 13.470712). Von dort geht es zweimal rechts in die Perlesreuter und die Dorfstraße, dann links in den Leithenweg (retour bis Höhe Triftsteg 1,5 km, 20 Hm, 30 Min.).

Wer wiederum hinter dem Tunnel beim Karbidwerk Pfad Nr. 3 weiter folgt, erreicht als alternativen Wendepunkt den Rastplatz hinter dem Steg über den Reschbach nahe der Scher (retour zusätzlich 4 km, 100 Hm, 1.45 Std.; s. jeweils gestrichelte Linie auf der Karte).

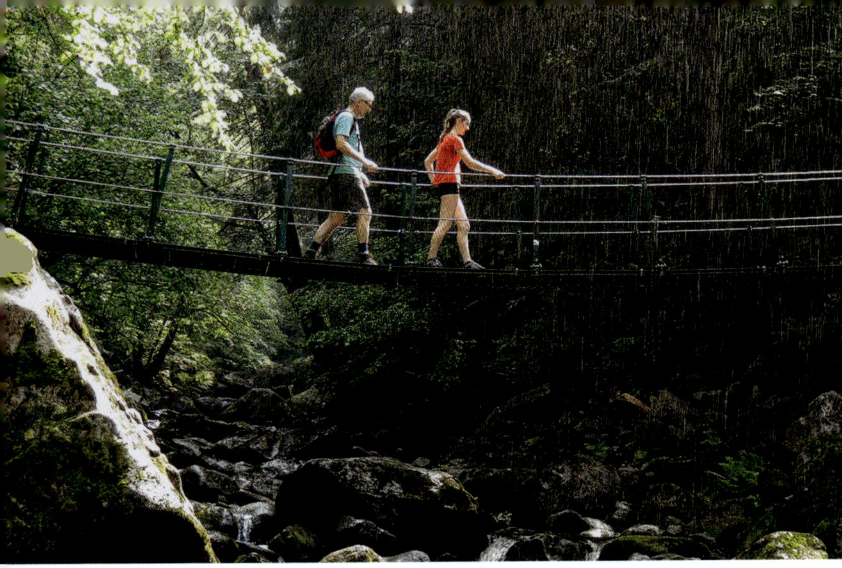

Nichts für Angsthasen: die Hängebrücke im Herzen der Buchberger Leite

Auf dem mit Stahlseilen gesicherten Übergang wechseln wir ans südliche Ufer wie einst Arbeiter auf dem Weg zur Karbidfabrik. Den Kleinsten sollten Eltern die Hand reichen. Weiter blicken wir dem Wasser ins Auge und genießen die urwüchsige Natur. Auf Höhe des deutlichen Rechtsknicks bietet sich

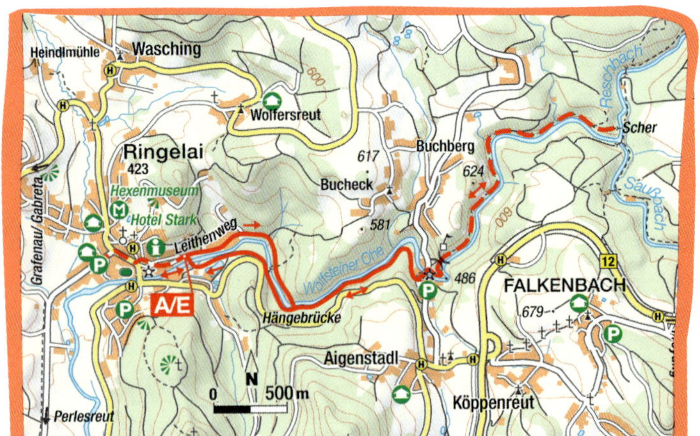

– je nach Wasserstand – eine Möglichkeit, gut an das Nass heranzukommen, um eine Zehe reinzustecken. Gegebenenfalls bitte Vorsicht walten lassen! Auf alle Fälle führt unser Weg rechts am ersten Gebäude des Karbidwerks vorbei. Zwar werden dort keine Brennstoffe mehr für Gaslampen produziert, jedoch Strom und künstliche Edelsteine.

Auf Asphalt angekommen, marschieren wir vorsichtig nach links durch die befahrene Werksunterführung und wechseln auf der folgenden Brücke wieder ans Nordufer. Das Bauernhaus, das vom Parkplatz grüßt, beherbergte einst eine Gaststätte. Höher gelegen, bei der Wandertafel, folgt rechter Hand eine ungewöhnliche Passage, und zwar ein rund 30 Meter langer und nur gut zwei Meter hoher dunkler Felsdurchbruch. Auf eigene Gefahr dürfen wir den leicht ansteigenden Engpass nutzen. Das Licht am Ende des Tunnels weist den Weg. Unmittelbar dahinter erreichen wir im Herzstück der Buchberger Leite eine Holzbank, die bestens zum Rasten und als Wendepunkt taugt. In Ruhe genießen wir, wie zwischen moosbewachsenen Felsblöcken die Gischt der Kaskaden zischt und die Sonne durch das grüne Blätterdach blinzelt. In der grünen Hölle soll einst ein Drache gelebt haben!

Vom Talkessel Ringelai in Richtung Grafenau verbirgt sich auf der Anhöhe das Keltendorf Gabreta. Das archäologische Erlebnisland ermöglicht euch mittels lehrreichem Audioguide eine lebendige Zeitreise zu den hiesigen Verwandten der Gallier kurz vor Christi Geburt – so wie bei Asterix und Obelix (Ort des Geschehens: Lichtenau 1a mit Keltenstube; Infos zur Wiedereröffnung nach Renovierung unter https://keltendorf.com).

Den Rückweg treten wir auf derselben Strecke an. So arbeiten wir uns durch den Tunnel zurück und via Autobrücke auf die andere Flussseite, um nach rechts der bekannten Nr. 1 zu folgen. Aufgepasst: An der Hängebrücke bleiben wir am südlichen Ufer und wandern auf dem ebenfalls mit der Nr. 1 gekennzeichneten Pfad auf der flussabwärts gesehen linken Oheseite zurück nach Ringelai. Bevor wir die Ortsbebauung erreichen, führt rechts der Triftsteg über den Fluss in den ein paar Meter höher gelegenen Leithenweg. Von dort geht es zurück zum jeweiligen Ausgangspunkt. Zur Orientierung: Der Triftsteg liegt 350 Meter von der Dorfstraße und 400 Meter vom Wendehammer entfernt.

25 Der riesige Aussichtsturm

DURCH DIE SÜDFLANKE AUF DEN HAIDEL

Vom Norden her eine zahme Kuppe, überragt der Haidel seinen südlichen Talort Grainet sichtbar. Anders als die steile Anfahrt vermuten lässt, verläuft unser Aufstieg zum Gipfel moderat. Oben ermöglicht der 35 Meter hohe Aussichtsturm den schönsten Rundblick im ganzen Dreiländereck.

Wo die Straße auf Höhe von Obergrainet zwischen den Häusern nach rechts knickt, reicht der Blick weit nach Süden. Von den folgenden Parkplätzen setzen wir ein kleines Stück zurück und folgen dem Haidel-Pfeil (auch Goldsteig) himmelwärts.

Bevor der Forst unseren Weg umschließt, setzt ein Findling die 1000-Meter-Höhenmarke. In der breiten Bergwald-Schneise folgt ein Flachstück, dann biegen wir wie markiert nach links ab. Sanft bergan schlängelt sich der Pfad zwischen den Stämmen hindurch bis zu einer beschilderten Rechts-links-rechts-Kombination.

Leicht	4,25 km	1.45 Std.	200 Hm

Tourencharakter Wege und Pfade durch teils lichten, teils dichten Bergwald, gekrönt vom Ausblick vom Turm **Altersempfehlung** Ab 5 Jahren **Ausgangs-/Endpunkt** Vorderer Parkplatz Obergrainet (985 m; 1,5 km hinter Hobelsberg) **GPS-Koordinaten** 48.802719, 13.674889 **Anfahrt** Auto: Von Norden via Hinterschmiding, von Westen via Freyung, von Süden via Waldkirchen, von Osten über die Dörfer nach Grainet, dort am südlichen Ortsende dem Haidel-Pfeil folgen **Einkehr** Unterwegs keine; Gasthaus Paster in Grainet (meist nur Getränke, Di Ruhetag) **Karte** Kompass 1:50 000, Nr. 196 Mittlerer Bayerischer Wald **Information** Tourismusbüro, Obere Hauptstr. 11, 94143 Grainet, Tel. 08585/96 00 30, www.grainet.de

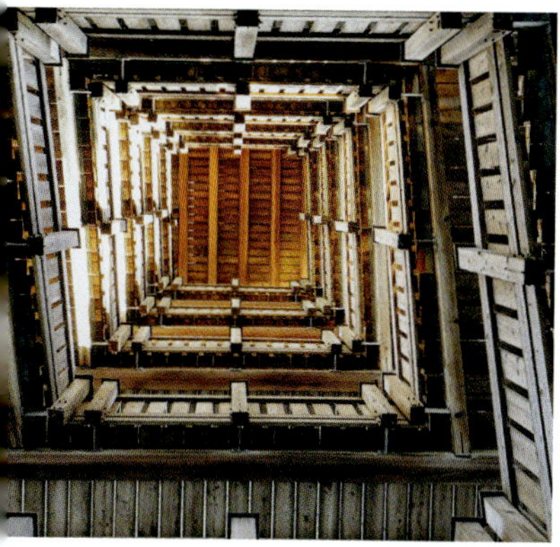

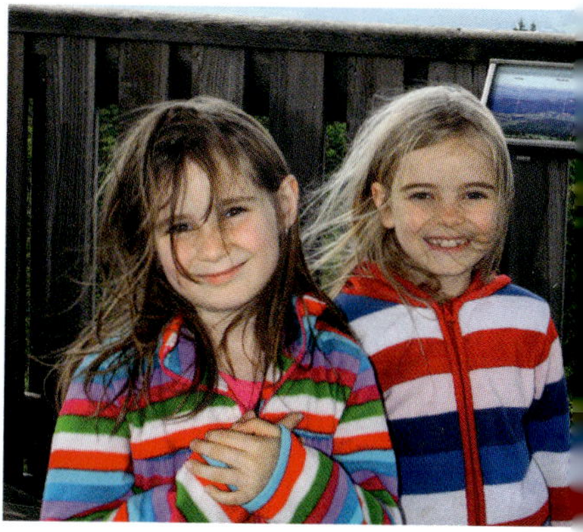

Wer die 159 Stufen auf den Turm (links) meistert, hat allen Grund zur Freude (rechts).

Dahinter wird unser Gipfelsturm sportlicher. Über die querende Forststraße hinweg beginnt der Endspurt, wobei das Terrain zum Gipfel hin abflacht. Auf der 1167 Meter hohen Kuppe erwartet uns linker Hand ein markanter Fernmeldemast. Rechts zurückversetzt reckt sich der kostenfrei begehbare Aussichtsturm mit Stützpfeilern aus robustem Douglasienholz gen Himmel. Auf eigene Gefahr erklimmen Schwindelfreie die 159 Stufen und genießen über den Wipfeln die atemberaubende Aussicht, z. B. auf den Dreisesselberg im Südosten oder den Lusen im Nordwesten. Panoramatafeln helfen, alle Gipfel zu bestimmen. Zurück geht es auf demselben Wanderweg.

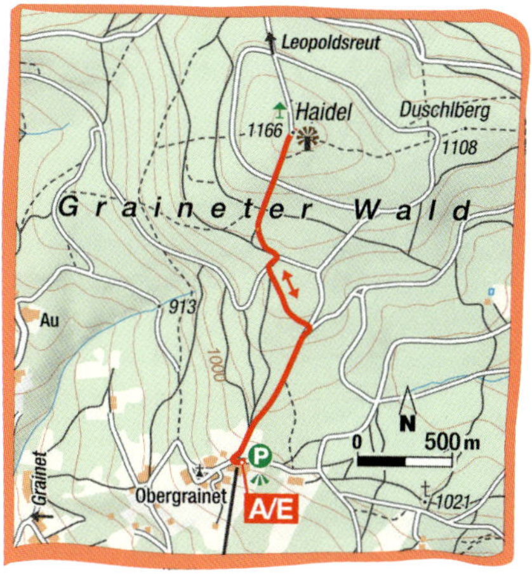

Übrigens: Wer über die Kuppe hinweg auf dem Goldsteig fast noch einmal so weit läuft, erreicht das verlassene Dorf Leopoldsreut. Der Plan reift, dort im alten Schulgebäude eine Gaststube einzurichten. Die Forststraße dorthin und zurück verläuft fast schnurgerade.

26 Granitenes Dreiländereck

STEINERNES MEER, GRENZKAMM, HOCHSTEIN

Wegen seines Granitgesteins zählt der Dreisesselberg zu den 100 schönsten Geotopen in Bayern. Vom dortigen Wanderparkplatz erreichen wir rasch lichte Höhen. Ein sportlicher Pfad führt durchs Steinerne Meer zum Dreiländereck und am Hochkamm zurück. So erleben Familien eine runde Wandersache.

Schwer | 8 km | 4 Std. | 260 Hm

Tourencharakter Fordernde Höhenwanderung, stetes Auf und Ab auf Steigen und Pfaden; vom/zum Parkplatz auf Asphalt **Altersempfehlung** Ab 8 Jahren **Ausgangs-/Endpunkt** Wanderparkplatz Dreisessel (1230 m; Münzautomat, 1 €/Std., 5 €/Tag) **GPS-Koordinaten** 48.779756, 13.800741 **Anfahrt** Auto: Von Norden via Philippsreut, von Süden via Altreichenau, jeweils bei Frauenberg abbiegen (Schranke öffnet, solange oben Platz) und hoch zum großen Wanderparkplatz Dreisessel am oberen Ende der Bergstraße **Einkehr** Berggasthof Dreisessel **Karte** Kompass 1:50 000, Nr. 197 Südlicher Bayerischer Wald **Information** Tourismusbüro, Dreisesselstr. 8, 94089 Neureichenau, Tel. 08583/96 01 20, www.neureichenau.de

Nirgendwo sonst im Bayerwald kommen Autofahrer mit Privat-Kfz höher hinauf als beim Parkplatz am oberen Ende der Dreisesselstraße. Von dort marschieren Kind und Kegel auf Asphalt ein kleines Stück sanft bergauf. Zu Beginn der lang gezogenen Linkskurve orientieren wir uns an den Pfeilen zum Adalbert-Stifter-Steig nach rechts. Aufgepasst: 100 Meter weiter folgt linker Hand der eigentliche Einstieg in die nach dem Böhmerwald-Dichter benannte Strecke. Konkret verläuft der ganze Stifter-Steig gut 50 Höhenmeter unterhalb des Grenzkamms entlang. Kinder, könnt ihr sagen, welche Staaten am Dreiländereck aneinandergrenzen? **Tipp:** Wer es auf Anhieb nicht weiß, sollte vor Ort den Obelisken unter die Lupe nehmen.

Nach bis zu 90 Gehminuten durchschreiten Jung und Alt im Steinernen Meer drei Granitwellen. Hinter den eiszeitlichen Blockströmen

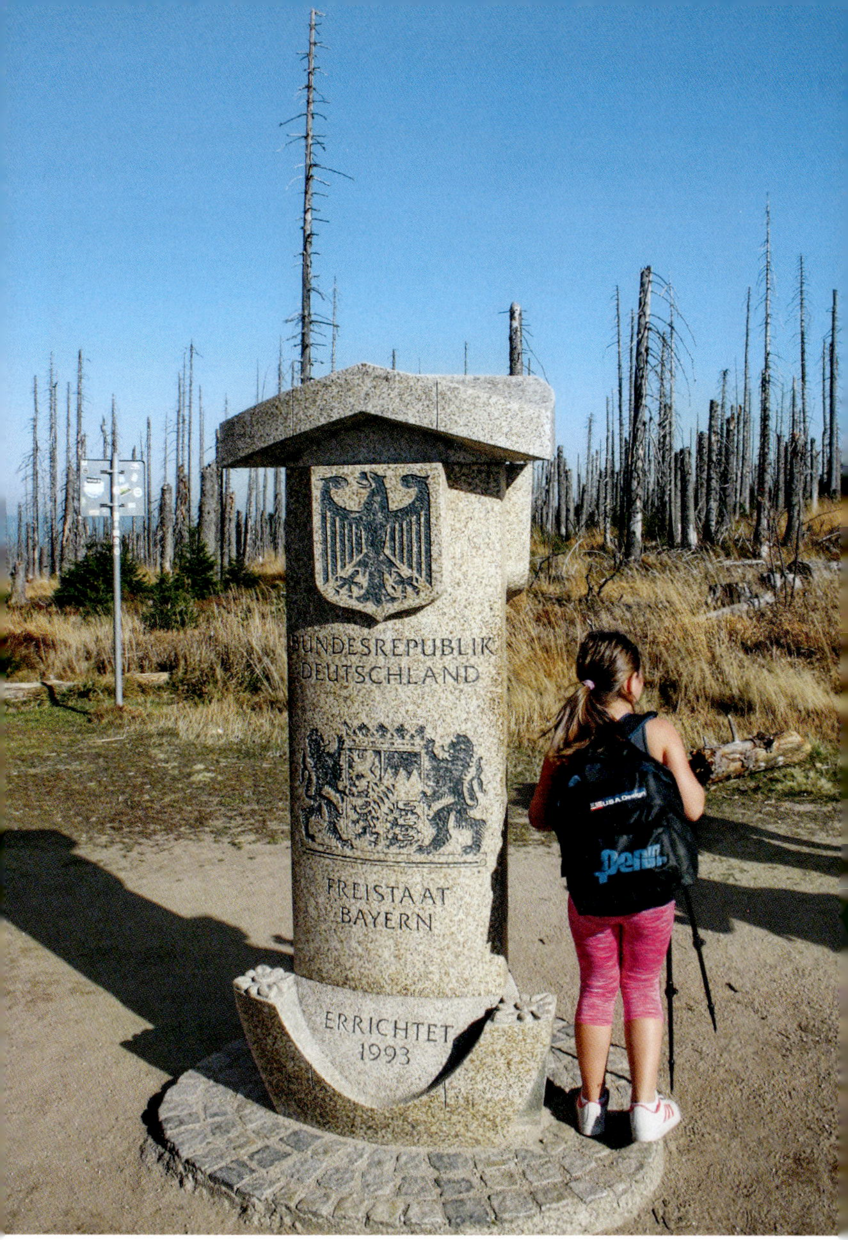

Als Anlaufpunkt und Fotomotiv beliebt: der Obelisk am Dreiländereck

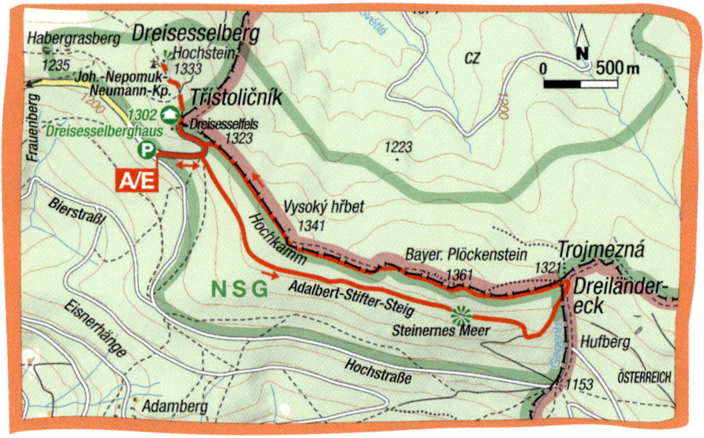

bringt uns der Seesteig hinauf zum Dreiländereck, auch Dreiecksmark genannt. Inmitten der almartigen Kammsenke steht ein Obelisk mit den Wappen der drei angrenzenden Staaten Deutschland, Österreich und Tschechische Republik.

Der Rückmarsch vom Dreiländereck in Richtung Westen führt uns gemäß Pfeil am Hochkamm entlang. Vor, auf und hinter dem Bayerischen Plöckenstein (nicht mit dem Österreichischen Plöckenstein verwechseln, der in entgegengesetzter Richtung liegt!), dem mit 1365 Metern höchsten Punkt der Runde, bildet die Wasserscheide zwischen Donau und Moldau die deutsch-tschechische Grenze. Wo die Larven der Borkenkäfer den Wald arg lichteten, freuen sich positiv Gesinnte darüber, wie die Natur eine herrliche Fernsicht schafft. Weiter in Richtung Berggasthof Dreisessel begegnet uns

Schöne Aussichten

Der Hochstein lässt sich vom Berggasthof über einen breiten Schotterweg zügig erreichen und wird auf Steintreppen bestiegen. Der Holzkreuz-Sockel überragt den Dreisesselfels um 21 m und übertrumpft auch die dortige Aussicht. Aus Richtung Norden sticht der nahe Haidel mit seinem Sendemast ins Auge, und aus dem Tal herauf grüßen das bayerische Grenzdorf Haidmühle sowie im Hintergrund Wallern (Volary) auf böhmischer Seite. Nach dem zusätzlich möglichen Abstecher zur Bischof-Neumann-Kapelle geht es auf derselben Strecke flott zurück.

ein ums andere Mal markant geschichteter Granit. Nach der letzten Senke entscheiden wir uns, entweder auf dem Grenzsteig oder der Asphaltstraße kurz und knackig hinauf zur Einkehr zu laufen. Im Berggasthof bedienen sich Wanderer, die draußen sitzen, selbst. In den geräumigen Gastzimmern kommt das Personal an den Tisch. Neben der Einkehrstation führen 40 in Stein gehauene Treppenstufen hinauf zum 1312 Meter hohen Dreisesselfels – den Kleinsten beim Auf- und Abstieg hier bitte helfen. Einer Sage nach suchen jedes Jahr in der Dreikönigsnacht drei verwunschene Prinzessinnen den Granitturm heim. Wer entdeckt die Steinsitze, die dem majestätischen Trio als Thron gedient haben sollen?
Mit Bedacht steigen wir die steilen Stufen wieder hinunter. Vom Berggasthof geht es zu guter Letzt auf Asphalt in einem weiten Rechtsbogen zurück zum Parkplatz.
Übrigens: Wer es ruhig angehen lässt, beschränkt sich auf den Spaziergang vom Parkplatz auf Asphalt zum Berggasthof sowie weiter zum Hochstein. Dieses Vorhaben meistern Familien auch mit Kinderwagen (retour 3 km, 100 Hm, 1.15 Std.; Abstecher entspricht gestrichelter Linie auf Karte).

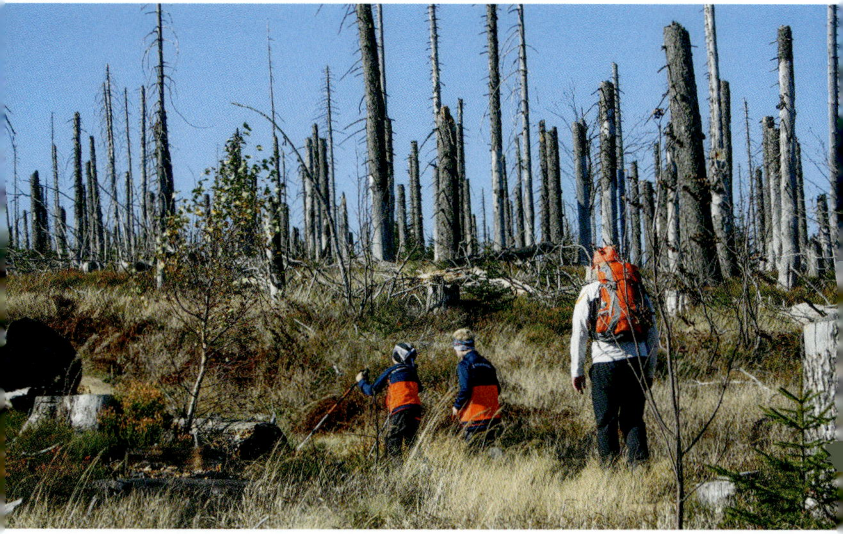

Am kahlen Grenzkamm marschieren Groß und Klein über Stock und Stein.

27 Bärnloch und Gipfelglück

GRENZNAHE RUNDE AM EIDENBERGER LUSEN

Dem talwärts tanzenden Wildwasser entgegen marschieren Familien durchs wildromantische Bärnloch. Bei Monigottsöd startet der Rückseiten-Angriff auf den Eidenberger Lusen. So erleben wir einen Bergrücken zum Entzücken.

Vom kleinen, ausgeschilderten Wanderparkplatz folgen wir der schwarz-roten Nr. 1 auf dem Feldweg sowie über eine kleine Wiese hinweg sanft talwärts in Richtung Bärnloch. Der Osterbach, an dem wir am tiefsten Punkt der Tour landen, markiert die Grenze zu den Nachbarn aus Österreich. Nach links marschieren wir stromaufwärts auf dem leicht verwurzelten Pfad stets nahe am Wildwasser entlang durch das urwüchsige Tal. In der Tat trägt das Bärnloch seinen Namen, weil sich einst Meister Petz an seinen Ufern richtig wohl fühlte.

An Überbleibseln alter Mühlen und an naturnahen Rastplätzen führt der Bärnlochweg vorbei, und nach knapp einer Stunde Gehzeit knickt der Oster-

Mittel | 6 km | 2.45 Std. | 250 Hm

Tourencharakter Ruhige, bunte Runde vom Wildbachtal zur Gipfelaussicht **Altersempfehlung** Ab 6 Jahren **Ausgangs-/Endpunkt** Wanderparkplatz Eidenberg (550 m) **GPS-Koordinaten** 48.562918, 13.775295 **Anfahrt** Auto: Via B 388, von Norden über Wegscheid, von Westen an Untergriesbach vorbei, am Rannasee-Nordufer in Richtung Oberkappel abbiegen und 1,5 km weiter bis nach Eidenberg **Einkehr** Unterwegs keine; »Zur Wasserrutsch'n« am Rannasee, Hammerwirt auf deutscher Seite vor Oberkappel (Mo/Di Ruhetage) **Karte** Kompass 1:50 000, Nr. 197 Südlicher Bayerischer Wald **Information** Tourismusbüro, Markstr. 1, 94110 Wegscheid, Tel 08592/888 13, www.wegscheid-aktuell.de

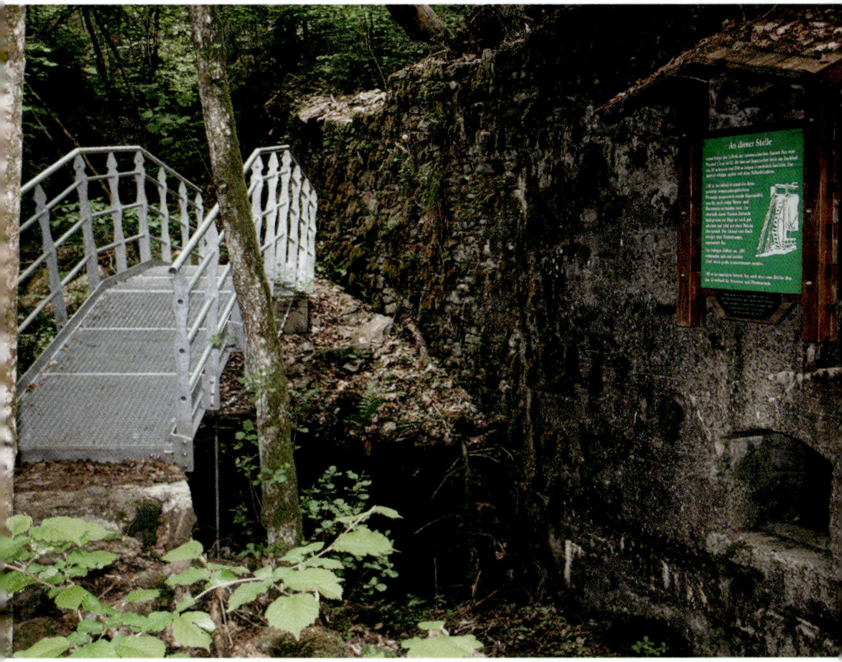

Rund 150 Jahre lang nutzten Waldbauern an dieser Stelle die Wasserkraft.

bach nach rechts. Dort marschieren wir halb links auf dem Forstweg sanft bergan. Das Zirpen der Grillen auf der lichten Wiese löst das Plätschern des Gewässers im Wald ab. Auf Asphalt kommen wir ins idyllisch gelegene Bauerndorf Monigottsöd. Weiter mit der Nr. 1 geht es auf der schwach frequentierten Straße über die Kuppe hinweg. Am örtlichen Wanderparkplatz (alternativer Einstieg) biegen wir links ab. Der anfangs gekieste Forstweg

Nicht weit entfernt liegt das größte Badegewässer im Bayerwald, der Rannasee – ratet mal, wie viele Fußballfelder darin Platz finden würden? Am Strand begeistern Wasserratten eine 120 m lange Rutsche sowie der Tretbootverleih. Ein 2,5 km langer Weg umrundet den See, dessen Fläche übrigens rund 25 Fußballplätze umfasst.

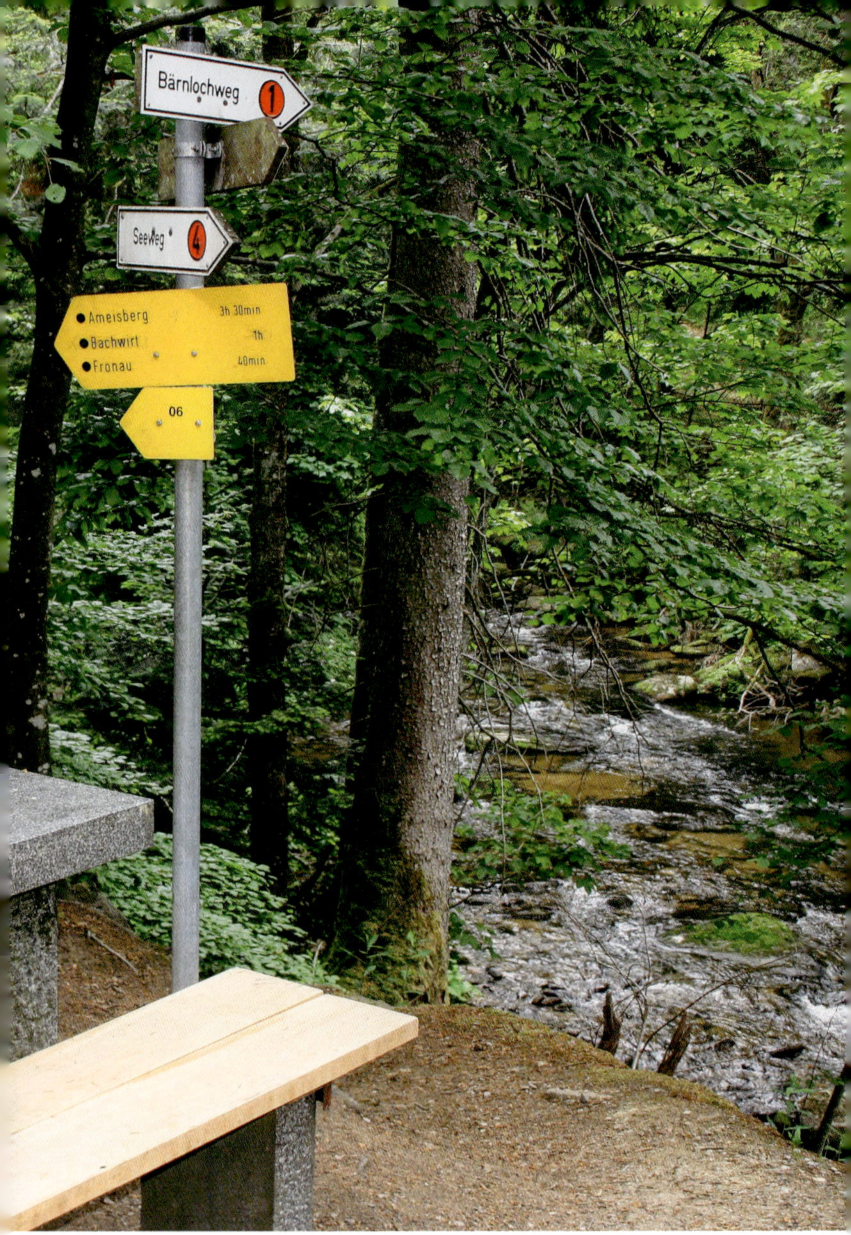

Naturnaher Rastplatz im Bärnloch am Grenzfluss namens Osterbach

führt direkt an einem Ferienhaus vorbei. Bergwärts lassen wir im schattigen Mischwald markante Felsen links liegen und erreichen hinter einer Senke die Eidenberger Lusenkapelle mit Corpus Christi und Muttergottes. Kinder, könnt ihr herausfinden, ob das Gotteshaus eine Glocke hat?

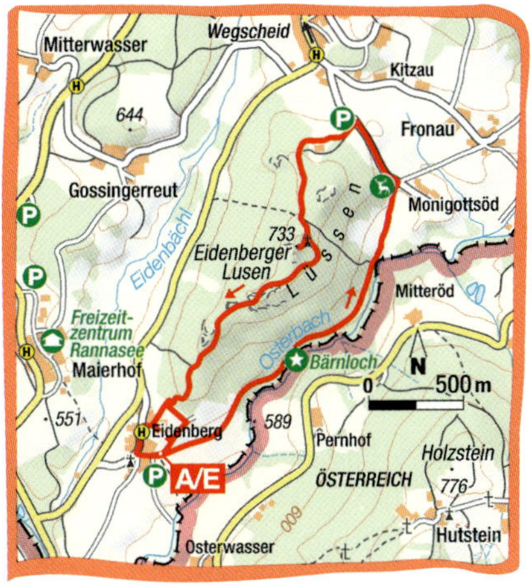

Ein Pfeil weist den Abstecher hinauf zum Eidenberger Lusen, dem wir uns zu guter Letzt aus östlicher Richtung nähern. Während es von dieser Seite aus gleichmäßig bergwärts geht, fällt der Gipfel in Richtung Norden und Westen äußerst schroff ab; bitte umsichtig agieren! Die benachbarten Granittürme bleiben ohnehin das Reich erfahrener Kletterer. Das wie auf einer Speerspitze angebrachte Kreuz auf dem 733 Meter hohen Vorwaldgipfel stammt von der alten Pfarrkirche in Wegscheid, die im Jahr 1969 leider einem modernen Sakralbau weichen musste. Der Blick über das Dorf hinweg reicht ins Dreiländereck mit dem Dreisesselberg auf niederbayerischer und dem Hochficht auf oberösterreichischer Seite.

Knapp eine Stunde dauert unser Abstieg. Dazu wandern wir zunächst auf bekannter Strecke zur Kapelle zurück. Dort geht es nach rechts ein Stück sanft bergauf, wobei wir den Gipfel rechts liegen lassen. Im weiteren Verlauf marschieren Jung und Alt in etwa am breiten Kamm entlang. Zuletzt verläuft der Weg halb links hinab. Kinder, wer entdeckt beim Abstieg die zwei naturnahen Holzsessel?

Am Waldrand angekommen, führt der ausgeschilderte Weg halb rechts hinein nach Eidenberg. An der von der Anfahrt her bekannten Kreuzung geht es nach links zum Wanderparkplatz. Wer sich den Marsch durch das Dorf sparen will, biegt bereits am Waldrand links ab und erreicht einen Feldweg, der uns nach rechts flott zum Parkplatz zurückbringt.

Übrigens: Grundsätzlich handelt es sich um eine ruhige Runde – allerdings dürfen auch Mountainbiker die Passage zur und ab der Kapelle nutzen.

28 »Hexenhäuschen« Haller Alm

IN DIE SAUSSBACHKLAMM BEI WALDKIRCHEN

Im Süden der hübschen Kleinstadt Waldkirchen führt unser Weg von der altehrwürdigen Saußmühle ins Herz des örtlichen Naturschutzgebiets. Wer den grünen Pfeilen am Wildwasser entlang folgt, spürt via Wehr und Marktbach die am Ufer des Saußbachs versteckt gelegene Haller Alm auf.

Wir starten an der Saußmühle. Im 300 Jahre alten, renovierten Gebäude gefällt heute ein Biomarkt samt Bistro allen umwelt- und ernährungsbewussten Zeitgenossen. Wanderer arbeiten sich am Saußbach-Südufer in die Klamm hinein, indem sie sich 100 Meter südlich der Straßenbrücke bzw. 50 Meter südlich der Mühle vom Asphalt verabschieden. Stromaufwärts werden der Karlsbrunnen rechts und der folgende Steg links liegen gelas-

Mittel | 2,75 km | 1.15 Std. | 100 Hm

Tourencharakter Tourenbeginn und -ende einfach, im Herz der Klamm steiniger Weg **Altersempfehlung** Ab 5 Jahren **Ausgangs-/Endpunkt** Saußmühle (500 m) **GPS-Koordinaten** 48.718834, 13.595277 **Anfahrt** Auto: Sternförmige Zubringerstraßen nach Waldkirchen, dort in Richtung Hauzenberg fahren und 150 m hinter dem Kreisverkehr links halten **Einkehr** Haller Alm (bei Schönwetter bis 3.10.), Bogners Bio-Bistro (Mo–Sa, Mi/Sa nur bis 13 Uhr), Gasthaus Meindl am Marktplatz (So Ruhetag), Restaurant am See Erlauzwiesel (Mo/Di Ruhetage) **Karte** Kompass 1:50 000, Nr. 197 Südlicher Bayerischer Wald **Information** Tourismusbüro, Marktplatz 17, 94065 Waldkirchen, Tel. 08581/194 33, www.urlaub-in-waldkirchen.de

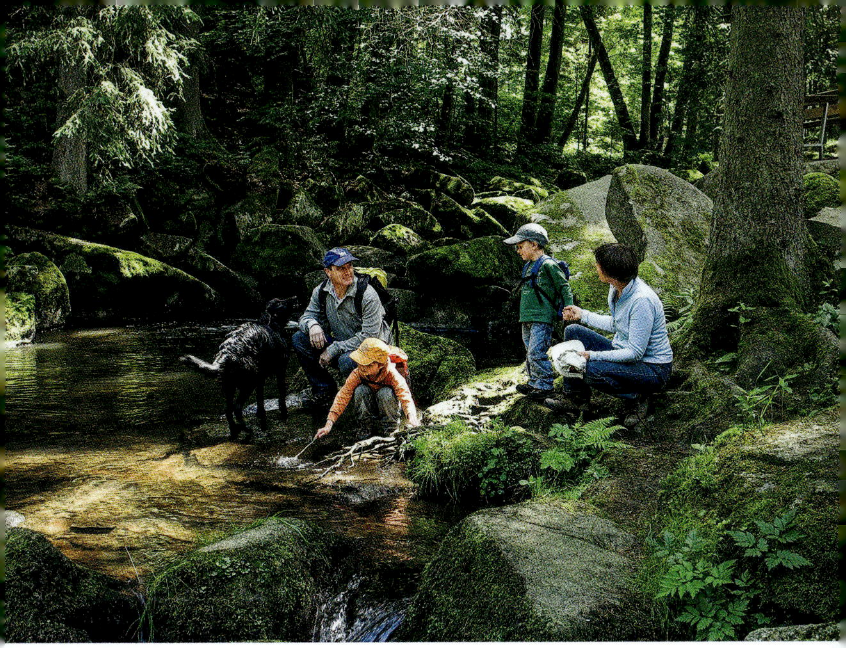

Je nach Wasserstand können sich Familien an den Saußbach heranwagen.

sen. Schritt für Schritt zeigt sich der anfangs angenehme Pfad Nr. 1 steiniger.

Im Herzstück der Klamm kommt der Saußbach je nach Wetter und Jahreszeit unterschiedlich daher. Nach der Schneeschmelze oder wenn es heftig regnet, erleben Wanderer das Gewässer als reißenden Wildbach, dessen weiße Gischt die moosbewachsenen Granitblöcke umspült. Wenn das Nass hingegen gemütlich durch den Saußwald plätschert, kann der Nachwuchs an geeigneten Stellen »pritscheln«, wie auf Bairisch

Lust auf mehr?

Wer eine Wander-Zugabe möchte, kann den alten Marktbach weiter entlangmarschieren. Spätestens wo der Kanal unter einem Bambi-Bild im Untergrund verschwindet, wechseln wir zum Rückmarsch an das andere Ufer. Diese Strecke verläuft teils erhöht, wobei wir den Marktbach kurz aus den Augen verlieren. Zuletzt nach rechts hinunter geht es zurück zum Wehr, von wo wir auf der bekannten Strecke an der Haller Alm vorbei durch die Klamm zur Saußmühle wandern (zusätzlich 2,5 km, 25 Hm, 1 Std.; s. gestrichelte Linie auf der Karte).

das Spielen am Wasser heißt. Im Schatten des ufernahen Schlucht- und Auwalds taucht die Haller Alm auf. Aufgepasst: Wir lassen den 2020 erneuerten Zubringer-Steg erst einmal links liegen. Nur so erreichen wir ein Stück weiter das Wehr, auf dem wir nach links sowohl den Saußbach als auch den Marktbach queren. Am stromabwärts gesehen linken Ufer des alten Kanals geht es in Richtung Waldkirchen. Nacheinander tun sich zwei Möglichkeiten auf, nach links hinunter zur Haller Alm zu gelangen: die erste über steil abfallende Stufen, die zweite leicht zu bewältigen.

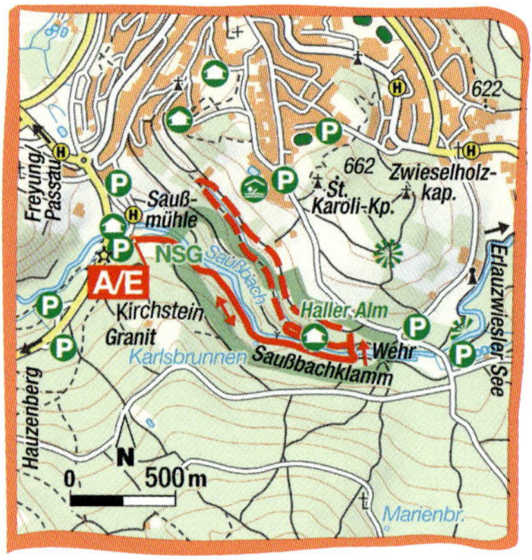

Wer will, kehrt in der märchenhaft gelegenen Brotzeitstation ein. Wie ein Hexenhäuschen sieht sie aus, findet ihr nicht auch, Kinder? Auf alle Fälle bestellen Einheimische dort gern eine geräucherte Forelle aus der nahen Zuchtstation. Anschließend erreichen wir über den langen Steg hinweg erneut das Saußbach-Südufer. Nach rechts geht es dieses Mal zusammen mit dem Fließgewässer auf der bekannten Strecke zurück zur Saußmühle. Womöglich findet jetzt das Angebot im Bio-Bistro unseren Gefallen. Mama und Papa erhalten dort – im Unterschied zur Haller Alm – eine Tasse Kaffee.

Übrigens: Der Saußbach vereint sich ein kleines Stück flussabwärts zusammen mit dem Pfeffermühlbach zur Erlau.

Wasserspaß

Badenixen und Seebären erfrischen sich von 10–20 Uhr im Karoli-Freibad (Familien 9 €) oder im angeschlossenen Hallenbad (Familien 20 €; Anfahrt via Marktplatz Waldkirchen). Alternativ kühlt am Erlauzwiesler See östlich von Waldkirchen die Kneippanlage ab. Übrigens: Wanderer mit Ausdauer erreichen den See vom Wehr aus am Saußbach entlang stromaufwärts in Marschrichtung »Kurpark« (inkl. Seeumrundung hin und zurück zusätzlich 7 km, 25 Hm, 2.30 Std.).

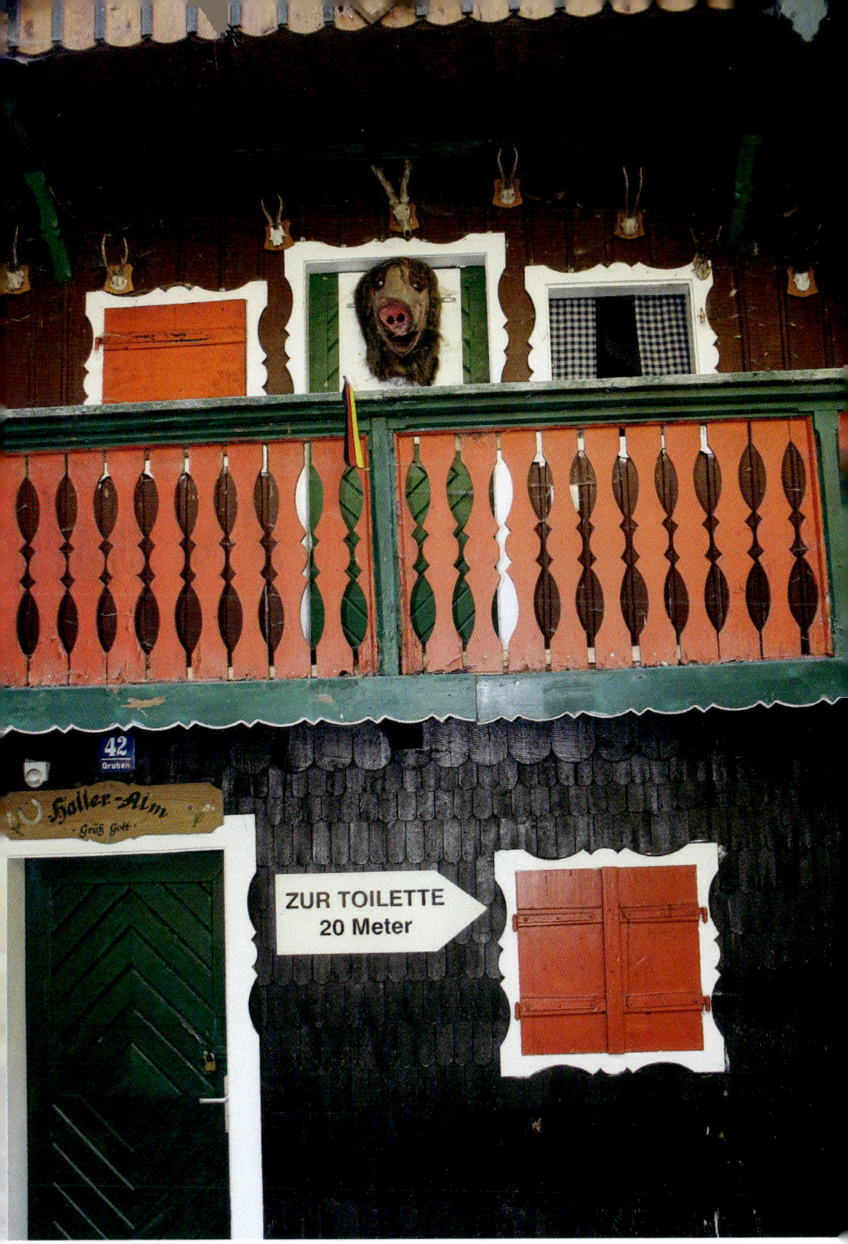

An ein Hexenhäuschen erinnert die Haller Alm in der Saußbachklamm.

BASTELN

Naturnahe Bastelideen

Zauberhafte Mandalas

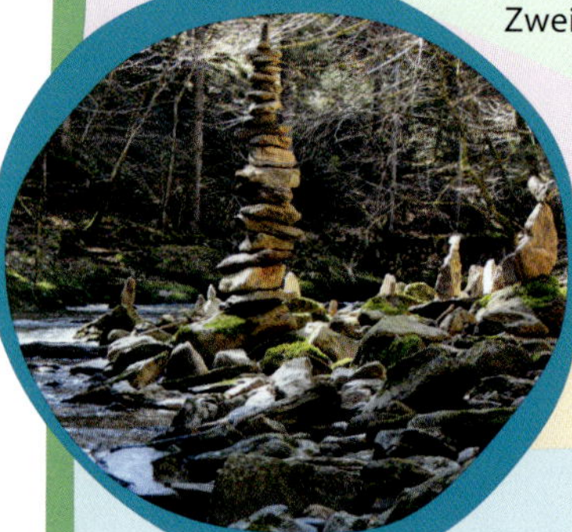

Ein naturnahes Bodenbild kreiert, wer Blätter, Zweige, kleine Steine und mehr zusammenträgt, um damit ein kreisrundes Mandala zu fertigen. Wer will, kann die Blätter anschließend mit nach Hause nehmen, dort zwischen den Seiten eines dicken Buchs pressen und dann auf ein Stück Pappe oder Papier kleben. Dergestalt entsteht ein kleines Kunstwerk als bleibende Erinnerung an die erlebte Tour.

Männchen aus Stein

An flachen Ufern von Bächen oder wo auch immer sich passende Steine finden, kann der Nachwuchs Stück für Stück kleine Türme oder Männchen aufschichten. Einst dienten diese Gebilde als Wegzeichen, heute werden sie vielerorts aus Spaß an der Freud errichtet. Vielleicht liegen die Menschen in Tibet richtig, wenn sie vermuten, derartige Türmchen stimmten die Geister milde ...

Weiche Nester

Aus Gräsern, Zweigen, Blättern und Moos lassen sich in freier Natur ohne weitere Hilfsmittel kleine Vogelnester bauen. Nach getaner Bastelarbeit können die Gebinde in dichten Sträuchern oder in Astgabeln kleiner Bäume – möglichst hoch – platziert werden.

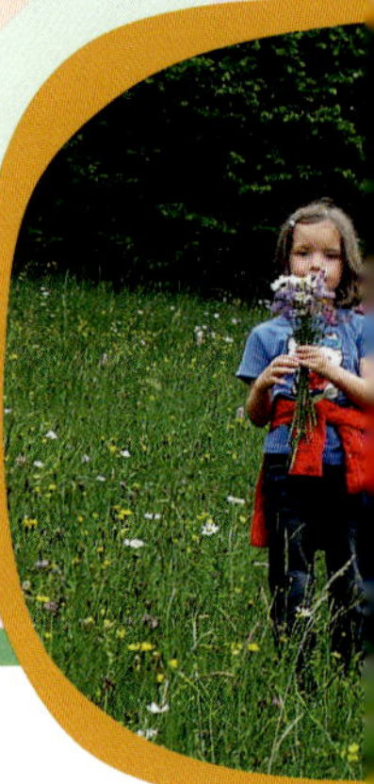

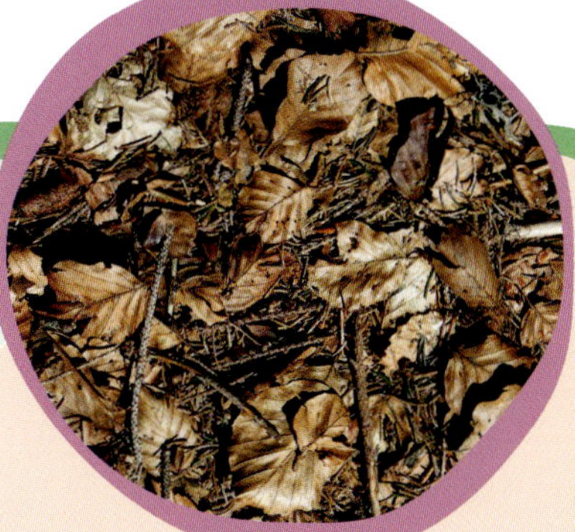

Vielleicht sucht sich ja im kommenden Frühjahr ein Paar nach der Vogelhochzeit das Nest zum Ausbrüten seiner Eier aus?

Häuschen fürs Mäuschen

Mit denselben Materialien wie beim Vogelnestbau können Mädchen und Buben auf dem Boden kleine Häuser errichten. Womöglich findet eine winzige Fee oder ein Zwerg dort insgeheim Unterschlupf, wie es sich kleine Kinder gern ausmalen.

Wehende Windspiele

Wer eine Kordel oder eine Art Paketschnur zur Hand hat, kann daran Fundsachen aus dem Wald befestigen. Hübsch anzusehen ist es, am unteren Ende zunächst eine Vogelfeder festzubinden. Rund zehn Zentimeter darüber machen wir einen dicken Knoten, fädeln von oben den nächsten Gegenstand mit Löchlein ein – etwa ein Stück Rinde – und lassen ihn an dem Knoten anstehen. Oder wir binden im selben Abstand beispielsweise einen Zapfen oder ein Ästchen direkt an der Kordel oder Schnur fest. So reihen sich vielerlei Dinge aus der Natur kreativ aneinander und schaffen ein zauberhaftes Windspiel. Abschließend befestigen wir das obere Ende der Kordel oder Schnur entweder an einem passenden Baum im Wald, oder das Windspiel hält zu Hause im Garten oder auf dem Balkon die Erinnerungen an den Aufenthalt im Bayerwald wach.

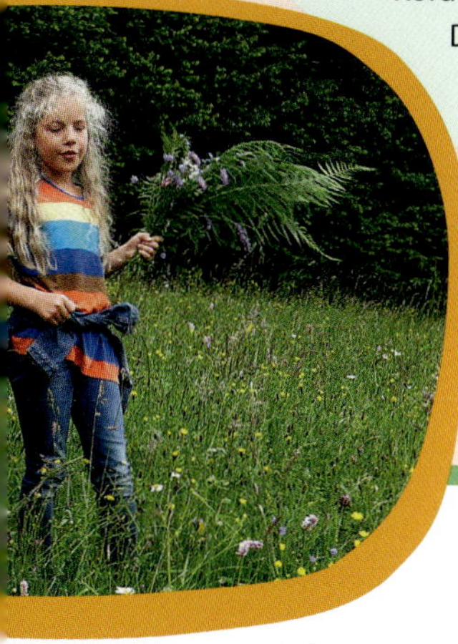

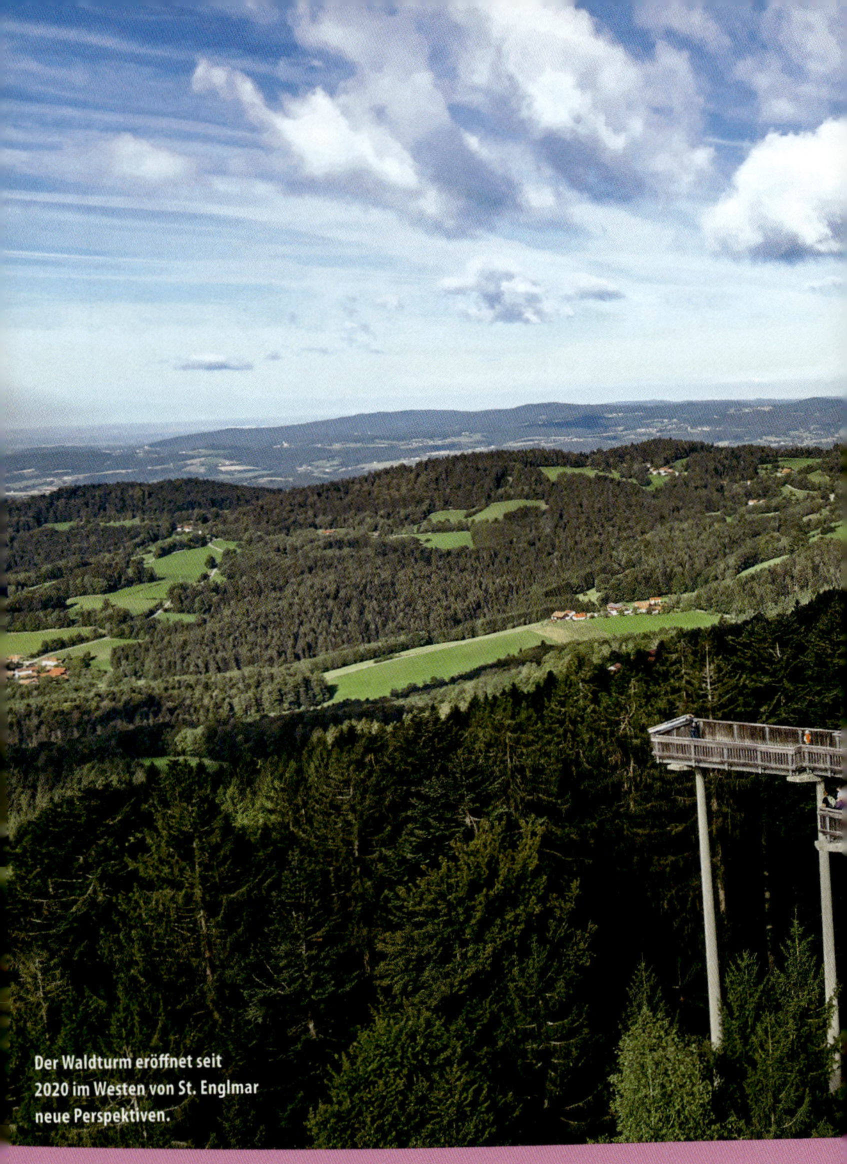

Der Waldturm eröffnet seit 2020 im Westen von St. Englmar neue Perspektiven.

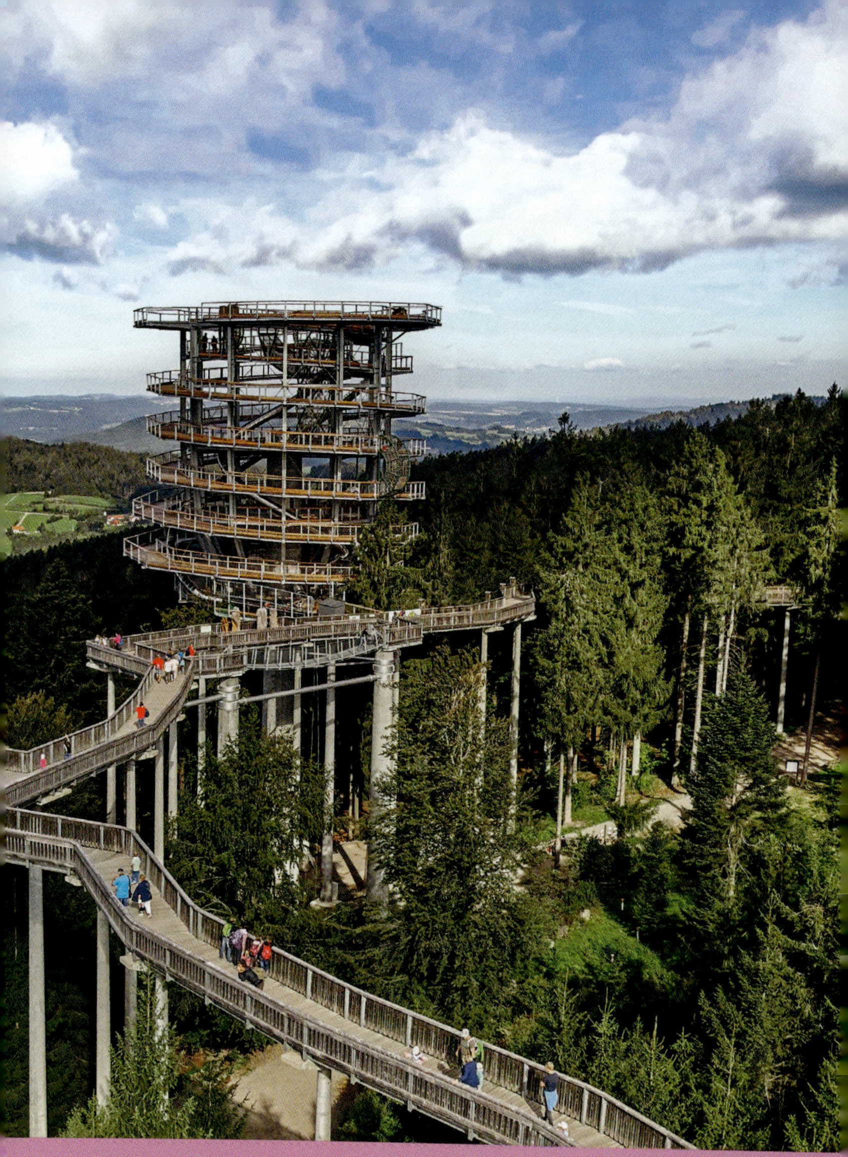

Vorderer Bayerischer Wald

29 Wasser marsch!

STREIFZUG AN DER MITTERNACHER OHE

Im Süden von Schönberg tauchen wir ins Naturschutzgebiet Mitternacher Ohe ein. Wo Einheimische gern spazieren gehen, fühlen sich auch große und kleine Gäste pudelwohl.

Um eine Schleife zu meistern, setzen wir vom Parkplatz Gefühlsweg 100 Meter auf Asphalt zurück und folgen beim alternativen Parkplatz dem Pfeil in Richtung Wackelstein. Rasch ersetzt das Rauschen der Mitternacher Ohe das des fließenden Verkehrs. An der T-Kreuzung marschieren wir nach links stromabwärts und lassen den Steg rechts liegen.

Über den Frohnreuther Bach hinweg entfernen wir uns vom Hauptstrom. Oberhalb der Metalltreppe (Kinderwagen hier tragen) biegen wir nach rechts ab. Erneut zusammen mit Nr. 8 schlängelt sich der Gefühlsweg zur Ohe-Brücke. Wir queren den zweigeteilten Fluss, biegen dahinter links und

Leicht | 4,5 km | 2 Std. | 125 Hm

Tourencharakter Spaziergang teils direkt am Wasser auf Wegen und Pfaden, etwas Asphalt **Altersempfehlung** Ab 4 Jahren **Ausgangs-/Endpunkt** Parkplatz Gefühlsweg (470 m) **GPS-Koordinaten** 48.831934, 13.326867 **Anfahrt** Auto: Südlich von Schönberg von der B 533 Richtung Maukenreuth abbiegen und gleich dem Pfeil »Panhof 1 km« parallel zur B 533 bis vor die zweite Brücke folgen **Einkehr** Unterwegs keine; Steakhaus Fernblick in Kirchberg (kann in die Runde eingebaut werden; Di Ruhetag), Kadernberger Hütt'n (Mi/Do/Fr abends, So ab 10 Uhr) am kostenfreien Aussichtsturm (ab Marktplatz Schönberg auf Wanderweg Nr. 5, 2,5 km, 140 Hm, 1.15 Std.; oder komplett mit Auto via Regener Str./Scheiben) **Karte** Kompass 1:50 000, Nr. 196 Mittlerer Bayerischer Wald **Information** Tourist-Info, Marktplatz 16, 94513 Schönberg, Tel. 08554/896 90 00, www.ferienregion-nationalpark.de

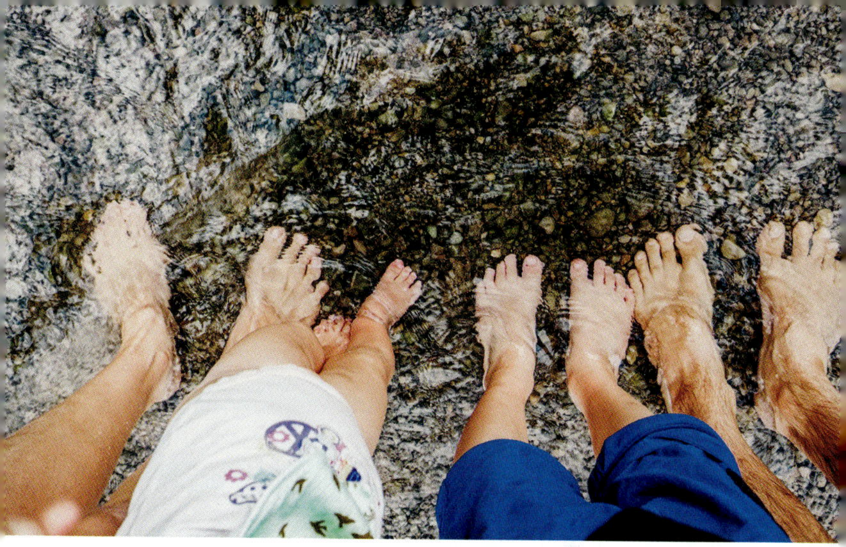

An geeigneten Stellen erleben Kinder die Mitternacher Ohe barfuß.

sofort nach rechts ab. Auf Weg Nr. 8 verabschieden wir uns vom Gefühlsweg und erreichen bergwärts das 2020 erweiterte Familotel, das sich ganz den Hausgästen widmet.

Über den Parkplatz hinweg lassen wir das Hotel links liegen. Die asphaltierte Zufahrt bringt uns zur Kirchberger Straße. Halb links führt Weg Nr. 8 als geschotterter Feld- und Waldweg um den Mauckenreuther Bach herum sowie nach dem Mini-Forst in gebührendem Abstand an der Südseite der Mitternacher Ohe entlang. Wo zurück im Wald eine Linkskurve ansteht, steigen wir nach rechts hinab zur Ohe (Pfeil nach Schönberg aus unserer Sicht verkehrt herum angebracht).

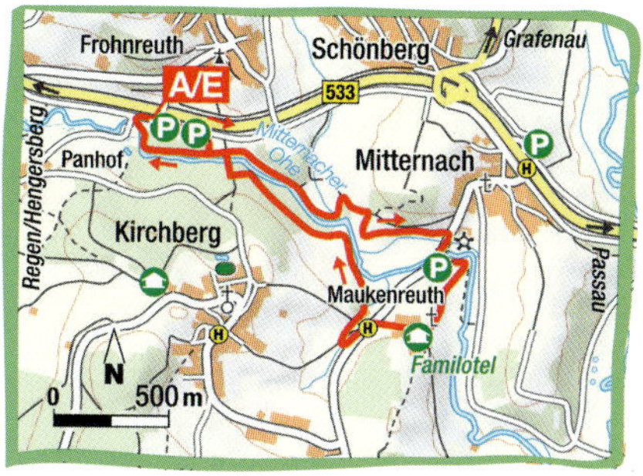

Einen Steinwurf entfernt leitet uns der Steg ans Nordufer. Nach links stromaufwärts erreichen wir hinter der bekannten T-Kreuzung beste Plätze, um eine Zehe ins quellfrische Nass zu strecken. Flussaufwärts auf Asphalt angekommen, vollenden wir rechter Hand unsere Wanderschleife.

30 Felsendom und Wackelstein

SALDENBURGER GRANIT BEI ENTSCHENREUTH

Auf dem Wackelstein-Steig entdecken Spürnasen zuerst einen kleinen Felsendom, der sich im Granit verbirgt, Steinernes Kirchlein genannt. Darüber hinaus versuchen wir, im schattigen Mischwald den mannshohen Wackelstein mit aller Kraft in Bewegung zu setzen.

Vom kleinen Wanderparkplatz marschieren wir auf dem für Kfz gesperrten Feldweg geradewegs über die erste Kreuzung hinweg. Nach dem Linksknick erwartet uns am Waldrand eine reich beschilderte Wanderkreuzung. Hier folgen wir Weg Nr. 84 nach links, absolvieren die folgende Runde also im Uhrzeigersinn. Bei der zweiten Gabelung halten wir uns gemäß Markierung halb links und passieren eine Bank. Wo es sanft bergauf geht, weist ein Pfeil

Mittel	4,5 km	2 Std.	200 Hm

Tourencharakter Facettenreiche Runde zu Steinernem Gotteshäuschen und wuchtigem Wackelstein, Anfang/Ende licht, sonst schattige Wege und Pfade **Altersempfehlung** Ab 5 Jahren **Ausgangs-/Endpunkt** Wanderparkplatz Entschenreuth (450 m) **GPS-Koordinaten** 48.786121, 13.315906 **Anfahrt** Auto: Dreieck zwischen Zenting, Saldenburg und Thurmansbang ansteuern, in Entschenreuth »Zum Wackelstein« einbiegen und bis zum ausgeschilderten Parkplatz hinter dem Asphaltende **Einkehr** Unterwegs keine; Gasthaus Klessinger in Hundsruck (2 km Richtung Saldenburg; Mi–So zu Essenszeiten), Gasthof zur Post in Thurmansbang (Mo/Mi Ruhetage, Di nur abends), Gasthof Kammbräu in Zenting (Mo–Fr nur abends; nichts für Eilige) **Karte** Kompass 1:50 000, Nr. 196 Mittlerer Bayerischer Wald **Information** Tourist-Information, Seldenstr. 30, 94163 Saldenburg, Tel. 08504/91 23 12, www.saldenburg.de

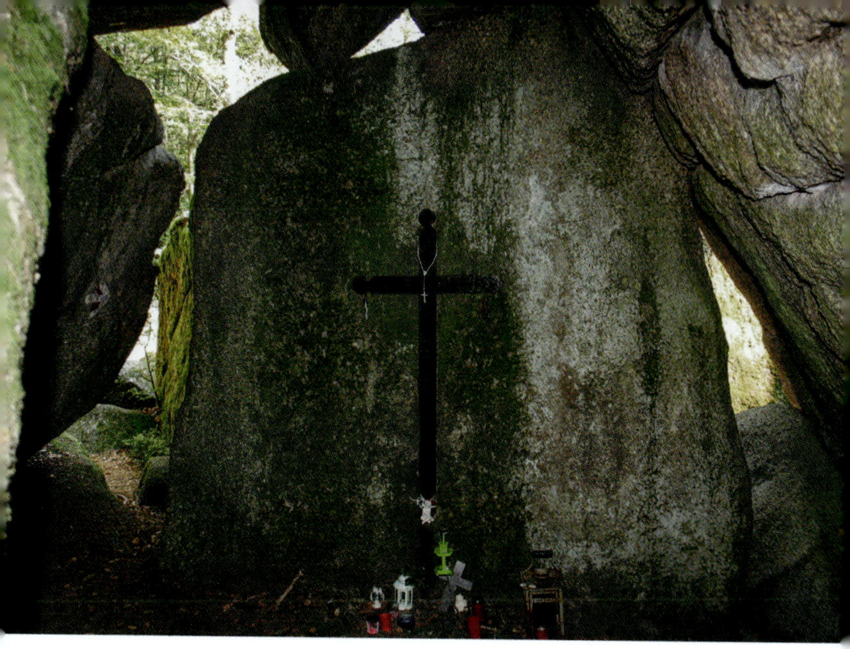

Im Herzen des Saldenburger Granits verbirgt sich das Steinerne Kirchlein.

vom Waldweg nach rechts. Hinter dem Rinnsal steigt der Pfad deutlich an. Rechter Hand zeigt sich der Saldenburger Granit in Form moosbewachsener Felsblöcke.

Kurz hinter der Kuppe verraten zwei Pfeile, wo der zurückversetzt gelegene Durchschlupf zum Steinernen Kirchlein versteckt liegt. Zwischen riesigen Felsen begeben sich Groß und Klein geradlinig auf das Blockmassiv zu. Geduldiger Baumeister der kleinen Kathedrale war die Natur, Menschenhand brachte darin das schwarze

Wo Zwerge hausen

Wer die Tour im Gasthof Klessinger in Hundsruck ausklingen lässt, kann den dortigen Schrazlgang aufsuchen. Da es in derartigen Höhlen eng zugeht, vermuteten die Einheimischen darin lange Zeit jede Menge Zwerge, Schrazln genannt. Uralte Erdställe wie dieser durchziehen den gesamten Bayerwald. Wahrscheinlich dienten die Orte einst zur rituellen Reinigung. Bis heute weiß die Forschung nichts Genaues über die geheimnisvollen Tunnelsysteme. Oder wie es auf gut Bairisch heißt: »Nix gwiß woas ma ned.«

Egal, wo eure Eltern nach der Tour hinfahren: Überall kommt ihr an einem Badesee vorbei – und zwar in Richtung Westen vor Zenting am Ebenreuther See, im Osten in Saldenburg am »Erlebnisbadesee« samt Piratenschiff (Mühlweiher) sowie im Süden vor Tittling am Dreiburgensee. Der Eintritt ist jeweils frei.

Eisenkreuz an. Kinder, wer spürt den schmalen Eingang auf, hinter dem sich der stimmungsvolle Felsendom verbirgt?

Vom Steinernen Kirchlein hinaus halten wir uns hinter den Pfeilen halb links, marschieren also sanft bergab und queren das Rinnsal. Bevor Jung und Alt auf den Rastplatz nahe der Forststraße treffen, weist die Markierung Nr. 84 rechts bergan. Im verwurzelten Gelände blinzelt die Sonne nur vereinzelt durch das dichte Blätter- und Nadeldach. Kurz vor dem höchsten Punkt unserer Runde lassen wir die gut 600 Meter hohe Lohberg-Kuppe links liegen. Kinder, könnt ihr den Raumschifffelsen entdecken?

In der folgenden Senke erreichen kleine Entdecker einen Wanderstern. Ein grüner Pfeil deutet in die Richtung, in welcher der Wackelstein nur einen Katzensprung entfernt auf der nahezu ebenen Felsplatte ruht. Ein Naturdenkmal dieser Art findet sich selten. Die gewölbte Unterseite des mindestens 50 Tonnen schweren Kolosses mit seinen bis zu vier Meter langen Kanten deutet an, was ein starker Mensch an der richtigen Stelle mit ihm zu

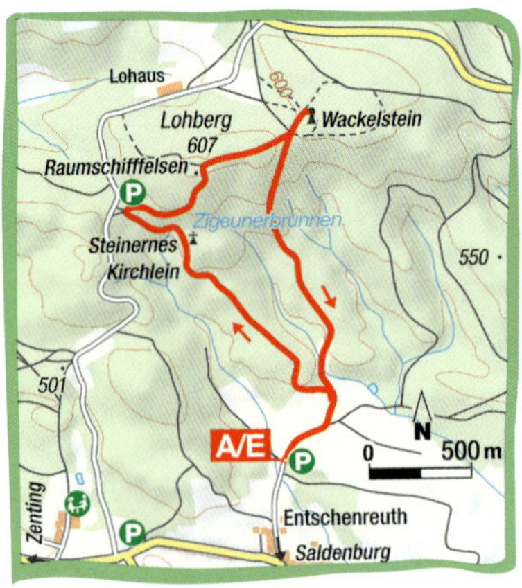

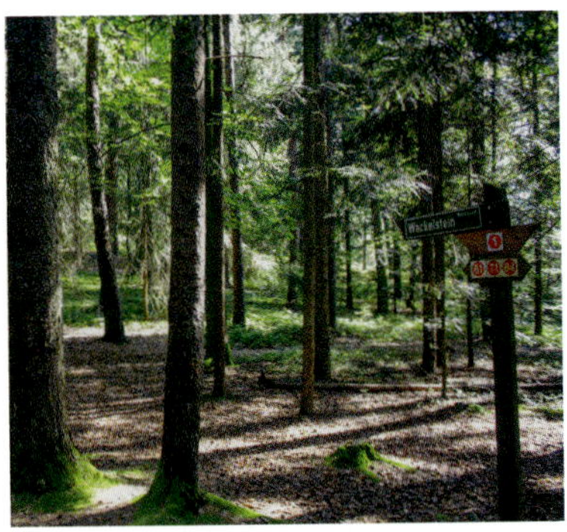

Der Rundwanderweg Nr. 84 führt uns zum kuriosen Steinkoloss.

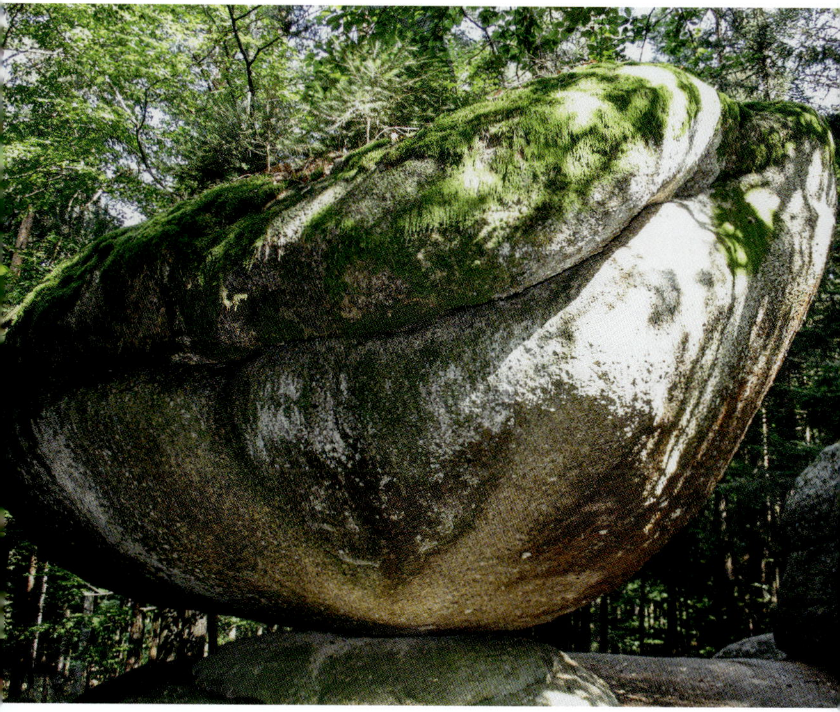

Wer an der richtigen Stelle anschiebt, setzt den Wackelstein in Bewegung.

tun vermag. Allerdings ist es nicht einfach, diesen Ansatzpunkt zu finden. Was sich über Jahrmillionen hinweg als Laune der Natur formte, bezeichnen Geologen als Wollsackverwitterung. Wesentlich jüngeren Datums sind die Fichten, die dem Block eine Art natürliche Haarpracht verleihen.

Vom Wackelkandidaten setzen wir zurück zum Wanderstern. Dort biegen wir nach links ab und streben auf steiler Strecke achtsam talwärts. Ein Stück weit bewegen wir uns an der Seite einer überschaubaren Schlucht entlang. Kurz vor dem Waldrand verläuft rechter Hand parallel zu Nr. 84 ein Hohlweg. Auf der folgenden Lichtung liegt hinter der Senke die Wanderkreuzung, die wir vom Einstieg in die Runde her kennen. Von dort geht es hurtigen Schrittes zurück zum Ausgangspunkt.

31 Unterwegs samt »Jackl«

AUF DEM ERLEBNISPFAD IM SONNENWALD

Mit 1011 Metern ist der Brotjacklriegel der südlichste Berg im Vorderen Bayerwald, der eine vierstellige Höhenmarke vorweist. Gemeinsam mit dem lustigen »Jackl« erobern Familien ab Reichlhöhe auf zehn Stationen die bewaldete Gipfelkuppe. Der Rundblick vom dortigen Aussichtsturm krönt die Tour.

Folgen wir ab Reichlhöhe der Forststraße sanft bergan, grüßt sogleich unser Begleiter, der kleine »Jackl«, von einer Astgabel. Wenige Schritte weiter weist der Pfeil »Sonnenwald Erlebnispfad« nach rechts in den von Buchen dominierten Bergwald hinein und verläuft dort in etwa parallel zur Forststraße. Je nach persönlichen Vorlieben widmen wir uns den folgenden Stationen und begreifen z. B., was die Tiere des Waldes zum Fressen gernhaben. Vor dem dritten Haltepunkt orientieren wir uns auf dem breiten Weg ein

Leicht	3,5 km	1.30 Std.	100 Hm

Tourencharakter Auf schattigen Pfaden geht es von Station zu Station; Rückmarsch direkt auf der Forststraße, die sich für Kinderwagen bestens eignet **Altersempfehlung** Ab 4 Jahren **Ausgangs-/Endpunkt** Parkplatz Reichlhöhe (930 m) **GPS-Koordinaten** 48.825315, 13.210758 **Anfahrt** Auto: Von Westen via B 533 und Grattersdorf, von Norden via B 533 und Schöfweg, von Osten über Zenting, von Süden via Schöllnach; südlich von Langfurth gegenüber dem Feuerwehrhaus den beschilderten Brotjacklriegelweg 1 km hinauf **Einkehr** Turmstüberl (Gipfel), Panorama-Landgasthof Ranzinger in Langfurth (Do Ruhetag), Gasthof zum Sonnenwald in Schöfweg (Mi Ruhetag) **Karte** Kompass 1:50 000, Nr. 196 Mittlerer Bayerischer Wald **Information** Touristikverein Sonnenwald, Schulgasse 4, 94579 Zenting, Tel. 09907/872 00 15, www.region-sonnenwald.de

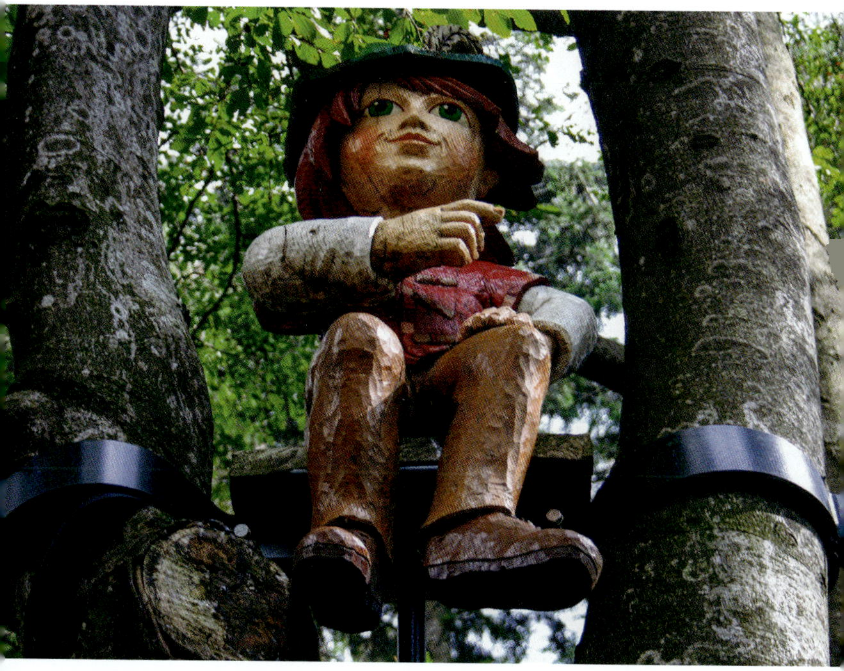

Der »Jackl« begleitet uns hinauf zum Aussichtsturm auf der Gipfelkuppe.

kleines Stück quer nach links. Zu den weiteren Stationen führen teils kurze Stichwege. Nummer vier steht ganz im Zeichen der Entspannung. Bei Station fünf musizieren wir naturnah. Kinder, wer entdeckt den Summstein?

Vor Station sieben marschieren wir ein paar Meter auf der Forststraße und tauchen auf der gegenüberliegenden Seite in den Wald ein. Rund um Nummer acht verstecken sich haarige Vierbeiner. Zuletzt führt uns die Forst-

»Jackl« spezial

Wer sich dem Erlebnispfad besonders intensiv widmen will, kann sich in Langfurth im Gasthof Ranzinger und beim Edeka oder in der Gemeinde Schöfweg den »Jackl-Rucksack« ausleihen, um sich zu einer Reihe naturnaher Spiele anleiten zu lassen (Rückgabe im Turmstüberl).

straße am »Du-Stein« vorbei. Seine Inschrift erinnert an das ungeschriebene altbairische Gesetz, demzufolge Menschen auf über 1000 Metern Höhe stets Du zueinander sagen. Wer den 125 Meter hohen Sendemast links liegen lässt, erreicht sogleich die Gipfelkuppe. Dort treffen Jung und Alt vor dem Aussichtsturm auf die zehnte und letzte Station des Erlebnispfads und sagen zum Abschied zu unserem geselligen Begleiter leise »Servus«.

Vom kleinen »Jackl« leitet sich nach der Sage der Name der Anhöhe ab. Es hieß nämlich, dem kleinen Waldbewohner gehe das Brot niemals aus. Da es den Grund dafür nicht preisgeben wollte, schlossen gemeine Gesellen das Männlein mittels eines Felsblocks in seiner Höhle ein. Als Sühne für diese frevelhafte Tat wurden die Übeltäter in Steine verwandelt, welche heute noch um den Gipfel verstreut liegen. Soweit die Geschichte. In echt rührt

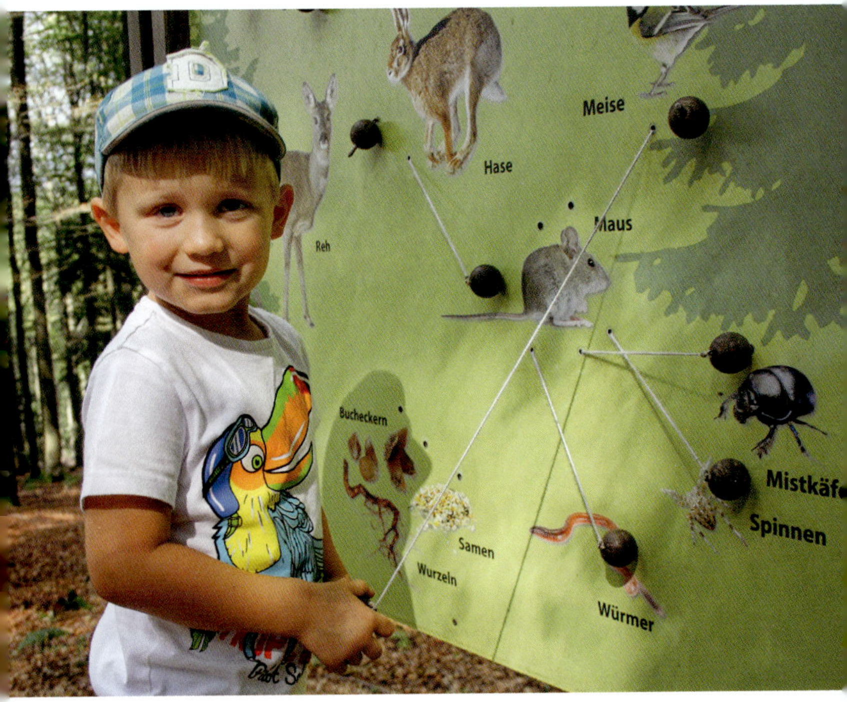

Auf dem »Sonnenwald Erlebnispfad« lernen Kinder die Natur spielerisch kennen.

der Name Brotjacklriegel wohl daher, dass die ursprüngliche Bezeichnung »Breiter Jägerriegel« einfach Bairisch ausgesprochen und verkürzt wurde. Die Bezeichnung Sonnenwald wiederum geht auf einen alten Flurnamen zurück.

Im holzvertäfelten Aussichtsturm lädt der Wald-Verein in sein einfaches Stüberl mit kleiner Terrasse zur Rast ein. Eine Auswahl verschiedener Würste oder Gulaschsuppe sowie Kuchen stillt den Hunger. Auf 126 Stufen steigen Groß und Klein zur 25 Meter hoch gelegenen Aussichtsplattform, welche über die Wipfel hinausragt und ein traumhaftes Panorama bietet – vom Nationalpark Bayerischer Wald im Nordosten bis, bei klarer Sicht, zu den Alpen im Süden. Für das Vergnügen bezahlen Jugendliche ab 14 Jahre und Erwachsene 1 Euro und Kinder ab 6 Jahre 50 Cent vorab am Tresen. Noch Jüngere dürfen die Älteren umsonst begleiten. Ihre Pforten öffnen Stüberl und Plattform in der warmen Jahreszeit bei passendem Wetter etwa ab Palmsonntag bis Ende der Allerheiligenferien (Kontakt: Wirt Ingo Müller, Tel. 0171/325 60 55).

Den Abstieg legen wir auf der Forststraße, welche sich grundsätzlich bestens für Kinderwagen eignet, zurück. Wer 30 Meter vor dem »Du-Stein« nach links abbiegt, kürzt durch die lang gezogene Kurve des Forstwegs ab. In diesem Fall fädeln wir am Ende des unbeschilderten Pfads links in die Forststraße ein. Nach insgesamt rund 30 Gehminuten vollenden wir den flotten Rückmarsch zum Parkplatz auf der Reichlhöhe.

Wollt ihr den »Eselführerschein« machen? Dann kommt zum Eselhof von Tierpflegerin und Heilpraktikerin Susa Winter. Dorthin gelangt ihr mit euren Eltern von Langfurth via Ölberg zum Unteren Daxstein 24 (Infos/Anmeldung unter Tel. 09907/87 10 91 oder www.eseltouren.de).

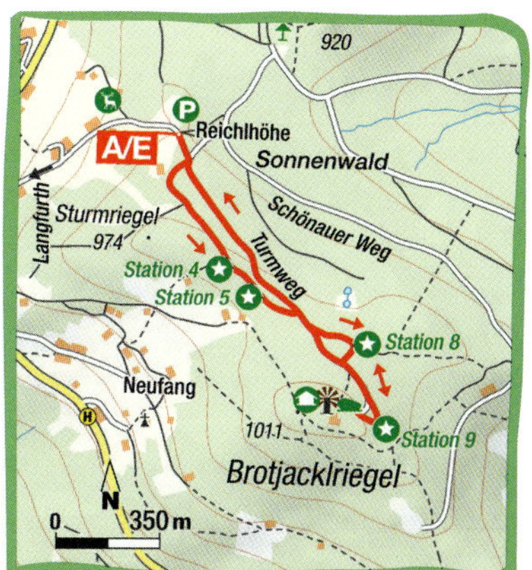

32 Wo das Pichelsteiner zum ersten Mal köchelte

VON GRATTERSDORF ÜBER DEN BÜCHELSTEIN

Wenn anderswo am Wochenende Trubel herrscht, bleibt es am Büchelstein angenehm ruhig – außer am ersten August-Sonntag bei der Feier des Berggottesdienstes vor dem Gipfelkreuz. Wenn es an der Kapelle Rastbuche vorbei zurückgeht, tummeln wir uns meist mutterseelenallein im überraschend wilden Wald.

Zunächst folgen Familien der Markierung Nr. 54 in Richtung Kleiner und Großer Büchelstein auf dem Forstweg flott in den urwüchsigen Wald hinein und bergan. Das zweite auftauchende Anwesen lassen wir gemäß Pfeil »Kl. Büchelstein« links liegen und wechseln auf den wildromantischen, schattigen Waldsteig. Himmelwärts merken aufmerksame Kinder, dass der Pfeil, der uns zum knapp 100 Meter langen Abstecher zum Aussichtspunkt lotst, verkehrt herum angebracht ist. Auf alle Fälle blicken Alt und Jung nach rund 30 Gehminuten vom Holzkreuz über Grattersdorf hinweg in Richtung Südwesten. Auf dem Felskopf heißt es, die nötige Vorsicht walten zu lassen.

Zurück vom Abstecher zum Kleinen Riedelstein auf der Hauptstrecke schlängelt sich unser Steig zwi-

Mittel	5,5 km	2.30 Std.	250 Hm

Tourencharakter Teils steinig, meist schattig, viel Waldwildnis **Altersempfehlung** Ab 6 Jahren **Ausgangs-/Endpunkt** Parknischen kurz vor Asphaltende (580 m) oberhalb von Grattersdorf **GPS-Koordinaten** 48.805808, 13.163037 **Anfahrt** Auto: Nach Grattersdorf u. a. via B 533, beim Knick in der Ortsmitte in die Büchelsteiner Straße einbiegen und gut 1 km bergwärts fahren **Einkehr** Gasthof zum Büchelstein (Fr/Sa/So) **Karte** Kompass 1:50 000, Nr. 196 Mittlerer Bayerischer Wald **Information** Touristikverein Sonnenwald, Schulgasse 4, 94579 Zenting, Tel. 09907/872 00 15, www.region-sonnenwald.de

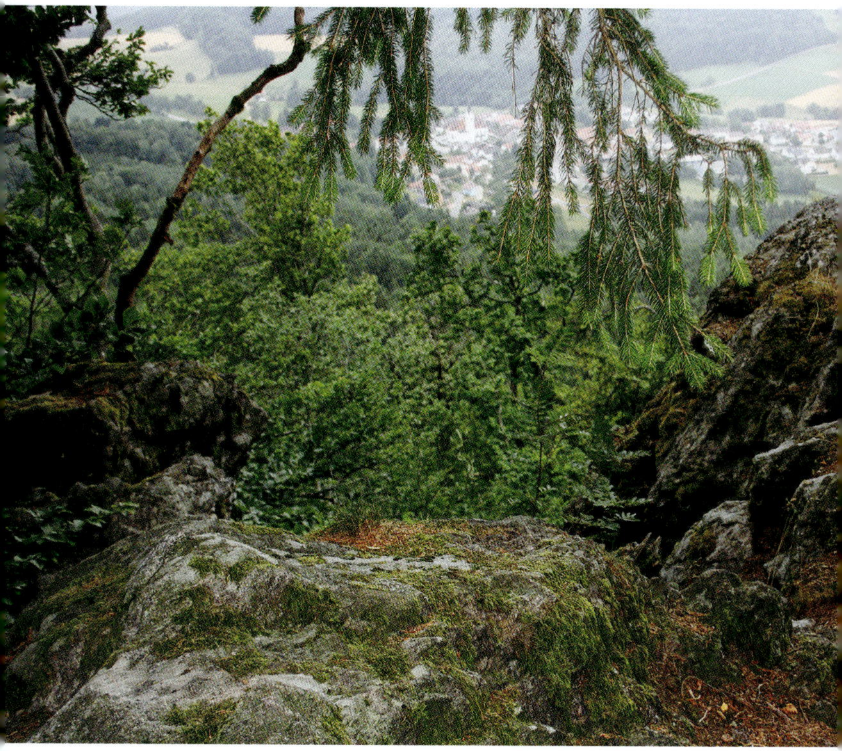

Beim Blick vom Kleinen Büchelstein ins Tal lässt sich Grattersdorf ausmachen.

schen Buchen und Fichten an einem Wendehammer vorbei weiter bergwärts. Unmittelbar bevor wir nahe der Kammlage auf eine Forststraße treffen, wenden wir uns nach rechts und laufen unterhalb der Trasse entlang. Sodann geht es halb rechts bergab bis zum lichten Vorplatz sowie zum Aussichtspunkt am Großen Büchelstein. Der neugierige Nachwuchs entdeckt

Mögt ihr Pferde? Dann solltet ihr wissen, dass in Grattersdorf in Fahrtrichtung B 533 der Reiterhof Mühlbauer Kutschenfahrten und geführte Reitwanderungen anbietet (Infos/Anmeldung unter Tel. 09904/84 65 10, www.reiterhof-muehlbauer.de).

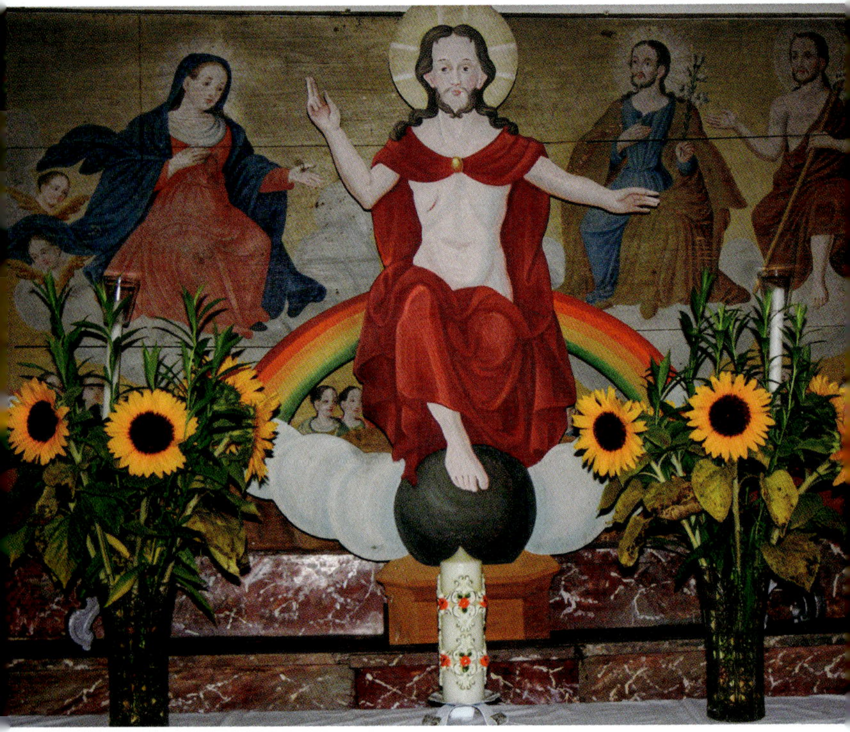

Für Pilger steht in der Wallfahrtskapelle Rastbuche der Heiland im Mittelpunkt.

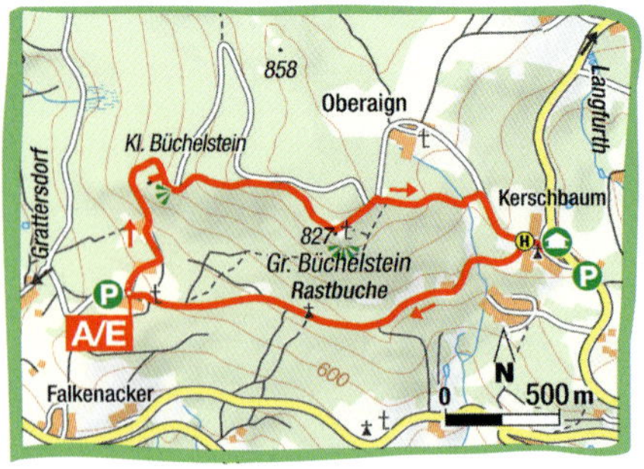

nach rund einer Stunde Gehzeit ein mächtiges Holzkreuz, eine verwunschene Frau aus Holz sowie – bitte aus sicherer Entfernung – eine Absprungrampe für Paraglider. In Richtung Südosten reicht der Blick bei klarer Sicht über die Donau hinweg bis in die Alpen. Beide Aussichtspunkte liegen übrigens unterhalb der bewaldeten

Kammkuppe und wirken folglich wie Seitengipfel. Auf dem weiteren Marsch folgen Groß und Klein der Nr. 54 auf der Forststraße in Richtung Kerschbaum und landen flott auf Asphalt. Sodann entscheiden wir uns dafür, dem Pfeil »Kerschbaum (Waldweg)« zu folgen und verlassen also die Forststraße beim Wendeplatz/Holzlagerplatz, um geradlinig mitten im Wald bergab zu laufen. Achtung: Nach wenigen Minuten erreichen wir eine Lichtung und wenden uns dort nach links (keine Markierung), um sogleich einen Bach zu queren und sanft bergan auf die asphaltierte Zufahrt nach Oberaign zu treffen. Dort geht es nach rechts sowie hurtigen Schrittes hinab ins Dorf Kerschbaum, in dem am Wochenende Familie Raith ihren Gasthof zum Büchelstein öffnet und mittags warm aufkocht.

Übrigens: Der Büchelstein verleiht einem beliebten Eintopfgericht seinen Namen: dem Pichelsteiner. Das Rezept stammt von Auguste Winkler aus Grattersdorf.

In Kerschbaum steht das schmackhafte Gericht zwar nicht auf der regulären Speisekarte, große Gruppen können es aber vorbestellen. Zudem wird das Pichelsteiner im Anschluss an den Berggottesdienst am ersten August-Sonntag serviert – an gut besuchten Festtagen gehen in der Einkehrstation bis zu 800 Portionen über den Tisch. Innen gleicht das Wirtshaus einer Offenbarung der 1970er-Jahre mit ausgestopfter Wildsau und Gämse (Letztere stammt übrigens nicht aus dem Bayerwald).

Habt ihr in Rastbuche auf dem Boden im Stein zwei Abdrücke entdeckt? Eine Legende besagt, sie stammen von Jesus Christus, der hier einst Rast gemacht haben soll. Sollte es nicht so sein, dann ist es wenigstens eine schöne Geschichte, oder?

Von der kleinen Kapelle unterhalb des Gasthofs schweift der Blick hinüber zum Brotjacklriegel. Auf alle Fälle gehen wir ein paar Schritte bergauf zurück, folgen zunächst Weg Nr. 52 in Richtung Grattersdorf und dann gleich Nr. 54 in Richtung Rastbuche. Nicht nur junge Wanderer freuen sich darüber, dass es nun dauerhaft sanft bergab geht. Bis zum folgenden Anwesen zeigt sich der Forstweg gesplittet sowie kurz asphaltiert, dahinter bis zur zauberhaft gelegenen Kapelle Rastbuche naturbelassen. Rund 30 Gehminuten von Kerschbaum entfernt erreichen wir die Wallfahrtsstätte.

Haben wir uns satt gesehen, landen wir weiter sanft bergab auf Asphalt wieder bei unserem Ausgangspunkt oberhalb von Grattersdorf.

33 Wo die Hölzerne Hand aktiven Familien zuwinkt

VOM RUSELABSATZ ZUR HOCHWALDHÜTTE

Der Bayerische Wald-Verein betreibt eine Reihe von beliebten Hütten. Oberhalb von Deggendorf öffnet am Wochenende zur Überraschung vieler eine Einkehrstation des Deutschen Alpenvereins ihre Pforten. Auch hier fühlen sich begeisterte Alpinisten wohl und freuen sich auf Gäste.

Vom Parkplatz folgen wir neben dem Häuschen dem Wegweiser zum Fernwanderweg (grünes Dreieck) u. a. in Richtung Hölzerne Hand und Breitenauriegel. Hinter der sanften Kuppe erreichen wir rasch eine Forststraße. Dieser folgen wir halb links keine 100 Meter weit, bis der etwas zurückversetzte grüne Pfeil rechter Hand den Einstieg in einen breiten Pfad markiert. Sanft bergan marschieren kleine wie große Entdecker über den vorwiegend von

Mittel | 6,25 km | 2.30 Std. | 175 Hm

Tourencharakter Sanftes Auf und Ab auf meist schattigen, teils lichten Wegen und Pfaden, eine Passage Forststraße **Altersempfehlung** Ab 5 Jahren **Ausgangs-/Endpunkt** Nordseite Parkplatz Ruselabsatz (Passhöhe, 855 m) **GPS-Koordinaten** 48.876116, 13.065561 **Anfahrt** Auto: Ruselstraße Deggendorf–Regen. Bus & Bahn: U. a. Bus 4116 Deggendorf–Bischofsmais **Einkehr** Hochwaldhütte (Sa/So) **Karte** Kompass 1:50 000, Nr. 196 Mittlerer Bayerischer Wald **Information** Tourismusreferat Deggendorfer Land, Herrenstr. 18, 94469 Deggendorf, Tel. 0991/310 02 31, www.landkreis-deggendorf.de

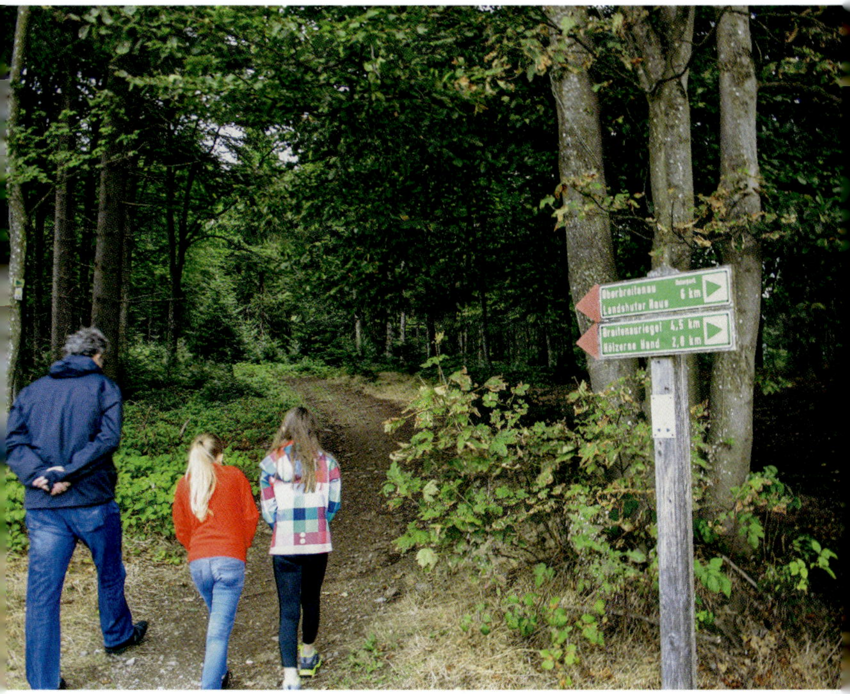

Von der Rusel aus folgen wir dem Fernwanderweg in den Wald hinein.

Fichtenästen überdachten Weg durch den Deggendorfer Vorwald. Bisweilen leuchtet die Sonne ins Nadelholz hinein. Bei der querenden Forststraße (Böhmweg) erreichen wir die markante Josefsbuche. Wer entdeckt den starken Baum zuerst?

Nun streben Jung und Alt geradewegs weiter und erleben zunehmend lichte Passagen. Zwar zeigt sich der Pfad verwurzelt, die Steigung bleibt jedoch gut zu meistern. Über eine unscheinbare Kuppe hinweg erreichen wir nach insgesamt gut einer Stunde Gehzeit einen Wanderstern. Auf der rechten Seite steht ein »Schwammerl«, ein Rastplatz mit pilzartigem Dach. Das Marterl daneben ziert die Wallfahrtskirche St. Hermann bei Bischofsmais.

Wer entdeckt die Schnitzerei, die der Kreuzung ihren Namen gibt? Einer Legende nach half einst eine geheimnisvolle Frau einem Mann, der sich gnadenlos verirrt hatte. Die Hölzerne Hand erinnert an den richtungsweisenden Fingerzeig aus dem dunklen Dickicht hinaus.

Zum Glück wissen wir, wo es langgeht, und biegen mit der Markierung Nr. 2 nach links ab in Richtung Oberfrohnreut. Nach 300 Metern durch den Greisinger Hochwald erreichen wir eine versteckt gelegene Lichtung. In den Wasserbehälter vor dem Eingang der dortigen Einkehrstation fließt Quellwasser. Die Hochwaldhütte des Alpenvereins (DAV), Sektion Deggendorf, steht am Wochenende bei halbwegs passablem Wetter allen Wanderern offen. Zur mitgebrachten Brotzeit servieren die diensthabenden Vereinsmitglieder gern Kaffee, Kuchen und erfrischende Getränke. Draußen sehen wir über den Ulrichsberg und die Donau hinweg den Straubinger Gäuboden.

In der Kneippanlage am oberen Ende beim Wanderparkplatz Oberfrohnreut könnt ihr ein erfrischendes Fußbad nehmen. Passt aber auf, dass es euch nicht eiskalt erwischt …

Nach dem Stopp bei den Alpinisten folgen wir der Markierung Nr. 2 auf breitem Weg weiter in Richtung Oberfrohnreut. Sofort geht es an der Hochwaldkapelle vorbei, die eine geschnitzte Muttergottes

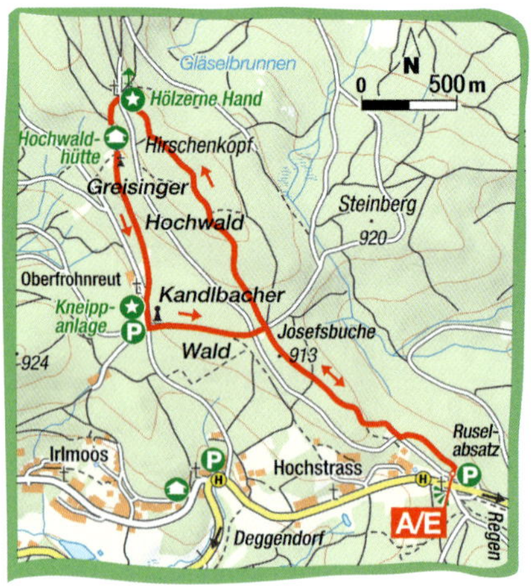

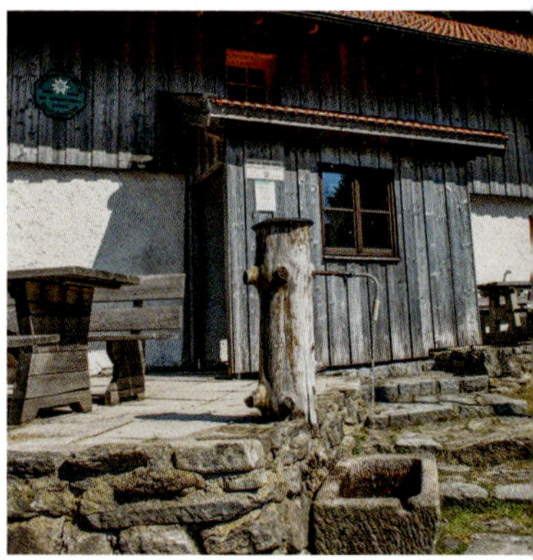

Die DAV-Hochwaldhütte öffnet nur am Wochenende ihre Tür.

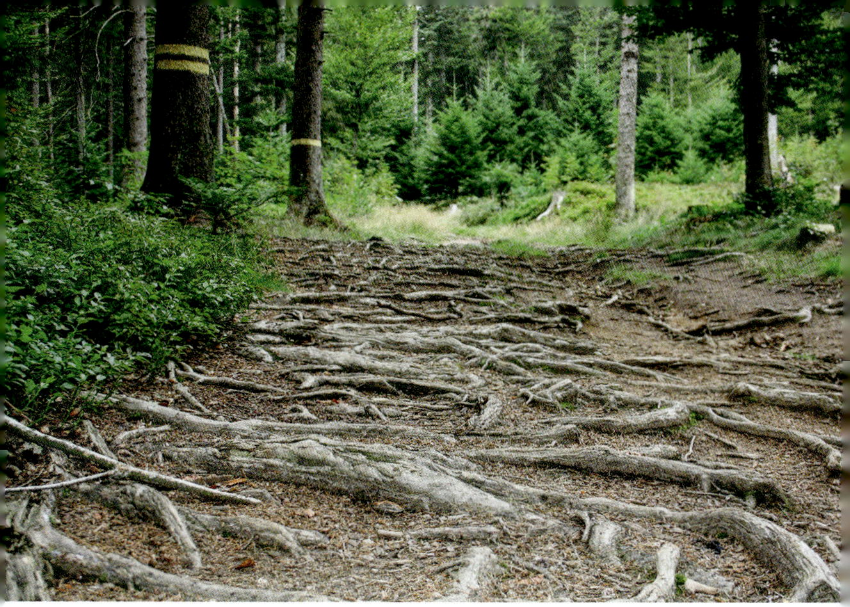

Zwischen Josefsbuche und Hölzerner Hand zeigt sich der Pfad verwurzelt.

mit Jesuskind beherbergt. Dann fädeln wir auf eine Forststraße ein und landen beim Wanderparkplatz Oberfrohnreut.

An der Kreuzung biegen wir nach links ab und marschieren auf dem Böhmweg (schwarzes Rad) weiter, bis wir ein Stück hinter einer querenden Forststraße die vom Hinmarsch bekannte Josefsbuche erreichen. Nun biegen wir nach rechts ab, um auf dem uns ebenso bekannten Fernwanderweg zurück zu gelangen. Hören wir von der Passhöhe die Motoren der Fahrzeuge dröhnen, steht der Endspurt zum Parkplatz an.

Gesunde Runde

Die Natur mit allen Sinnen erleben – diese Philosophie steckt hinter den 11 Stationen des »GEHsundheitswegs«, der vom Ruselabsatz, Parkplatz-Südseite, startet. Gegen den Uhrzeigersinn geht es mit dem stilisierten Baum in Richtung Süden. Am Ende des Stichwegs zum Geßinger Stein sowie später vom Königstein bezaubern Aussichten, die sich prima ergänzen. Hinter der Bergstation des alten Skilifts treffen wir auf einen Quellgrand (Wasserbehälter). Zum plätschernden Nass gesellt sich gegen Ende der Runde das Rauschen des Straßenverkehrs (3 km, 80 Hm, 1.30 Std.).

34 Zum »Nest« des Wald-Vereins

INS SAULOCH UND ÜBER DEN HÖLLBACH

In eine heimelige Welt taucht ein, wer hinter Deggendorf von der lauten Ruselbergstrecke nach Zwieslerbruck abbiegt. Am Ende des Asphalts beginnt der facettenreiche Wanderweg zunächst am Saulochbach entlang, dann geht's hinauf zum »Nest« des Wald-Vereins. Hinter Tattenberg begleitet uns am Rückweg der Höllbach.

Direkt am Ufer des Saulochbachs führt unser Weg mit der Markierung Nr. 1 zunächst am Waldrand sanft bergauf. Hinter dem Rechtsknick umgeben uns Fichten, Tannen, Buchen oder Bergahorn. Im Frühjahr oder nach heftigen

Mittel | 6 km | 3 Std. | 300 Hm

Tourencharakter Vielseitige Runde auf Wander- und Forstwegen entlang zweier Wildbäche; etwas Asphalt **Altersempfehlung** Ab 6 Jahren **Ausgangs-/Endpunkt** Parkbuchten gegen Ende der 600 m langen asphaltierten Stichstraße in Zwieslerbruck (475 m). Hinweise: Kurz vor Druck des Buchs schränkte die Stadt die Parkmöglichkeiten ein, jetzt scheint Kreativität gefragt; Mi kommt das Müllfahrzeug. **GPS-Koordinaten** 48.863815, 13.006200 **Anfahrt** Auto: Im Deggendorfer Stadtteil Maxhofen/Mietraching bei den Kraftwerken von der Ruselbergstrecke nach Zwieslerbruck abbiegen. Bus & Bahn: Bus 4116 ab DEG-Zentrum bis Maxhofen (insg. +1,5 km Fußmarsch) **Einkehr** »Nest« (Sa/So 13–18 Uhr); bei Variante: Greisinger Hof (Fr–So, Do ab 14 Uhr) **Karte** Kompass 1:50 000, Nr. 196 Mittlerer Bayerischer Wald **Information** Tourismusreferat Deggendorfer Land, Herrenstr. 18, 94469 Deggendorf, Tel. 0991/310 02 31, www.landkreis-deggendorf.de

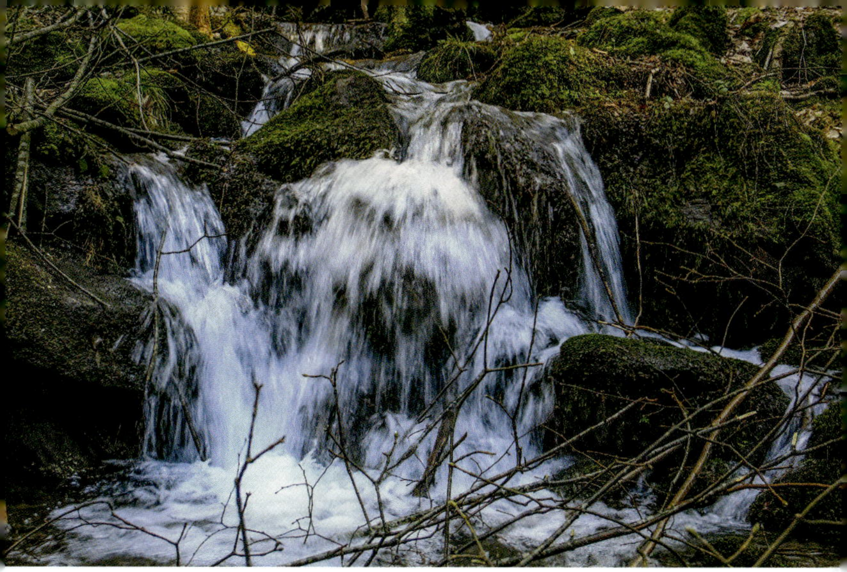

Meist plätschert uns der Saulochbach frisch und munter entgegen.

Regenfällen schwillt der Saulochbach ordentlich an. Sonst fließt uns das Nass oft zahm entgegen. Um die Schlucht mit ihren verstreut liegenden Felsblöcken ranken sich viele Geschichten. Von Wildschweinen, Wölfen und sogar vom Teufel ist die Rede. Inspirierend

Runde mit weiterer Einkehr

Wer hinter dem »Nest« geradlinig durch den Wald marschiert sowie auf Asphalt angekommen sich rechts und gleich wieder links hält, erreicht den Wanderparkplatz Schellenberg bei Greising (auch alternativer Startpunkt; Anfahrt via Ruselbergstrecke). Dort geht es erneut nach rechts am Waldrand entlang zum Greisinger Hof am Nordrand des Dorfs. Die Wirtsleute servieren schwäbische Spezialitäten und fangfrische Forellen. Nach der Einkehr geht es über die Zufahrt hinweg zum Wallfahrtskirchlein Unsere Liebe Frau sowie bei der dortigen Kreuzung bergab. Am zur Unterkunft geschrumpften Berggasthof Geiß vorbei folgen wir dem Böhmweg (schwarzes Rad) bis Tattenberg und stoßen dort auf die reguläre Route (gesamte Runde dann 7,5 km, 350 Hm, 3.30 Std.; Variante s. gestrichelte Linie auf der Karte).

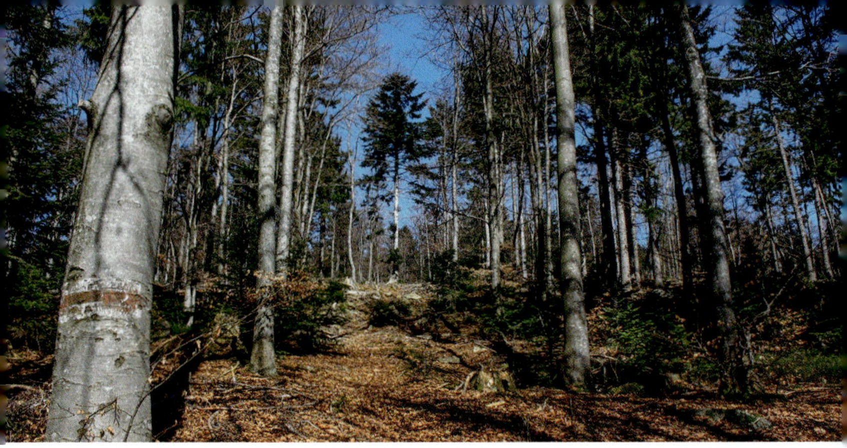

Ein stattlicher Hangwald umgibt das sagenumwitterte Sauloch.

wirkt auf alle Fälle der eiszeitliche Blockstrom, der sich nach gut einem Kilometer Wegstrecke am Osthang auftut. Kaum anderswo im Vorderen Bayerwald bekommen Wanderer mächtigeres Gneisgestein zu Gesicht.

Nach knapp zwei Kilometern erreichen Jung und Alt eine Kreuzung. Dort folgen wir den Pfeilen nach rechts in Richtung »Nest« und »Greising«. In weitem Bogen führt der zunehmend breite Forstweg aus der Schlucht empor. Ein Stück hinter der spitzen Linkskehre erreichen wir eine schräg ansteigende Lichtung. Darüber thront das gut sichtbare »Nest«, wo es »Grüaß God« heißt.

Wo das Herz der Tierfreunde höherschlägt

Über 300 Vierbeiner erhalten auf Gut Aiderbichl ihr Gnadenbrot. Die Katzen leben sogar in einer eigenen Villa. Besucher empfängt die Begegnungsstätte samt passender vegetarischer Gastronomie in Eichberg 26 südöstlich von Deggendorf tgl. von 9–18 Uhr (Erwachsene 8 €, Kinder 4–14 Jahre 4,50 €). Anfahrt (insg. 12 km) von Zwieslerbruck auf der Ruselbergstrecke nach Deggendorf, dann in Richtung Lalling abbiegen und knapp 4 km später nach rechts fahren; alternativ via Staatsstraße Deggendorf–Hengersberg (ausgeschildert). Infos u. a. zu Führungen (im Eintritt enthalten) gibt's unter www.gut-aiderbichl.de.

Vor dem im Böhmerwaldstil gebauten Berghaus des Wald-Vereins, Sektion Deggendorf, lädt eine Sonnenterrasse zur Rast ein. Außer Getränken reichen die Diensthabenden meist nur Butterbrote, aber wie in altbayerischen Biergärten traditionell üblich, dürfen Wanderer gern ihre mitgebrachte Brotzeit verspeisen. Der Bayerische Wald-Verein existiert übrigens seit bald 150 Jahren. Heute gehören ihm rund 20 000 Mitglieder an. Neben der Kultur- und Heimatpflege schreiben sich die Aktiven auf die Fahne, das Mittelgebirge für Wanderer erlebbar zu machen.

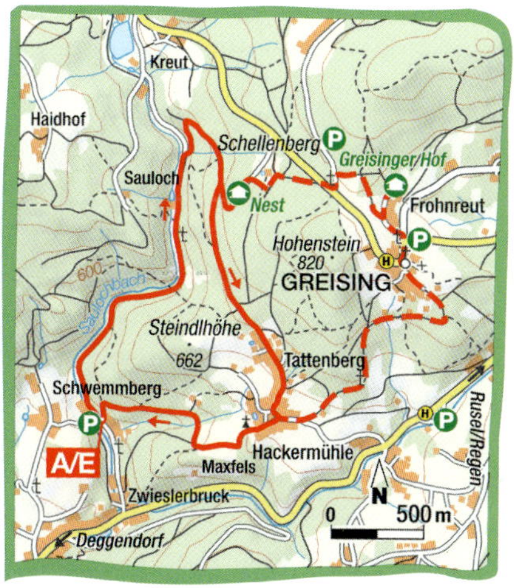

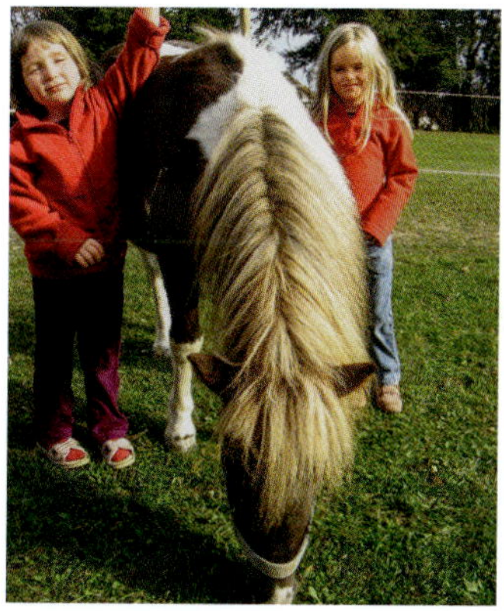

Auf Gut Aiderbichl geht es Tieren bestens (s. Kasten S. 156).

Vom »Nest« setzen wir ein Stück auf bekannter Strecke zurück. Unmittelbar hinter der spitzen Rechtskehre biegen wir nach links ab, um anschließend geradewegs nach Tattenberg zu marschieren. Am Ortseingang mündet der Waldweg in Asphalt. Beim Gästehaus Horizont (konzentriert sich auf Hausgäste) angekommen, folgt eine Links-rechts-Kombination, und sodann folgen wir dem Böhmweg (schwarzes Rad) talwärts, wobei wir mit gebührendem Abstand abwechselnd am Süd- und Nordufer des Höllbachs entlangspazieren. Nach der markanten Spitzkehre nähern wir uns Zwieslerbruck. Wo sich Höllbach und Saulochbach vereinen, erreichen Eltern, Kind und Kegel dann Asphalt und vollenden die Runde.

35 Drei Tausender meistern

AUF DEM NATURLEHRPFAD BEI ST. ENGLMAR

Welch ein Hochgenuss, drei mehr als 1000 Meter hohe Gipfelkuppen auf dem »Naturlehrpfad Wildes Waldgebirge« zu überschreiten, nämlich Predigtstuhl, Hochberg und Knogl. Wer dem stilisierten Wacholder-Symbol am Rand des »Genussorts« St. Englmar folgt, pickt sich von den 24 Stationen heraus, was gefällt.

Am Parkplatz orientieren wir uns am grünen Pfeil »Lehrpfad Waldgebirge«, verlassen den Asphalt und marschieren an der linken Seite des Blockhütten-Feriendorfs entlang (also nicht zum Kletterwald). Nur wenig später überrascht der Ausblick nach Nordosten in den Hinteren Bayerwald. Zwei mächtige Türme, einst NATO-Horchposten, erspähen wir auf dem Hohen Bogen. Nun geht es halb rechts auf dem geschotterten Waldweg weiter. Kinder,

Mittel | 5,5 km | 2.30 Std. | 180 Hm

Tourencharakter Bunte, teils aussichtsreiche Schleife durchs Waldgebirge; anfangs weitgehend einfache Forstwege und Pfade, zurück auch über Stock und Stein **Altersempfehlung** Ab 6 Jahren **Ausgangs-/Endpunkt** Parkplatz Kletterwald vor dem Tannenhof in St. Englmar (900 m); in/aus Richtung Viechtach auf der Anhöhe beim »Predigtstuhl Ressort« 3 x den Pfeilen folgen **GPS-Koordinaten** 49.005563, 12.835803 **Anfahrt** Auto: Von Nordwesten via Rattenberg, von Nordosten via B 85/Viechtach, von Süden über die A 3 (Abfahrt Bogen oder Schwarzach), von Westen über Elisabethszell. Bus & Bahn: Bus 15 bis Predigtstuhl **Einkehr** Kletterwald-Kiosk (s. Tipp), Restaurant Sonnenhügel (in Pfeilrichtung Straubing nach 500 m bei der Bushaltestelle links den Berg hinunter; Di Ruhetag, Mo/Mi/Do nur abends) **Karten** Kompass 1:50 000, Nr. 195 Nördlicher oder Nr. 185 Westlicher Bayerischer Wald **Information** Urlaubsregion, Rathausstr. 6, 94379 St. Englmar, Tel. 09965/84 03 20, www.urlaubsregion-sankt-englmar.de

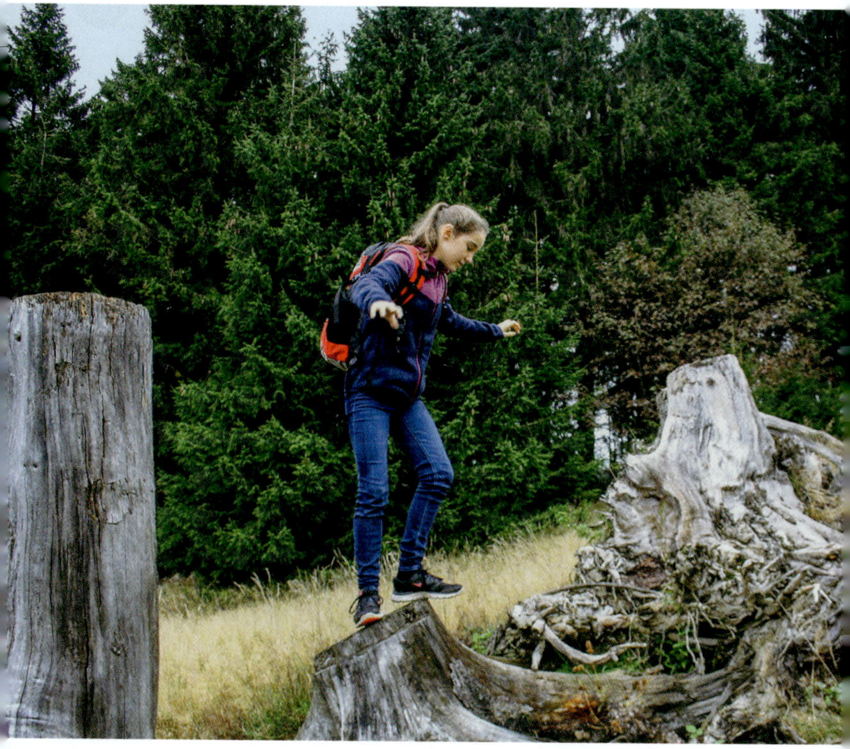

Gekonnter Balanceakt auf dem Wurzelwerk beim Anstieg zum Predigtstuhl

habt ihr das Baumtelefon entdeckt und ausprobiert? Wo im Winter die Skifahrer zu Tal brettern, beginnt der sportliche Aufstieg zum Predigtstuhl. Sommers wirkt die grüne Piste wie eine Almwiese. Wanderer lassen bergwärts das Wurzelwerk links liegen. Kurz bevor sich zwei Schlepplifte treffen, genießen wir den Blick hinüber zum benachbarten Pröller im Nordwesten sowie zum Kreuzfelsen über Bad Kötzting im Nordosten gleich neben dem Hohen Bogen, wie die Panoramatafel verrät. Über die Lifttrasse hinweg geht es halb rechts weiter. Nach wenigen Schritten biegen wir nach links, um den eigentlichen Gipfel des Predigtstuhls nach insgesamt bis zu 45 Gehminuten

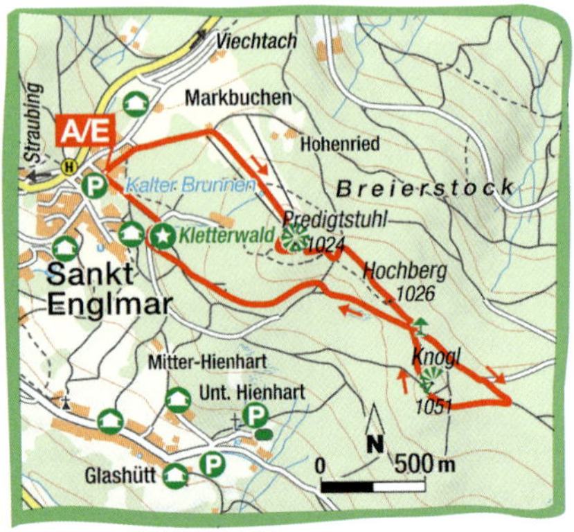

zu erreichen. Das über fünf Meter hohe Holzkreuz zeigt sich von Felsen eingerahmt und von Buchen überragt.

Ein kleines Stück weiter lassen wir den zweiten Schlepplift links liegen und erreichen einen Pavillon. Einen Steinwurf entfernt weist das Lehrpfad-Schild nach links in Richtung Hochberg. Auf dem Marsch dorthin verlassen große und kleine Entdecker die Hauptroute. Rund

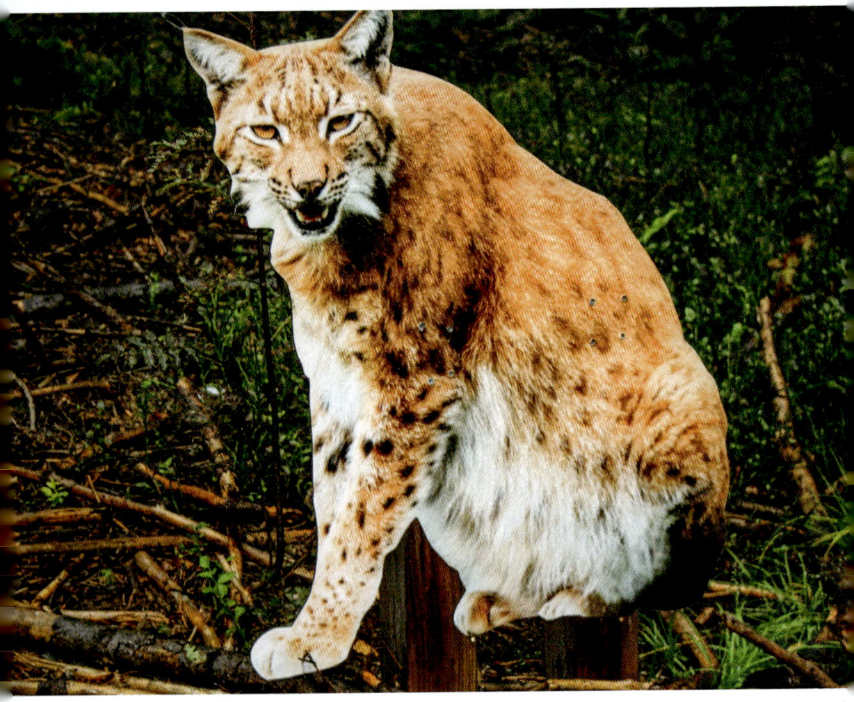

Kurz vor dem Knogl erspähen Aufmerksame nicht nur diese Luchsillustration.

um den Gipfel wachsen heute Wacholder und Heidelbeeren. Die zurückversetzt gelegenen Felsblöcke ähneln denen am Predigtstuhl. Nur 100 Meter weiter erreichen wir erneut eine Lichtung. Aufgepasst: Nur ein kleiner Pfeil weist von unserem Weg nach rechts in den schmalen Pfad, der sich durch Heidekrautgewächse schlängelt, um sich dann mit der Hauptroute zu vereinen. Am dortigen Wanderknoten wenden wir uns nach links und erreichen 150 Meter weiter eine Gabelung. Dort halten wir uns gemäß Wacholder-Markierung halb links und kommen an einem Unterstand vorbei. In etwa der Höhenlinie entlang geht es auf dem geschotterten Forstweg durch lichten Mischwald flott voran.
Aufgepasst: An der Baumwippe biegen wir scharf nach rechts ab und nehmen auf schmalem Pfad den Knogl in Angriff. Wer findet heraus, was sich im Gebüsch versteckt? Linker Hand erwartet uns die Gipfelformation. Der 1056 Meter hohe, herausragende Punkt der Runde besteht aus einem Blockstrom. Dorthin grüßt aus Richtung Süden der Bogenberg über der Donau samt Wallfahrtskirche.
Unser Rückweg führt zunächst auf teils verwurzeltem, teils steinigem Pfad durch den zauberhaft anmutenden Wald. Auf Höhe des Unterstands marschieren wir halb links ein paar Meter auf bekannter Strecke retour, ehe der Rückweg-Pfeil erneut halb links zusammen mit der Nr. 6 weiter talwärts weist. Die folgende Forststraße wird nur touchiert; unser Pfad verläuft parallel dazu, aber separat. Auch im Fichtenwald zeigt sich der alte Holzhauersteig keineswegs steil, aber überraschend steinig und verwurzelt. Beim zweiten Aufeinandertreffen wird die Forststraße nun gekreuzt, und geradlinig geht es weiter sanft bergab. Den größten Teil des Kletterwalds lassen wir links liegen. Beim Tannenhof erreichen wir Asphalt, und wenige Schritte weiter können wir zu guter Letzt von uns tapfer sagen: »Drei Tausender auf einen Streich!«

Hoch sollen sie leben

Wer genügend Zeit mitbringt, kommt im Kletterwald hoch hinaus. Nach der Pflicht-Einweisung werden die Parcours mit ihren unterschiedlichen Schwierigkeitsgraden angegangen (in den bayerischen Ferien geöffnet, sonst teils nur in der 2. Wochenhälfte; Preise inkl. Ausrüstung: Erwachsene 21,50 €, Kinder ab 4 Jahre 7 €, 6–8 Jahre 15 €, 9–15 Jahre 16,50 €, Familien ermäßigt; www.kletterwald-englmar.de).

36 Aussichtsreiche Höhepunkte

AM WALDWIPFELWEG BEI ST. ENGLMAR DIE WELT VON OBEN MIT ANDEREN AUGEN SEHEN

Erhebend empfinden Jung und Alt den atemberaubenden Waldwipfelweg bei St. Englmar. Darüber hinaus bietet seit 2020 der 52 Meter hohe Waldturm neue Höhepunkte – je klarer die Sicht, desto besser. Am Boden der Tatsachen verblüfft der Erlebnis-Pfad. Ein schräges Haus und Vierbeiner runden das Abenteuer ab.

Vom Parkplatz aus lassen wir die Kapelle sowie das Haus am Kopf (Zugang nur von innen möglich) rechts liegen und kommen zum Eingang des Waldwipfelwegs. Um das Gebäude herum erreichen wir täglich ab 9 Uhr die faszinierenden Attraktionen der Anlage, die jeder ganz nach Gusto erkundet. Kinder, habt ihr die knuffigen Alpakas entdeckt?

Leicht | 2,5 km | 2–3 Std. | 75 Hm

Tourencharakter Neue Perspektiven eröffnet der barrierefreie Waldwipfelweg samt Turm allen Schwindelfreien. Ebenerdig setzt sich das Abenteuer fort. **Altersempfehlung** Ab 4 Jahren **Ausgangs-/Endpunkt** Gut ausgeschilderter Waldwipfelweg-Parkplatz (840 m) 3 km westlich von St. Englmar **GPS-Koordinaten** 49.011475, 12.783379 **Anfahrt** Auto: Von Norden via Rattenberg oder Prackenbach, von Nordosten via Viechtach und St. Englmar, von Süden von der A 3 (Abfahrt Bogen oder Schwarzach), von Westen via Elisabethszell. Bus & Bahn: Bus 13 bis Maibrunn **Einkehr** Wald-Gaststube (SB) hinter dem Eingang mit Indoor-Spielplatz; Zum Kramer-Wirt an der Kreuzung in Grün **Karten** Kompass 1:50 000, Nr. 195 Nördlicher oder Nr. 185 Westlicher Bayerischer Wald **Information** Familie Six, Maibrunn 9a, 94379 St. Englmar, Tel. 09965/800 87, www.waldwipfelweg.de (Eintritt: Erwachsene 9,50 €, Kinder 3–5 Jahre 6 €, Familien 25 €)

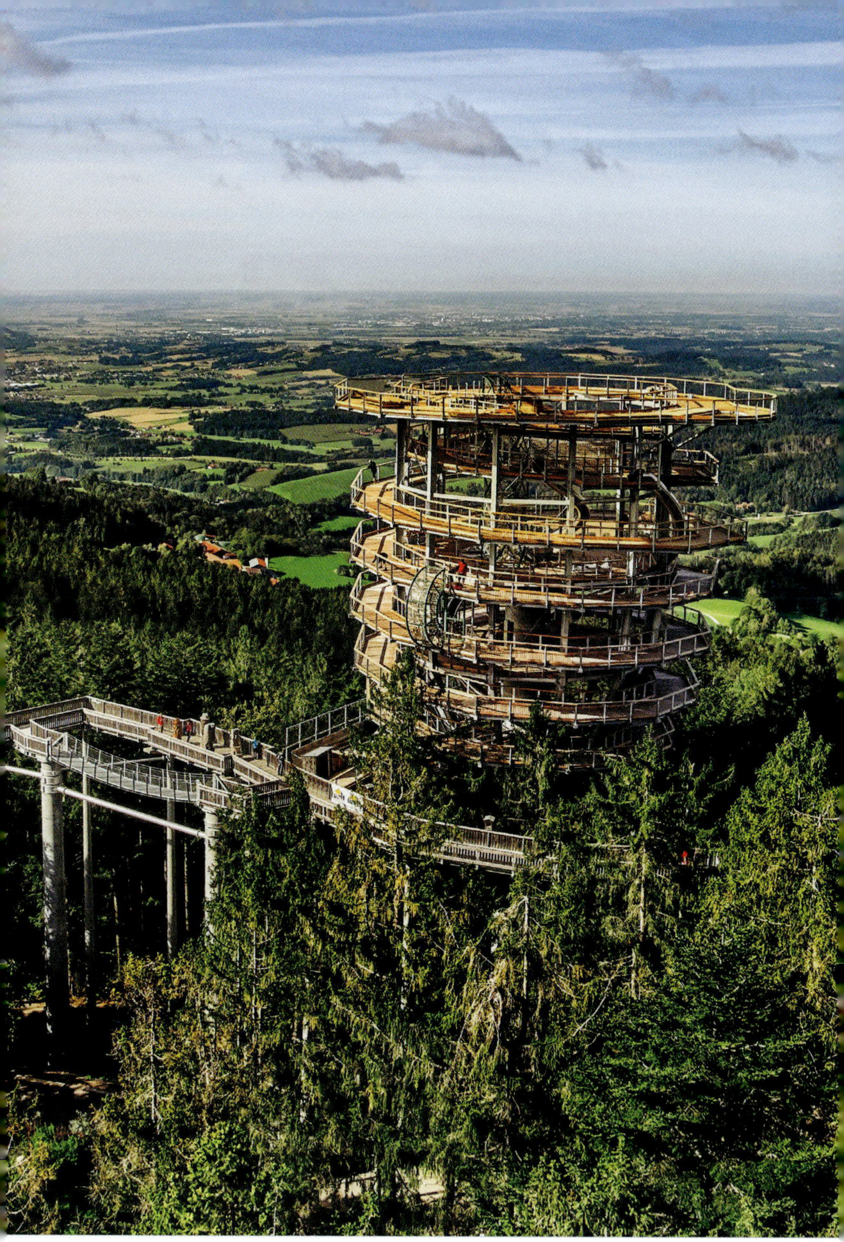

Auf dem Waldwipfelweg reckt sich der neue Turm 52 Meter in die Höhe.

Auf Stelzen der Sonne entgegen geht es auf dem namensgebenden Waldwipfelweg. Auge in Auge mit den Baumkronen lernen wir in fast dreißig Metern Höhe die Welt mit anderen Augen kennen. Fühlt ihr euch frei wie ein Vogel? Auf alle Fälle begeistert es, von der Aussichtsplattform einem Adler gleich über die Donau und den Gäuboden hinweg die Isar flussaufwärts in die Ferne zu spähen.

Die Geister wissen: Pfeift der Wind ein leises Lied, wiegt sich der Stelzenweg sanft. Bläst der Föhn aus südlicher Richtung, grüßen am Horizont die 200 Kilometer entfernt aufragenden Alpen, aus denen Österreichs höchster Berg, der Großglockner (3798 m), hervorspitzt. Eine Panoramatafel am Ende der Aussichtsplattform hilft bei glasklarer Sicht, die Gipfel richtig zuzuordnen. Nicht minder gefällt der Blick auf die nahen Anhöhen im Vorderen Bayerwald. Beim Weitermarsch bietet sich eine Hängebrücke als waghalsig anmutende Alternative an.

Bevor wir am Ende des 370 Meter langen Stelzenwegs wieder zur Mutter Erde zurückkehren, begutachten wir den mächtigen Waldturm. In beeindruckender Art und Weise reckt sich die neueste Attraktion über den bestehenden Stelzenweg hinaus gen Himmel. Eine barrierefreie Wendelrampe führt ganz nach oben. Dort bringt es das Konstrukt auf stolze 26 Meter Durchmesser. Zwei Röhrenrutschen machen den Abgang auf eigene Art und Weise erlebbar. Was die Sicherheit betrifft: Der aus Lärchenholz gefertigte Waldwipfelweg ist 2,50 Meter breit, verfügt wie auch der Turm über ein stabiles Geländer und steht auf geprüften Betonmasten.

Zurück auf dem Boden der Tatsachen schließt sich der gut einen Kilometer lange Naturerlebnispfad an. Dieser schlängelt sich Stück für Stück durch den Wald und macht die Natur begreifbar. Bei 25 pfiffigen Stationen erklären Schautafeln spielerisch, wie wir z. B. Tierspuren lesen können oder wie viel ein Stein wirklich

Rasanter Fahrspaß

Ein weiterer beliebter Treffpunkt liegt direkt bei der Abzweigung in Grün. Auf dem dortigen Egidi-Buckel bieten Bobs, Coaster, »Da voglwuide Sepp« sowie der Bayerwald-Fox eine nahezu unbegrenzte Freude am Fahren. Zusätzlich locken Attraktionen wie Spielscheune samt Rutschen, Motorik-Wiese, Aussichtsturm oder Streichelzoo kleine Besucher an; es gibt auch eine SB-Gastronomie. Der Eintritt ist frei, bezahlt wird für die großen Attraktionen (www.sommerrodeln.de).

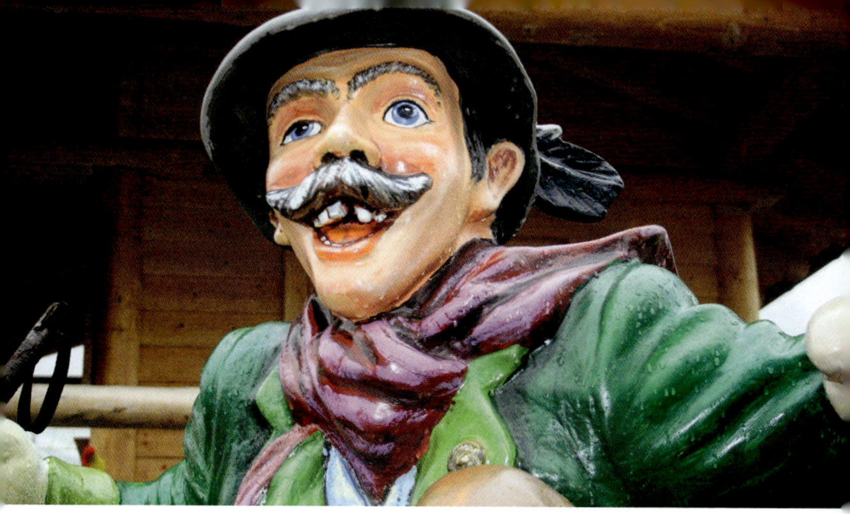

Auf dem nahen Egidi-Buckel begeistert u. a. »Da voglwuide Sepp« (s. Kasten S. 164).

wiegt. In der Sinneshöhle versuchen wir, geheimnisvolle Geräusche zu entschlüsseln sowie an den Duftsäulen u. a. die Rose am Geruch zu erkennen. Der anschließende »Pfad der optischen Phänomene« überrascht nicht nur junge Abenteurer mit einer beeindruckenden Bandbreite findiger Spielereien. Passt auf, dass ihr euch nicht täuschen lasst!
Um das SB-Restaurant mit seiner geräumigen Sonnenterrasse herum landen wir vor dem Ausgang bei einem weiteren Gehege. Dort können Tierfreunde den Wildschaf-Mufflons, alpenländischen Schwarznasenschafen, australischen Wallaby-Kängurus sowie südamerikanischen Lamas näherkommen.
Wer will, betritt zum Abschluss das »Haus am Kopf« samt Garage (2 € extra pro Person; passender Münzeinwurf am Drehkreuz). Wie Neugierige bereits beim Eingang feststellten, steht es in der Tat auf dem Dach. Wegen seiner zusätzlichen Längs- und Querneigung wird den meisten im Innern schön schummrig zumute. Zudem werden Groß und Klein in den einzelnen Zimmern selbst zu einem Teil optischer Illusionen. Wer Fotos schießt, sollte die Bilder anschließend einfach umdrehen. Tipp: Lasst es beim Fotografieren wie einen Handstand aussehen!
In eigener Sache: Im Unterschied zu allen vorgestellten Wanderungen handelt es sich hier um ein kostenpflichtiges Vergnügen. Da sich Familie Six aber immer wieder etwas Neues einfallen lässt, lohnt es sich, dort einen Stopp einzulegen – in der Ferienzeit am besten unter der Woche.

37 Steinreicher Drachenkamm

VOM BERGGASTHOF KREUZHAUS UND DER HANSLHÜTTE ZUM »HADRIWA-HÖHENWEG«

Als wahres Schmuckstück für Wanderfans glänzt der bewaldete Hadriwa inmitten der Elisabethszeller Berge. Das Herzstück, die Passage auf dem abenteuerlichen Höhenweg, gleicht einem breiten Drachenkamm. Auf drei Lichtungen gefallen Einkehrstationen mit Panoramaterrassen.

Am oberen Parkplatz-Ende folgen wir u. a. dem Goldsteig und der Markierung Nr. 11. Einen Steinwurf hinter dem Funkmast geht es halb rechts weiter. In sanftem Auf und Ab schlängeln wir uns durch den gesunden Bergwald. Hinter einem breiten Felsdurchschlupf (es geht mittendurch oder rechts

Schwer | 6 km | 3 Std. | 160 Hm

Tourencharakter Reizende Pfade und Waldwege mit lichten Passagen und ohne größere Steigungen; parallel zum fordernden Höhenweg entschärfte Variante möglich **Altersempfehlung** Ab 7 Jahren **Ausgangs-/Endpunkt** Parkplatz Berggasthof Kreuzhaus (870 m) **GPS-Koordinaten** 49.045751, 12.754386 **Anfahrt** Auto: Aus östlicher Richtung westlich von St. Englmar in Grün Richtung Elisabethszell abbiegen, nach 6 km den Pfeil »Kreuzhaus« beachten; von Norden/Westen/Süden direkt über Elisabethszell; am Ortseingang 2 km Richtung Maibrunn/St. Englmar. Bus & Bahn: Bus 13 bis Schuhchristleger (Mo–Sa) **Einkehr** Berggasthof Kreuzhaus (Mo Ruhetag), Hanslhütte (Fr–So), Terrassen-Café (Sa–Mo) **Karte** Kompass 1:50 000, Nr. 185 Westlicher Bayerischer Wald **Information** Touristik-Information, Schulstr. 1, 94353 Haibach, Tel. 09963/94 30 39 15, www.urlaubsregion-sankt-englmar.de

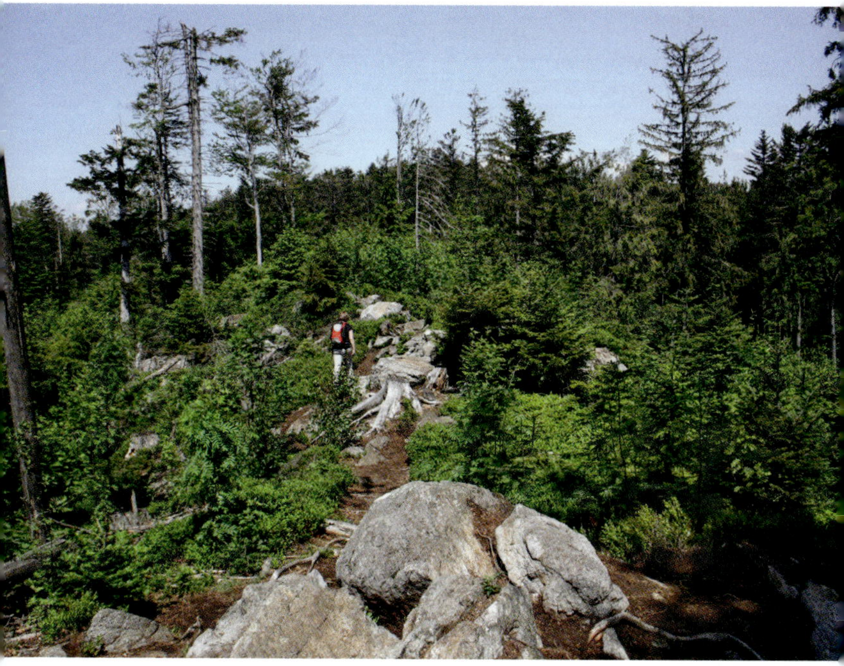

Eine der herrlichsten Strecken im Vorderen Bayerwald: der »Hadriwa-Höhenweg«

daran vorbei) landen wir vor der Hanslhütte. In der urigen Einkehr serviert Pächterin Christiane Anleitner Brotzeiten, warme Würstl und süße Sachen. Die gute Nachricht: Wir kommen auf dem Rückweg noch mal hier vorbei.

Rechts um die Hanslhütte herum folgen wir den Pfeilen in Richtung Elisabethszell mitten in den Wald hinein. Der Weg führt zunächst bergab zu einer T-Kreuzung, bei der

Wo Naschkatzen schnurren

Wer selbst gemachte Sahnetorten liebt, macht am besten einen Abstecher zum Terrassen-Café Schuhchristleger. Wem der Stopp zu früh kommt, kann dorthin später mit dem Auto kurven.

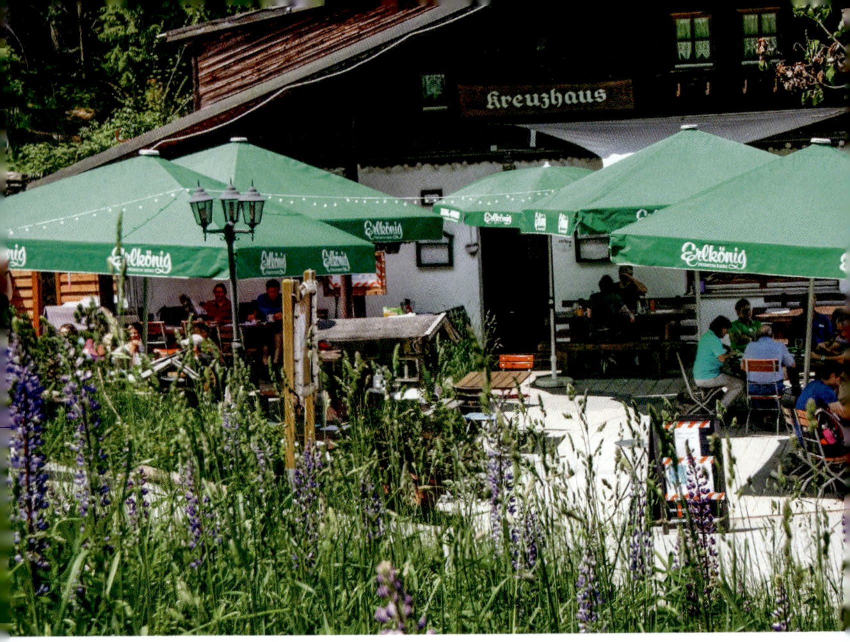

Hinter der Kuppe beim Parkplatz lädt der Berggasthof Kreuzhaus ein.

wir uns links halten. An der folgenden Gabelung wandern wir nicht mehr in Richtung Elisabethszell, sondern geradeaus weiter mit Markierung Nr. 9., später auch Nr. 5, in Richtung Terrassen-Café. Wo es licht wird, lassen wir ein Anwesen rechts liegen und passieren danach den Erlebnishof Schötz. Nicht nur hier reicht die Aussicht weit über den Straubinger Gäuboden hinweg ins flach wirkende Hügelland jenseits der Donau. An der folgenden Abzweigung startet der mögliche Abstecher steil hinab zum Terrassen-Café (retour 0,33 km, 25 Hm, 15 Min.).

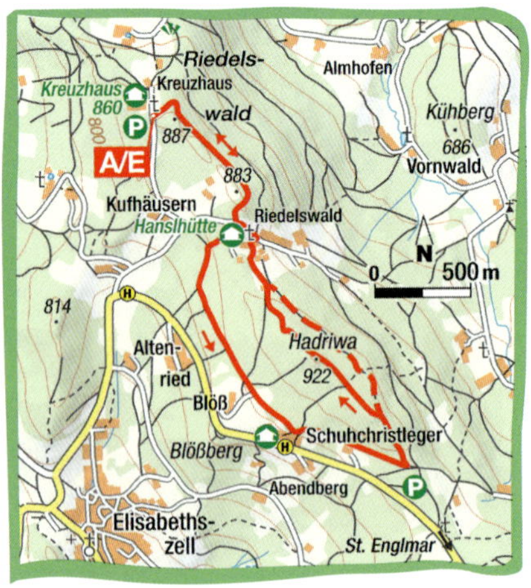

Allein die Markierung Nr. 5 führt uns nun geradewegs weiter.

Erneut schreiten wir sanft auf und ab durch den Vorderen Bayerwald. Nach insgesamt weniger als 90 Gehminuten erreichen wir im dunklen Fichtenhain unseren Wendepunkt (alternativer Einstieg/Wanderparkplatz 300 m weiter). Dort verlassen wir die Markierung Nr. 5, halten uns scharf links und folgen zunächst dem grünen Dreieck (Fernwanderweg) sanft bergan. Zweimal halten wir uns links, um dann auf den Hadriwa-Höhenweg einzuschwenken. Zwar fordert uns der Anstieg kaum, möglicherweise jedoch der schmale, äußerst steinige Pfad. Schritt für Schritt erreichen wir nacheinander fünf Felsformationen. Dergestalt wirkt der wildromantische raue Bergrücken mit seinen Heidelbeeren, Ebereschen und Fichten jeder Größe wie ein Drachenkamm, über den wir behutsam wandeln. Der Blick reicht erneut aus dem Bayerwald hinaus. Zum eigentlichen, 922 Meter hohen Hadriwa-Gipfel grüßt dann aus entgegengesetzter Richtung der obere Hintere Bayerwald mit dem Hohen Bogen. Wer entdeckt das Hadriwa-Kreuz am schnellsten?

Direkt vom Gipfelkreuz – bitte Abhang stets im Auge behalten! – steigen wir vorsichtig nach links (Nordwesten) über Wurzelstufen hinab. Kurz marschieren wir auf dem Kamm weiter, dann orientieren wir uns halb rechts talwärts. Zusammen mit dem Fernwanderweg E8 erreichen wir wieder die einladende Hanslhütte, wenn wir, in der Siedlung angekommen, auf Asphalt gut 100 Meter nach links bergauf marschieren. Beim Blick zurück lässt sich die Südhangschneise am Pröller gut ausmachen.

Zum Abschluss lotst uns der schon vom Hinweg bekannte Goldsteig samt der Nr. 11 zurück zum Parkplatz. Hinter der dortigen Kuppe liegt der Berggasthof Kreuzhaus versteckt. Neben der durchgängig warmen Küche sprechen die großzügig bemessenen Portionen alle an, die einen Bärenhunger verspüren – die Wurstauswahl auf der Karte verrät die fränkische Herkunft des Wirts. Von der Sonnenterrasse schweift der Blick über den kleinen Spielplatz und das Regental hinweg.

Hadriwa leicht gemacht

Den reizvollen, aber fordernden Hadriwa-Höhenweg umgeht, wer vor dem Kamm auf den Fernwanderweg (grünes Dreieck/E8) wechselt und den Gipfel links liegen lässt (s. gestrichelte Linie auf Karte). So wandelt sich die schwierige in eine gut zu begehende Runde.

38 Eine kleine Pilgerreise

SCHÖNE AUSSICHTEN AM PILGRAMSBERG

Von seiner typischen wie schönen Seite zeigt sich das ländliche Bayern auf dem Pilgramsberg im Falkensteiner Vorwald: Von der Anhöhe grüßen die teils barocke Wallfahrtskirche und der aussichtsreiche Gasthof mit Sonnenterrasse. Unsere Pilgerreise dorthin schließt den Kreuzweg mit ein.

Zwischen den beiden nördlichen Anwesen am Dorfanger weisen unter dem Geäst drei Schilder den Einstieg u. a. zu Weg Nr. 2 hinauf zur Wallfahrtskirche. Dem bebauten Terrain schließt sich der naturnahe Kreuzweg an. Über die saftige Wiese hinweg pilgern Groß und Klein an den 14 Stationen mit Bildern der biblischen Leidensgeschichte Jesu entlang bergwärts. Hinter dem Blätterdach gerät der Gasthof mit dem vielversprechenden Namen Zur schönen Aussicht ins Blickfeld. Wer gegen Ende der Runde – falls geöffnet – eine Einkehr plant, lässt die Sonnenterrasse zunächst links liegen und strebt auf dem Kreuzweg weiter der Wallfahrtskirche entgegen.

Auf Höhe des Pfarrhofs erreichen wir die letzte Station des Kreuzwegs, welche die Grablegung Jesu versinnbildlicht. Am Missionskreuz vorbei geht es zum Gotteshaus St. Ursula. Wer einen Blick hinein wirft, ent-

Mittel	3,5 km	1.30 Std.	175 Hm

Tourencharakter Am Anfang/Ende der Tour teils stufiger Kreuzweg, sonst angenehmer Waldweg, etwas Asphalt; ideal fürs Wochenende **Altersempfehlung** Ab 5 Jahren **Ausgangs-/Endpunkt** Parknischen beim Dorfanger Pilgramsberg (530 m), alternativ Parkplatz am Sportplatz (400 m Anmarsch auf Asphalt/Einstieg Variante Naturerlebnispfad) **GPS-Koordinaten** 49.030806, 12.610408 **Anfahrt** Auto: U. a. von Norden und Süden ab der B 20 dem Pfeil nach Pilgramsberg folgen **Einkehr** Gasthaus Zur schönen Aussicht (Do–So) **Karte** Kompass 1:50 000, Nr. 185 Westlicher Bayerischer Wald **Information** Verwaltungsgemeinschaft, Straubinger Str. 18, 94375 Stallwang, Tel. 09964/640 20, www.stallwang.de

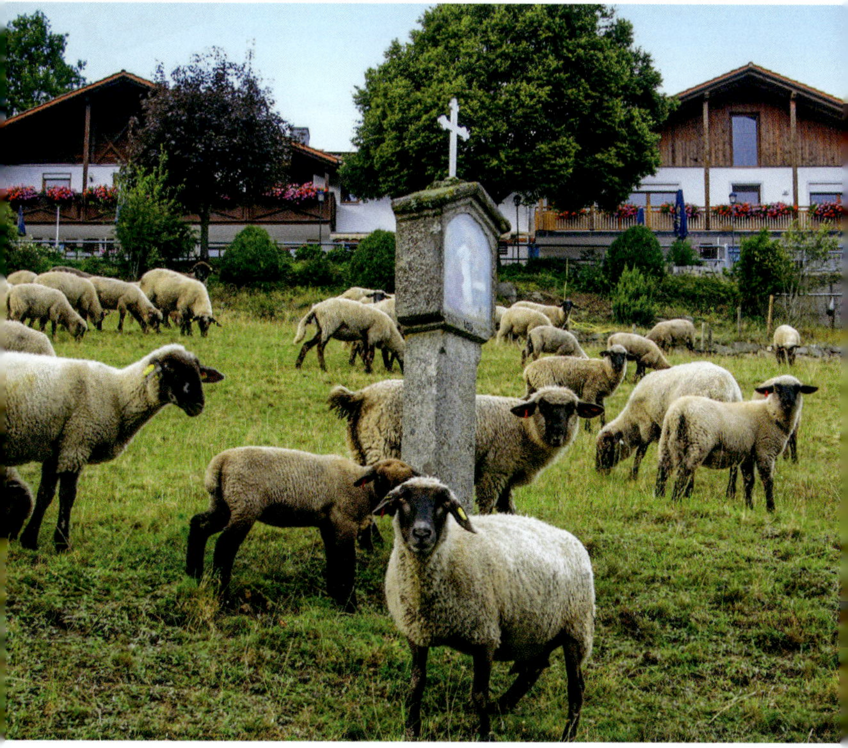

Bisweilen belagert eine Schafherde den Kreuzweg am Pilgramsberg.

deckt hinter Glas eine Reihe von Votivtafeln, in denen Katholiken für die von ihnen erbetene und gewährte göttliche Hilfe danken: »Maria hat geholfen.« Das Gnadenbild am Hochaltar ist der Schwarzen Madonna von Altötting nachempfunden.

Zusammen mit dem Goldsteig machen wir einen Bogen um die Friedhofsmauer herum und bisweilen auch um

Wollt ihr in der Kirche herausfinden, wem die Gläubigen immer wieder ihren Dank ausdrücken? Dann seht doch nach, welcher Ausspruch sich auf den Holztafeln wiederholt.

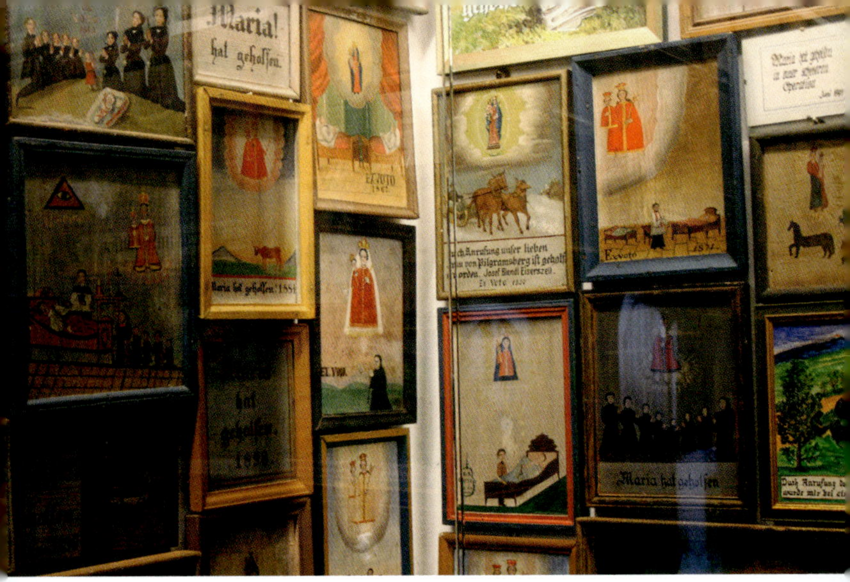

Im Vorraum von St. Ursula zeugen Votivtafeln vom katholischen Glauben.

die eingezäunte Herde mit Schafen. So oder so geht es am Waldrand nach rechts deutlich sowie geradlinig hinab, bis wir am Naturerlebnispfad samt Infotafel zum Leben in der Hecke landen und dem Pfeil nach links folgen. Der folgende Waldweg verläuft weitgehend geradeaus bis zur Vogel-Infotafel. Unmittelbar danach wenden wir uns scharf nach links. Bergauf halten wir uns bei der folgenden Gabelung halb links (marschieren also nicht auf dem Hohlweg weiter). Auf der Kuppe angekommen, entdecken wir die Naturerlebnispfad-Tafel zum Baumbestand.

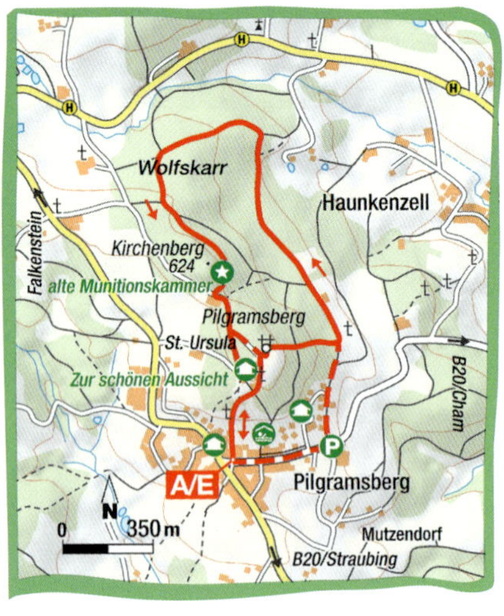

Am Ende des folgenden Linksbogens orientieren wir uns mit der weiß-grünen Nr. 3 nach links. Ein Pfad führt durch den Forst

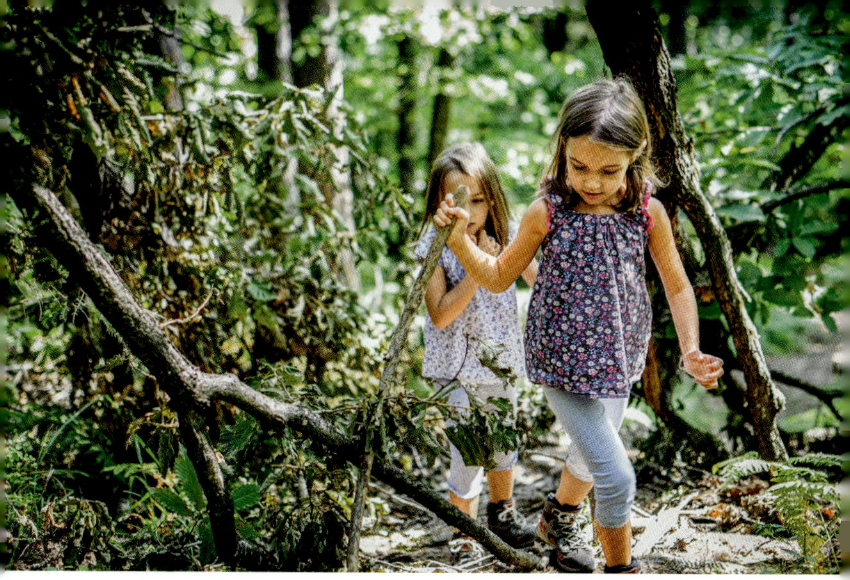

Der Naturwanderweg Pilgramsberg eignet sich für aktive Familien bestens.

bergwärts und vereint sich ein Stück weiter mit dem breiteren Goldsteig. Sodann lassen wir einen Rastplatz und die Munitionskammer beim ehemaligen Steinbruch rechts liegen und erreichen eine Kuppe. Dort biegen wir mit dem Goldsteig nach links ab. Das folgende Anwesen lassen wir rechts liegen und landen auf Asphalt.

Bei der anstehenden Gabelung halten wir uns halb rechts (halb links geht es zur Kirche) und erreichen 250 Meter weiter den vom Hinweg bekannten Gasthof Zur schönen Aussicht. Wer auf der Terrasse Platz nimmt, genießt den Blick aus dem Vorderwald hinaus über die fruchtbaren Felder des Straubinger Gäubodens hinweg. Vom Hintereingang der Einkehr führt uns alsdann der Kreuzweg hinunter zum Dorfanger mitten im Kirchdorf Pilgramsberg.

Einen Tick gemütlicher

Bei gleicher Weglänge spart rund die Hälfte der Höhenmeter, wer zunächst nicht zur Kirche hochsteigt, sondern dem Naturwanderweg Pilgramsberg am Sportplatz in die Sackgasse Neundlinger Weg hinein folgt. In diesem Fall macht es Sinn, später oben am Berg nicht gleich zum Gasthaus, sondern erst zur Kirche zu pilgern (s. gestrichelte Linien auf der Karte).

39 Himmelsleiter zur Burg

EINE STEINREICHE ENTDECKUNGSREISE DURCH DEN SCHLOSSPARK FALKENSTEIN

Weniger Wanderung oder Spaziergang, sondern einen abenteuerlichen Streifzug unternehmen wir im zweitgrößten bayerischen Felsenpark. Im urwüchsigen Naturschutzgebiet unterhalb der Burg Falkenstein liegen steinharte Überraschungen versteckt. Ein Turm lässt über den märchenhaften Wald hinausblicken.

Am Rand des Naturparks Bayerischer Wald liegen Markt und Burg Falkenstein. Von der Infotafel oberhalb des Parkplatzes führt uns der Schlossteig in Richtung mittelalterliche Anlage. Nach der Kehre fällt die Entscheidung, ob wir das alte Gemäuer gleich besuchen oder – unsere Empfehlung – erst eine Runde durch den Schlosspark drehen. In diesem Fall steigen wir vereint mit dem Froschsteig links die Stufen zur Burgkapelle hoch, die ihre Pforte gern

Mittel | 2 km | 1–2 Std. | 100 Hm

Tourencharakter Start auf einer Zufahrt, vor/hinter der Kapelle Treppen, dann teils auf breiten Wegen, teils auf engen und steilen Passagen durch Granit **Altersempfehlung** Ab 6 Jahren **Ausgangs-/Endpunkt** Parkplatz (560 m) unterhalb der Burg Falkenstein **GPS-Koordinaten** 49.099671, 12.482823 **Anfahrt** Auto: Von Norden und Westen via Michelsneukirchen, von Südosten via Wiesenfelden, von Südwesten via Rettenbach; am Marktplatz Falkenstein in die Burgstraße abbiegen. Bus & Bahn: U. a. »Radlbus« ab Regensburg **Einkehr** Burgschänke (Mo Ruhetag, Sa/So teils geschl. Gesellschaften), Gasthof zur Post am Marktplatz (im Stil der 1970er-Jahre) **Karten** Kompass 1:50 000, Nr. 185 Westlicher Bayerischer Wald oder Nr. 176 Regensburg und Umgebung **Information** Tourismusbüro, Marktplatz 1, 93167 Falkenstein, Tel. 09462/94 22 20, www.markt-falkenstein.de

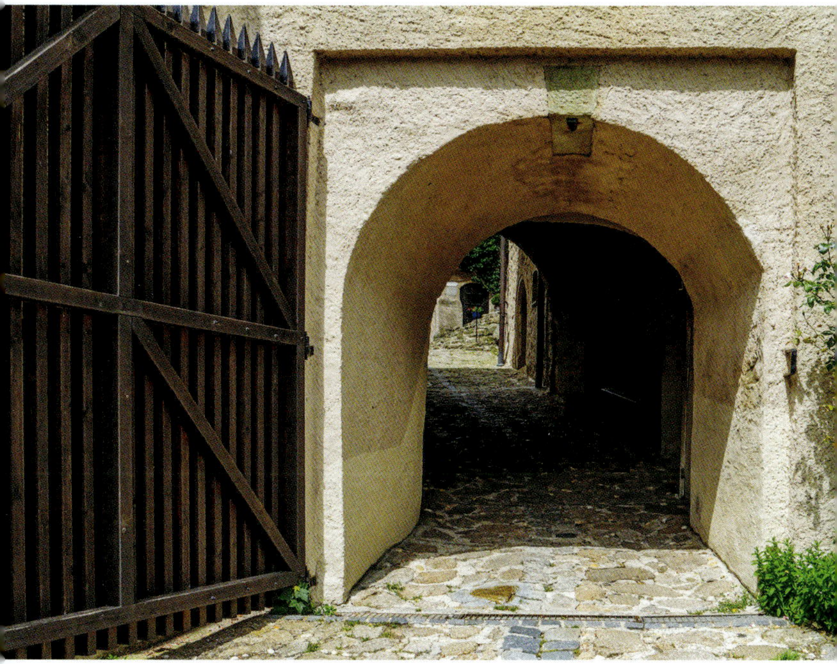

Hinter dem Burgtor verbergen sich Schänke, Museum und Aussichtsturm.

für Brautpaare öffnet. Hinter dem Gotteshaus geht es hinab, kurz auf einer steilen Holztreppe. Sodann schlängeln wir uns über Stock und Stein durch die Felsformation hindurch. Wenn der Einfallswinkel passt, reflektiert das phosphoreszierende Leuchtmoos das Tageslicht wie ein Katzenauge. Ein Gitter schützt die seltene Pflanze vor gierigen Händen. An der T-Kreuzung folgen wir dem grünen Schild »Rundweg« sowie dem Königsweg nach

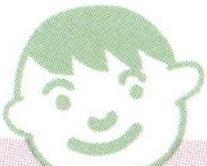

Habt ihr Lust auf eine Abkühlung? Einen Katzensprung westlich von der Burg und der Ortsmitte entfernt, erfrischt von Mitte Mai bis Mitte Sept. das Freibad Falkenstein (Familienkarte 8 €). Schräg gegenüber können wir auf dem Bewegungsparcours überschüssige Kräfte gratis abbauen.

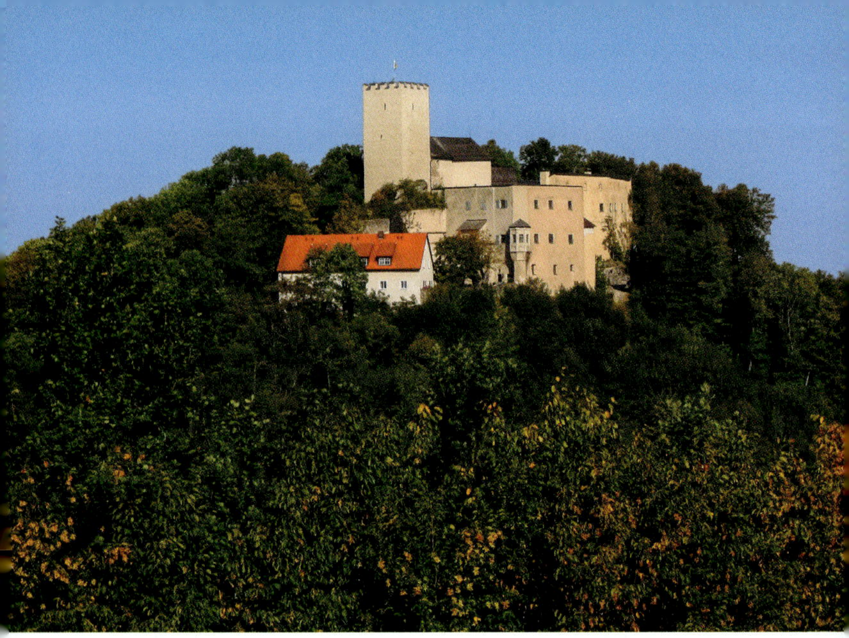

So präsentiert sich Burg Falkenstein aus bzw. in Fahrtrichtung Wiesenfelden.

links. Wenige Meter hinter dem Schützenplatz biegen wir nach rechts ab. Am Königsplatz vorbei erreichen wir die Klause, welche an einen Einsiedler erinnert. In einem Bogen kommen wir zur bekannten Kreuzung zurück und freuen uns auf das folgende Herzstück des Geotops.

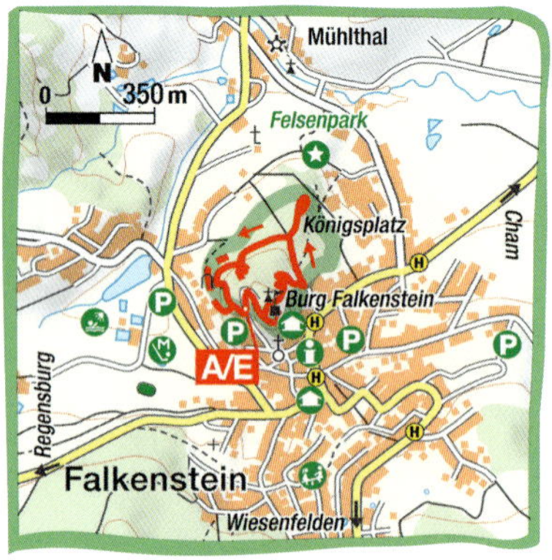

Zurück auf dem Rundweg marschieren Groß und Klein zwischen dem Schiefen Stein hindurch. Kinder, an was erinnert euch die folgende Felsformation? Wer auf der Bank darunter Platz nimmt, ahnt, wie sich eine Fliege fühlt, oder?

Dem Maul entwischt, eröffnen sich drei Möglichkeiten, um emporzukommen. Wer sich zweimal links hält und die mittlere Variante wählt, entdeckt auf dem Himmelssteig den schmalen, verborgenen Zugang zur Himmelsleiter. In der Tat entpuppt sich deren Pforte als Felsspalte, durch die wir uns zwängen müssen. Dahinter bringen uns 30 Holzsprossen dem Paradies ein Stück näher. Hinter dem Herzbeutelgässchen erreichen wir linker Hand den Parkplatz.

Für den beschriebenen Aufstieg gibt es zwei Varianten (s. gestrichelte Linien auf der Karte): Entweder es geht vom Froschmaul direkt via Teufelssteg hinauf (Markierung Froschsteig) oder wir folgen dem »Ausweichweg über Hohlen Stein zur Burg«. Dieser einfache Pfad empfiehlt sich mit kleinen Kindern und führt nahe am Rand des Parks entlang durch das Steinerne Gässchen. Hinter dem folgenden Hohlen Stein verbirgt sich eine Höhle. Treppauf lassen wir das Herzbeutelgässchen links liegen.

Ein Marsch durch den schattigen Laubwald eignet sich bestens an heißen Sommertagen und weniger auf nassen, rutschigen Felsen. Sollten die Schilder in die Irre führen, macht das nichts – der Schlosspark ist nicht riesig, und es macht Spaß, immer wieder Neues zu entdecken, egal ob granitene Eierköpfe oder Felsnasen. Was wie von der Natur in Stein gemeißelt erscheint, bezeichnen Geologen als Wollsackverwitterung. Bayernweit gilt nur das Labyrinth im oberfränkischen Wunsiedel als größerer Felsenpark.

Zu guter Letzt können wir vom Parkplatz auf der Zufahrt ganz hinauf zur bestens erhaltenen Burg laufen. Ihre Anfänge reichen bis tief ins Mittelalter zurück. Von der Vorburg geht es durch das Tor in die Hauptburg sowie zum Turm. Wer passend 50 Cent zahlt, passiert das unbestechliche Drehkreuz. Oben angekommen, freuen sich Schwindelfreie über den herrlichen Rundblick. Besonders markant erscheinen die ehemaligen NATO-Horchposten auf dem Hohen Bogen in östlicher Richtung.

Eine kleine Wallfahrt

Von der Ölbergkapelle auf der Anhöhe südlich von Falkenstein in Fahrtrichtung Wiesenfelden startet der Panoramaweg am nahen Waldrand halb rechts in den Forst hinein. Hinter der lichten Jungfernhöhe geht es sanft bergab. Vor der Staatsstraße verlassen wir den Falkensteiner Panoramaweg und folgen nach links der für Kfz gesperrten Forststraße. Ein Stück weiter lotst Nr. 109 zu einer markanten Kreuzung. Von dort pilgern wir den Schildern gemäß zur Tannerl-Kapelle. Nach dem Kirchgang schließen wir die Runde auf dem Forstweg ab, dem wir bereits vor dem Abstecher zum Gotteshaus folgten (5 km, 75 Hm, 1.45 Std.; kinderwagentauglich).

40 Naturschutzgebiet Hölle

ZUR SCHLUCHT IM FALKENSTEINER VORWALD

Eingebettet in den Falkensteiner Vorwald liegt das beliebte Naturschutzgebiet Hölle. Unsere zauberhafte Runde führt vom Weiler Postfelden zum Höllbach. Beim Marsch durch die kleine Klamm »beißen« wir vielerorts auf Granit.

Auf der asphaltierten Nebenstraße begeben wir uns in Richtung Dosmühle. Die Abzweigung zum Höllbachhof lassen wir rechts liegen, absolvieren also den »Rundweg Hölle« (auch Nr. 149) im Uhrzeigersinn. Aus der Ferne grüßt halb links der Turm der Burgruine Brennberg. Auf Höhe des Anwesens mit dem Firstgockel zweigen wir links auf den Feldweg ab. Im Wald geht dieser in einen herrlichen Pfad über. Am Höllbach angekommen, geht es mit mehr oder weniger Abstand zum Wasser am rechten Ufer entlang. Bei Dosmühle queren wir schräg den Asphalt und folgen vor der Brücke zum

Mittel | 4 km | 1.45 Std. | 100 Hm

Tourencharakter Wege und Pfade durchs Naturschutzgebiet, teils über Stock und Stein, Einstieg/Ausklang auf Asphalt **Altersempfehlung** Ab 6 Jahren **Ausgangs-/Endpunkt** Wanderparkplätze (555 m) in Postfelden bei der Abzweigung nach Dosmühle **GPS-Koordinaten** 49.078497, 12.436465 **Anfahrt** Auto: Von Nordosten via Falkenstein, von Südosten via Wiesenfelden, von Südwesten via Wörth (A 3); liegt zwischen Rettenbach und Brennberg **Einkehr** Hofcafé Postfelden (Sa/So), Hirschberger Holzofenkuchl in Brennberg (Mo/Di Ruhetage, Mi/Do erst ab 16 Uhr), Hofstube Röhrenhof südlich vom Stausee (Fr/Sa/So), Rettenbacher Hof im Ort hinter der Kirche (Mo Ruhetag) **Karte** Kompass 1:50 000, Nr. 176 Regensburg und Umgebung **Information** Tourismusbüro, Marktplatz 1, 93167 Falkenstein, Tel. 09462/94 22 20, www.markt-falkenstein.de

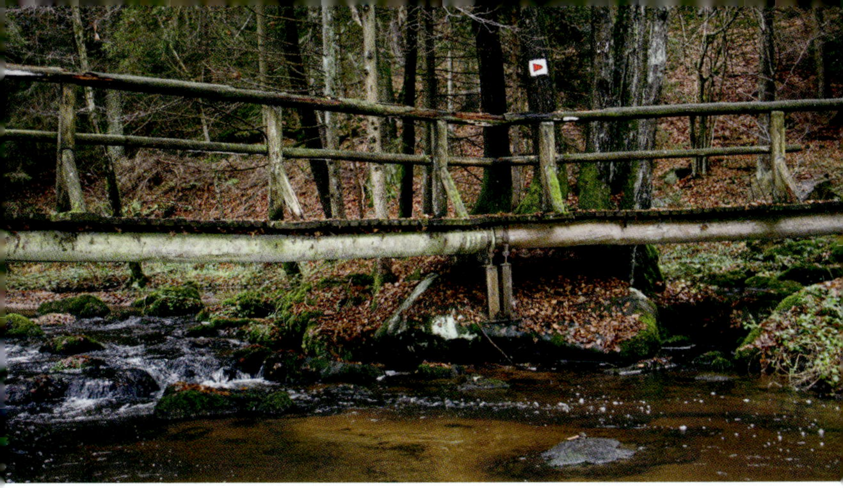

Dieser Holzsteg bringt Jung und Alt trockenen Fußes über den Höllbach.

Anwesen den Pfeilen nach rechts. Auch wo der Pfad erhöht verläuft, bleibt das Wildwasser in Sicht. Über den Holzsteg mit Geländer wechseln wir ans andere Ufer. Nachdem wir zwei Zuläufe auf je einem kleinen Steg gequert haben – zuletzt den Ruderszeller Bach –, nähern wir uns erneut dem meist rauschenden Gewässer. Im folgenden Herzstück der Schlucht wirken das moosbewachsene Blockmeer und die morschen Baumstämme wie von einem Riesen ins Bachbett geworfen. Unser Pfad führt zwischen zwei dicht nebeneinander aufragenden Felsen hindurch. Kurz nachdem wir den Höllbachhof am anderen Ufer entdecken, arbeiten wir uns Schritt für Schritt aus dem Wald hinaus ins Freie. Dabei bleiben wir auch beim Rechtsknick eng an der linken Uferseite, bis wir über einen breiten Steg die Zufahrt zum Anwesen erreichen. Erst dort orientieren wir uns nach links und erreichen auf dem Feldweg den Asphalt. Erneut nach links marschieren wir auf der vom Hinweg schon bekannten Nebenstraße zurück zum Parkplatz.

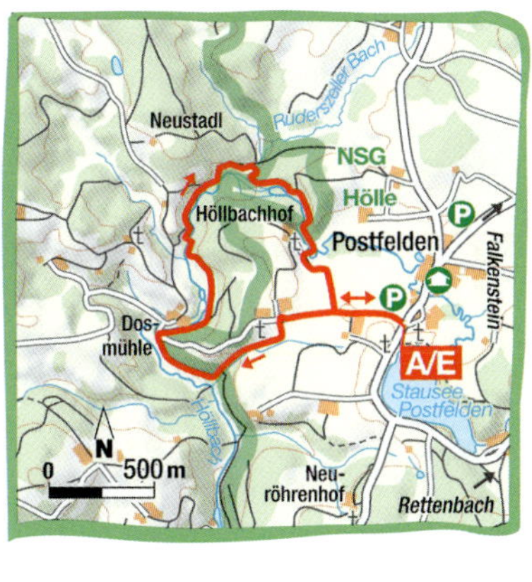

Tipp: Seit 2020 empfängt am Wochenende im Dorf das stimmungsvolle Hofcafé.

EXTRA

Familien-Ausflüge abseits der Wanderwege

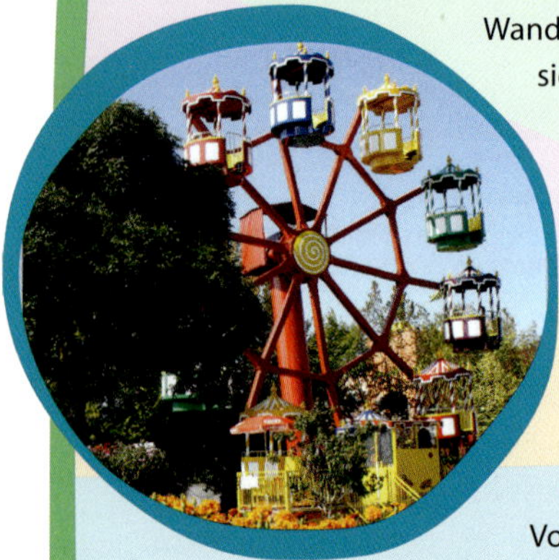

Wandern macht Spaß – im Wanderurlaub darf sich aber jeder einmal eine Pause gönnen. Im Folgenden finden Familien eine Reihe passender Freizeittipps. Befinden sich die Empfehlungen in der Nähe unserer Wanderziele, werden sie zusätzlich in den jeweiligen Kapiteln erwähnt. Sortiert sind die Tipps zunächst nach Vorlieben, dann geografisch wie die Wanderkapitel in Hufeisenform (Hinterer Wald von Norden nach Süden, dann Vorderer Wald von Süden nach Norden). So wird jeder fündig.

Fetzige Freizeitparks entdecken

Folgende Attraktionen bieten jede Menge Fahrspaß, wobei die klassischen Rodelbahnen bei Nässe pausieren:

- Sommerrodelbahn Hohenbogen: ganze 750 m lang, 16 Steilkurven; Liftstr. 2, 93453 Neukirchen beim Heiligen Blut (zwischen Furth und Lam), Tel. 09947/464, https://hohenbogen.de
- Sommerrodelbahn Silberberg: 600 m lang (gut mit Bergwerksbesuch zu verbinden!); Barbarastr. 1, 94249 Bodenmais, Tel. 09924/941 40, www.silberbergbahn.de

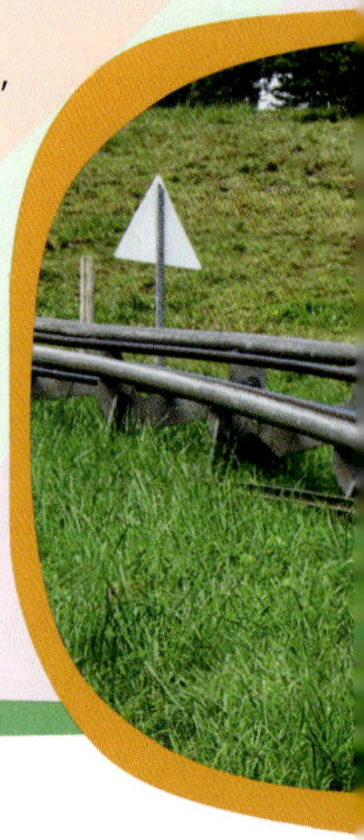

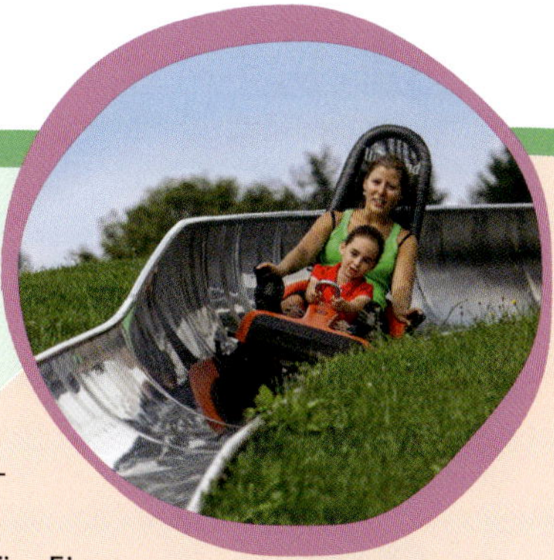

- Sommerrodelbahn Grafenau: 1250 m lang inkl. 4 abschließender Kreisel; Spitalstr. 44, 94481 Grafenau, Tel. 08552/973 99 99, www.sommerrodelbahn-grafenau.de
- Bikepark Geißkopf: Trails für Einsteiger (auch Bike-Verleih), Geübte und Profis; Unterbreitenau 3, 94253 Bischofsmais, Tel. 09920/231, https://geisskopf.de
- Edelwies Natur- und Freizeitpark: Alles vom Höllencoaster über die Elchreitbahn bis zum Streichelzoo; Dießenbach 3, 94362 Neukirchen (10 km südöstlich von St. Englmar), Tel. 09961/61 05, www.edelwies.com
- Egidi-Buckel Rodel- und Freizeitparadies: Hier steppt der Bär nicht nur bei Steuermann Sepp auf der mit 755 m längsten Achterbahn Bayerns, dem Bayerwald-Fox oder dem Bungee-Trampolin, sondern auch bei den Ziegen im Freigelände (s. auch Tipp bei Tour 36); Grün 10, 94379 St. Englmar, Tel. 09965/12 03 oder 289, www.sommerrodeln.de

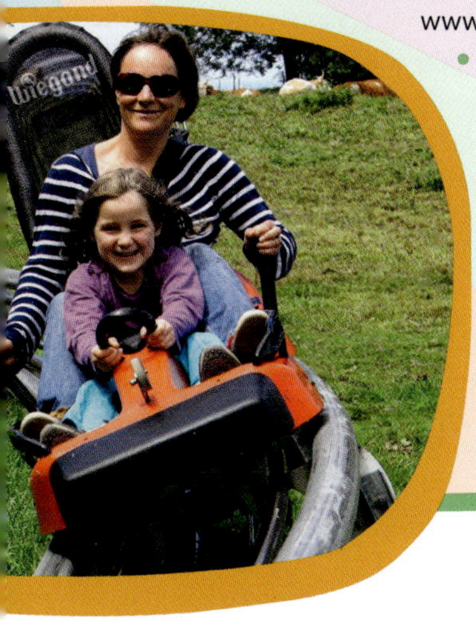

- Churpfalzpark Loifling: Größter regionaler Vergnügungspark, in dem Jung und Alt vom Piratenschiff übers Riesenrad bis zum Spinning Coaster inmitten einer Blütenpracht ganz auf ihre Kosten kommen; Churpfalzweg 6, 93455 Traitsching (7 km südlich von Cham), Tel. 09971/303 40, www.churpfalzpark.de

Abenteuer und Kultur erleben

Spannendes und Lehrreiches – hier finden Jung und Alt gleich zwei Dinge auf einmal:

- Silberbergwerk: Führungen in den 4 °C kühlen Großen Barbaraverhau hinein, einen Felsendom; Einstieg vom Parkplatz max. 30 Min. zu Fuß bergwärts oder mit dem Sessellift (gut mit Rodelpartie zu verbinden!); Silberberg 28, 94249 Bodenmais, Tel. 09924/304, www.silberberg-online.de

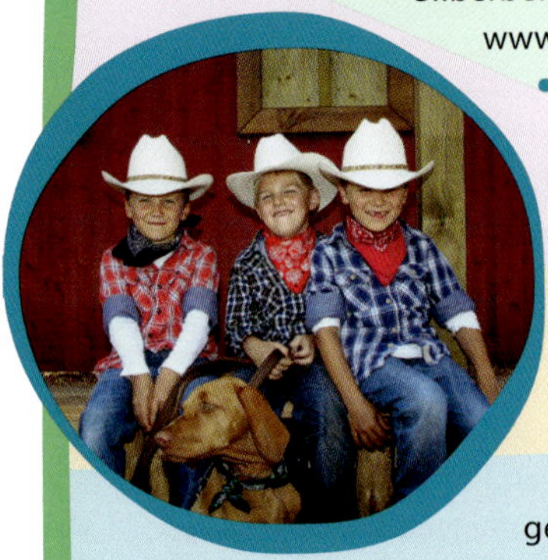

- Freilichtmuseum: Dem Bauernleben nachspüren, wie es früher einmal war; Museumsstr. 51, 94151 Finsterau (Ostrand Nationalpark), Tel. 08557/960 60, www.freilichtmuseum.de
- Keltendorf Gabreta: Lebendige Zeitreise zu den hiesigen Verwandten der Gallier Asterix und Obelix (s. auch Tipp bei Tour 24); Lichtenau 1a, 94160 Ringelai (zwischen Grafenau und Freyung), Tel. 08555/40 73 10, Infos zur Wiedereröffnung nach Renovierung unter https://keltendorf.com
- Granitzentrum: Zeitgemäßes Museum mit Schausteinbruch; Passauer Str. 11, 94051 Hauzenberg, Tel. 08586/22 66, www.granitzentrum.de
- Museumsdorf: Europaweit einzigartiges Bauernhofmuseum mit über 150 traditionellen Gebäuden samt ältester erhaltener Schule in Deutschland; Am Dreiburgensee, 94104 Tittling (auf halber Strecke zwischen Grafenau und Passau), Tel. 08504/84 82, www.museumsdorf.com
- Westernstadt Pullman City: Bringt nahe, wie wild Amerika einst war; Ruberting 30, 94535 Eging am See (15 km nordöstlich von Vilshofen bzw. 5 km von den A 3-Abfahrten Garham bzw. Aicha entfernt), Tel. 08544/974 90, www.pullmancity.de

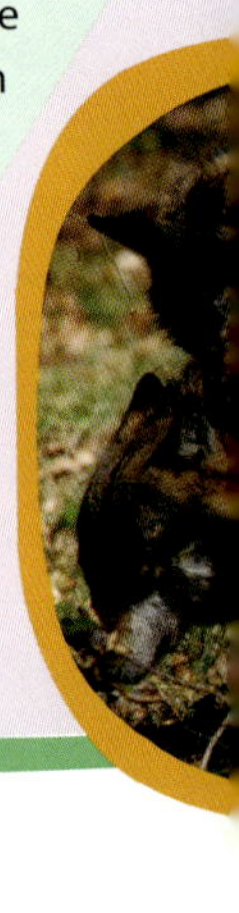

Tiere und Natur aufspüren

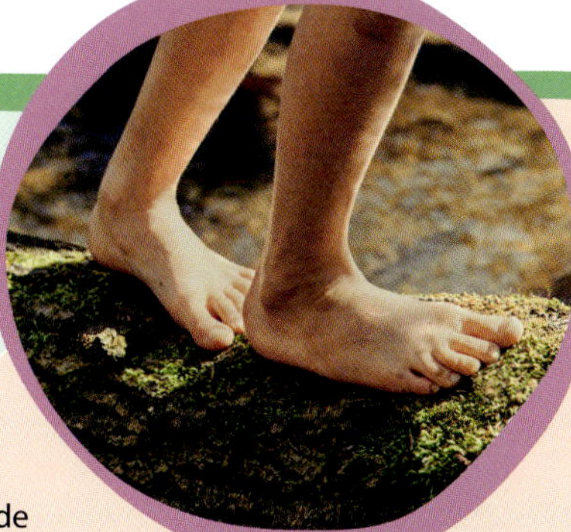

Fast alle Kids mögen es, Vierbeinern und anderem Getier nahe zu sein, wozu folgende Einrichtungen einladen:

- Wildgarten: Naturnahes Gelände mit Unterwasserstation; Schwalbenweg 2, 93437 Furth im Wald (Richtung Drachensee), Tel. 09973/29 33, www.wild-garten.de
- Bohlenweg: Hier führt nicht nur der Eisvogelsteig mitten durchs Wasser (s. Tipp bei Tour 2), sondern zusätzlich der kostenfreie Naturerlebnisweg durch die Auen; LBV-Zentrum Mensch und Natur, Nößwartling 12, 93473 Arnschwang (zwischen Cham und Furth), Tel. 09977/82 27, https://cham.lbv.de
- Greifvogelpark: Für alle Fans schnellen Gefieders; Feßmannsdorf 31, 93479 Grafenwiesen (zwischen Rimbach und Bad Kötzting), Tel. 09941/40 05 07, www.greifvogelpark-grafenwiesen.de
- Bayerwald-Tierpark: Hautnah 100 aktuelle oder einstige heimische Tierarten erleben (s. auch Tipp bei Tour 6); Schwarzenbacher Str. 1a, 93470 Lohberg (zwischen Lam und Arber), Tel. 09943/81 45, www.bayerwald-tierpark.de

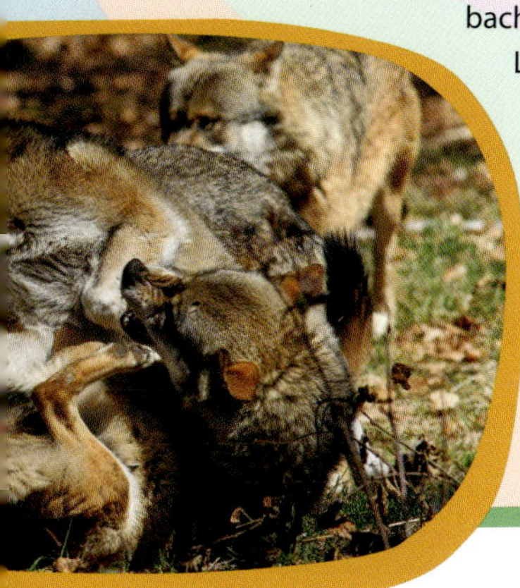

- Rothirschgehege: Aussichtsbalkone sowie (außer in der Brunft) 300 m langer Weg mitten durchs geräumige Gehege – nirgendwo sonst chauffieren Eltern ihre Sprösslinge weiter in den Nationalpark hinein; Scheuereck 1, gegenüber (bei Druck des Buchs geschlossener) Waldgaststätte, 94227 Lindberg, Tel. 09922/500 20 (Haus zur Wildnis), www.nationalpark-bayerischer-wald.bayern.de

- Gut Aiderbichl: Wo Tiere mit viel Liebe ihr Gnadenbrot erhalten (s. auch Tipp bei Tour 34); Eichberg 26, 94469 Deggendorf (in Richtung Hengersberg), www.gut-aiderbichl.de

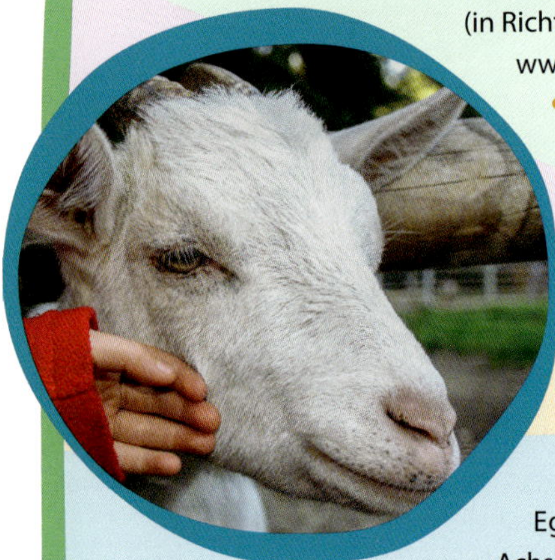

- Tiergarten: Größte Einrichtung seiner Art in der Region, vom Känguru bis zum Tiger; Am Tiergarten 3, 94315 Straubing (westlich der Stadt), Tel. 09421/94 47 22 22, www.tiergarten-straubing.de
- Wild-Berghof: Rot-, Dam-, Sika- und Muffelwild begegnet Tierliebhabern bei Familie Gstettenbauer; Buchet 2, 94505 Bernried (zwischen Egg nordwestlich Deggendorf und Achslach), Tel. 09905/248, www.wildberghof-buchet.de

Rund ums Thema Glas

Zugegeben: Bei diesen Tipps an der Glasstraße läuft es oft darauf hinaus, dass Mamas einkaufen – das Blasen von Glaskugeln gefällt aber auch den Kleinen:

- Weinfurtner DAS GLASDORF: Zellertalstr. 13, 93471 Arnbruck (10 km nordwestlich von Bodenmais), Tel. 09945/941 10, www.weinfurtner.de

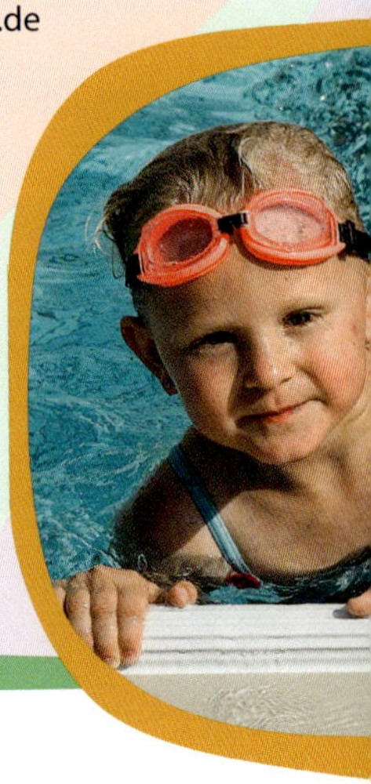

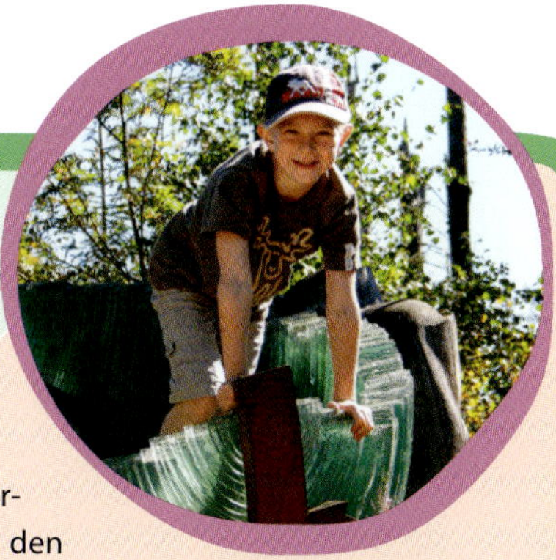

- Joska Glasparadies: Am Moosbach 1, 94249 Bodenmais, www.joska.com
- Manufaktur von Poschinger: Stellvertretend für alle aktiven Glashütten sei die älteste im Bayerwald genannt, im Unterschied zu den obigen Glaszentren kleine Gebühr fällig; Moosauhütte 14, 94258 Frauenau (zwischen Zwiesel und Spiegelau), Tel. 09926/940 10, www.poschinger.de

Noch mehr Badespaß

In den einzelnen Tourenkapiteln noch nicht erwähnt, jedoch tagtäglich einen Besuch lohnen folgende große Ganzjahresbäder:

- Passauer Erlebnisbad (peb): Messestr. 7, 94036 Passau, Tel. 0851/56 02 60, www.passauer-erlebnisbad.de
- Elypso Deggendorf: Sandnerhofweg 4–6, 94469 Deggendorf, Tel. 0991/289 60, www.elypso.de
- AQUAtherm Straubing: Wittelsbacher Höhe 50–52, 94315 Straubing, Tel. 09421/86 44 50, www.stadtwerke-straubing.com
- Zusätzlicher Tipp: Unweit des Friedenhainsees zwischen Straubing und der A 3 erwartet actionhungrige Wassersportler neben dem Strandbad die erste und längste Wasserski- & Wakeboard-Seilbahn in ganz Deutschland (www.friedenhainsee.de).

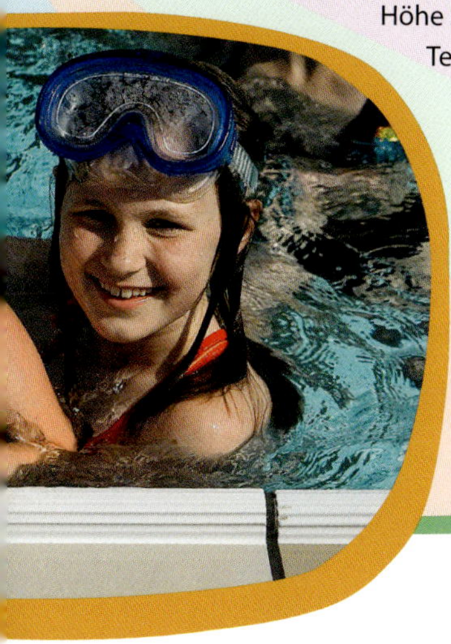

Tourenüberblick

Tour			Länge (km)	Gehzeit (h)	Höhenmeter
1	mittel	Zu den Gibacht-Felsen	5,25	2.30	150
2	leicht	Auf den Hohen Bogen	4	1.45	100
3	schwer	Zur Kötztinger Hütte	6,75	3.45	325
4	mittel	Lamer Bergbauernhöfe	3,5	1.45	150
5	schwer	Lamer Winkel/Osser	6	3.45	410
6	schwer	Zum Zwercheck	5,5	3.15	300
7	leicht	Zum Kleinen Arbersee	4	1.45	60
8	schwer	Auf den Großen Arber	8,5	4.30	800
9	schwer	Rißloch bei Bodenmais	3,5	2	220
10	mittel	Zur Kuhalm	4	2	200
11	l/m/s	Schareben-Trilogie	3/3/9	1.15/1.30/4	100/130/350
12	schwer	Zur Frath	8	3.30	350
13	leicht	Geotop Großer Pfahl	4,75/2,75/0,75	2/1.15/0.20	125/100/40
14	leicht	Erlebnispfad Patersdorf	4,75	2.15	125
15	mittel	Zum Hennenkobel	8	3.15	300
16	leicht	Zum Schwellhäusl	4	1.45	100
17	leicht	Im NPZ Falkenstein	2,75	1.30	75
18	schwer	Am Großen Rachel	6,5	3.15	420
19	schwer	Auf den Lusen	5	2.30	260
20	leicht	Im NPZ Lusen	7/4,5/3,5	3.30/2.15/1.45	100/70/50

7		●			●				●
5	●	●							●
8		●			●			●	●
5		●	●	●	●	●			●
8		●			●				●
7			●						●
4	●	●				●			
10		●				●			●
8						●			
6		●		●	●				●
5/6/8		●		●					●
7		●	●	●					●
4					●				
4	●	●	●	●					●
6						●			●
4	●	●	●	●		●			
3	●	●	●	●				●	●
8		●							●
7		●							●
5/4/3	●	●	●	●					

Tour			km	Std.	Hm
21	mittel	Im Felswandergebiet	6,25	3	240
22	mittel	Zur Großen Kanzel	8,5	3.30	250
23	mittel	Durch die Steinklamm	5	2.15	140
24	mittel	Buchberger Leite	5	2	100
25	leicht	Auf den Haidel	4,25	1.45	200
26	schwer	Am Dreiländereck	8	4	260
27	mittel	Zum Eidenberger Lusen	6	2.45	250
28	mittel	In die Saußbachklamm	2,75	1.15	100
29	leicht	Mitternacher Ohe	4,5	2	125
30	mittel	Zum Wackelstein	4,5	2	200
31	leicht	Auf den Brotjacklriegel	3,5	1.30	100
32	mittel	Über den Büchelstein	5,5	2.30	250
33	mittel	Zur Hochwaldhütte	6,25	2.30	175
34	mittel	Sauloch und »Nest«	6	3	300
35	mittel	Naturlehrpfad St. Englmar	5,5	2.30	180
36	leicht	Am Waldwipfelweg	2,5	2–3	75
37	schwer	Am »Hadriwa-Höhenweg«	6	3	160
38	mittel	Am Pilgramsberg	3,5	1.30	175
39	mittel	In den Schlosspark Falkentein	2	1-2	100
40	mittel	Ins NSG Hölle	4	1.45	100

6								●	
8				●	●	●			●
6					●	●			
6						●			
5									●
8		●							●
6			●		●	●			●
5		●			●	●			
4						●			●
5					●			●	
4	●	●		●					●
6		●							●
5		●							●
6		●	●			●			●
6		●					●		●
4	●	●	●	●			●	●	●
7		●		●					●
5		●	●						●
6		●			●			●	●
6						●			●

Register

Impressum

Verantwortlich: Stefanie Krüger
Redaktion und Lektorat: Anette Späth
Layout und Illustration: Eva-Maria Klaffenböck
Covergestaltung: Rudi Stix
Repro: Cromika
Kartografie: Bruckmann Verlag GmbH, Heidi Schmalfuß
Herstellung: Stephanie Schlemmer
Printed in Slovenia by Florjancic

★★★★★

Sind Sie mit diesem Titel zufrieden? Dann würden wir uns über Ihre Weiterempfehlung freuen. Erzählen Sie es im Freundeskreis, berichten Sie Ihrem Buchhändler, oder bewerten Sie bei Onlinekauf. Und wenn Sie Kritik, Korrekturen, Aktualisierungen haben, freuen wir uns über Ihre Nachricht an den Bruckmann Verlag, Postfach 40 02 09, D-80702 München oder per E-Mail an lektorat@verlagshaus.de.

Unser komplettes Programm finden Sie unter www.bruckmann.de

In diesem Buch wird aus Gründen der besseren Lesbarkeit das generische Maskulinum verwendet. Weibliche und anderweitige Geschlechteridentitäten werden dabei ausdrücklich mitgemeint, soweit es für die Aussage erforderlich ist.

Empfehlung der Redaktion
Sie sind auf der Suche nach weiterführender Literatur? Dann empfehlen wir Ihnen den Titel »Mystische Pfade Bayerischer Wald« von Herwig Slezak. Oder Sie werfen einen Blick in die Zeitschrift BERGSTEIGER. Hier werden Sie bestimmt fündig.

Bildnachweis: Alle Bilder im Innenteil stammen vom Autor, mit Ausnahme von S. 9, 14/15, 40/41, 49, 53, 134/135, 163: Woidlife Photography; S. 12: Shutterstock/schoppino; S. 27: Gästeservice Bad Kötzting; S. 39 oben: Tourist-Info Lam; S. 61: Christoph Obermeier; S. 69: Shutterstock/Alan Herberger; S. 75: Shutterstock/Monkey Business Images; S. 79 unten, S. 133 unten: Tourist-Info Kollnburg; S. 79 oben, 80/81, 93, S. 185 oben: Steffi Pröckl; S. 86, 97, S.183 unten: Rainer Simonis/Nationalpark; S. 89, 90: Shutterstock/StGrafix; S. 96: Shutterstock/precinbe; S. 105: Shutterstock/BMJ; S. 107 oben: Shutterstock/Procy; S. 116, S. 119 rechts: Martina Bachmaier; S. 119 links: Shutterstock/Nadezda Murmakova; S. 129, S. 185 unten: Tourismusbüro Waldkirchen; S. 137: Shutterstock/Joaquin Corbalan P; S. 173: Shutterstock/JGA; S. 175: Shutterstock/PRILL; S. 182: LBR Media; S. 183 oben: Shutterstock/Petr Bonek.
Umschlagvorderseite: Herwig Slezak; Kinder auf uralter Böhmischer Masse
Umschlagrückseite: Steffi Pröckl; Glasarche auf dem Sommerweg zum Lusen (Tour 19)

Die Deutsche Nationalbibliothek verzeichnet diese Publikation in der Deutschen Nationalbibliografie; detaillierte bibliografische Daten sind im Internet über http://dnb.d-nb.de abrufbar.

Infanteriestraße 11a
80797 München

ISBN: 978-3-7343-1349-3